U0487247

俄 国 史 译 丛 · 社 会

Серия переводов книг по истории России

Переход от традиционного к индустриальному обществу: теоретико-методологические проблемы модернизации

俄国史译丛·社会

СЕРИЯ ПЕРЕВОДОВ КНИГ ПО ИСТОРИИ РОССИИ

许金秋　朱旭 / 译

[俄] 伊戈尔·瓦西里耶维奇·波别列日尼科夫 / 著

Игорь Васильевич Побережников

传统社会向工业社会的转变

现代化的理论与方法论问题

Переход от традиционного к индустриальному обществу теоретико-методологические проблемы модернизации

Побережников И.В.
Переход от традиционного к индустриальному обществу: теоретико-методологические проблемы модернизации. М.: «Российская политическая энциклопедия» (РОССПЭН), 2006. 240 с.

ISBN 5 - 8243 - 0712 - 1

本书根据俄罗斯政治百科全书出版社 2006 年版本译出。

本书获得教育部人文社会科学重点研究基地
吉林大学东北亚研究中心资助出版

俄国史译丛编委会

著者简介

伊戈尔·瓦西里耶维奇·波别列日尼科夫（Игорь Васильевич Побережников） 1960 年 10 月出生，俄罗斯科学院通讯院士，历史学博士，俄罗斯科学院乌拉尔分院历史与考古所高级研究员、所长，《乌拉尔历史学报》主编，博士生导师，主要研究领域为历史研究理论和方法论、现代化理论、社会史等。

译者简介

许金秋　历史学博士，吉林大学东北亚研究院、东北亚研究中心教授，博士生导师。

朱　旭　吉林大学东北亚研究院硕士研究生。

总　序

我们之所以组织翻译这套"俄国史译丛"，一是由于我们长期从事俄国史研究，深感国内俄国史方面的研究严重滞后，远远满足不了国内学界的需要，而且国内学者翻译俄罗斯史学家的相关著述过少，不利于我们了解、吸纳和借鉴俄罗斯学者有代表性的成果。有选择地翻译数十册俄国史方面的著作，既是我们深入学习和理解俄国史的过程，还是鞭策我们不断进取、培养人才和锻炼队伍的过程，同时也是为国内俄国史研究添砖加瓦的过程。

二是由于吉林大学俄国史研究团队（以下简称"我们团队"）与俄罗斯史学家的交往十分密切，团队成员都有赴俄进修或攻读学位的机会，每年都有多人次赴俄参加学术会议，每年请2~3位俄罗斯史学家来校讲学。我们与莫斯科国立大学（以下简称"莫大"）历史系、俄罗斯科学院俄国史研究所和世界史所、俄罗斯科学院圣彼得堡历史所、俄罗斯科学院乌拉尔分院历史与考古所等单位学术联系频繁，有能力、有机会与俄学者交流译书之事，能最大限度地得到俄同行的理解和支持。以前我们翻译鲍里斯·尼古拉耶维奇·米罗诺夫的著作时就得到了其真诚帮助，此次又得到了莫大历史系的大力支持，而这是我们顺利无偿取得系列书的外文版权的重要条件。舍此，“俄国史译丛”工作无从谈起。

三是由于我们团队得到了吉林大学校长李元元、党委书记杨振斌、学校职能部门和东北亚研究院的鼎力支持和帮助。2015 年 5 月 5 日李元元校长访问莫大期间，与莫大校长萨多夫尼奇（B. A. Садовничий）院士，俄罗斯科学院院士、莫大历史系主任卡尔波夫教授，莫大历史系副主任鲍罗德金教授等就加强两校学术合作与交流达成重要共识，李元元校长明确表示吉林大学将大力扶植俄国史研究，为我方翻译莫大学者的著作提供充足的经费支持。萨多夫尼奇校长非常欣赏吉林大学的举措，责成莫大历史系全力配合我方的相关工作。吉林大学主管文科科研的副校长吴振武教授、社科处霍志刚处长非常重视我们团队与莫大历史系的合作，2015 年尽管经费很紧张，还是为我们提供了一定的科研经费。2016 年又为我们提供了一定经费。这一经费支持将持续若干年。

我们团队所在的东北亚研究院建院伊始，就尽一切可能扶持我们团队的发展。现任院长于潇教授上任以来，一直关怀、鼓励和帮助我们团队，一直鼓励我们不仅要立足国内，而且要不断与俄罗斯同行开展各种合作与交流，不断扩大我们团队在国内外的影响。在 2015 年我们团队与莫大历史系新一轮合作中，于潇院长积极帮助我们协调校内有关职能部门，和我们一起起草与莫大历史系合作的方案，获得了学校的支持。2015 年 11 月 16 日，于潇院长与来访的莫大历史系主任卡尔波夫院士签署了《吉林大学东北亚研究院与莫斯科大学历史系合作方案（2015～2020 年）》，两校学术合作与交流进入了新阶段，其中，我们团队拟 4 年内翻译莫大学者 30 种左右学术著作的工作正式启动。学校职能部门和东北亚研究院的大力支持是我们团队翻译出版“俄国史译丛”的根本保障。于潇院长为我们团队补充人员和提供一定的经费使我们更有信心完成上述任务。

2016 年 7 月 5 日，吉林大学党委书记杨振斌教授率团参加在莫大举办的中俄大学校长峰会，于潇院长和张广翔教授等随团参加，在会议期间，杨振斌书记与莫大校长萨多夫尼奇院士签署了吉林大学与莫大共建历史学中心的协议。会后，莫大历史系学术委员会主任卡尔波夫院士、莫大历史系主任杜奇科夫（И. И. Тучков）教授（2015 年 11 月底任莫大历史系主任）、莫大历史系副主任鲍罗德金教授陪同杨振斌书记一行拜访了莫大校长萨多夫尼奇院士，双方围绕共建历史学中心进行了深入的探讨，有力地助推了我们团队翻译莫大历史系学者学术著作一事。

四是由于我们团队同莫大历史系长期的学术联系。我们团队与莫大历史系交往渊源很深，李春隆教授、崔志宏副教授于莫大历史系攻读了副博士学位，张广翔教授、雷丽平教授和杨翠红教授在莫大历史系进修，其中张广翔教授三度在该系进修。我们与该系鲍维金教授、费多罗夫教授、卡尔波夫院士、米洛夫院士、库库什金院士、鲍罗德金教授、谢伦斯卡雅教授、伊兹梅斯杰耶娃教授、戈里科夫教授、科什曼教授等结下了深厚的友谊。莫大历史系为我们团队的成长倾注了大量的心血。卡尔波夫院士、米洛夫院士、鲍罗德金教授、谢伦斯卡雅教授、伊兹梅斯杰耶娃教授、科什曼教授和戈尔斯科娃副教授前来我校讲授俄国史专题，开拓了我们团队及俄国史研究方向的硕士生和博士生的视野。卡尔波夫院士、米洛夫院士和鲍罗德金教授被我校聘为名誉教授，他们经常为我们团队的发展献计献策。莫大历史系的学者还经常向我们馈赠俄国史方面的著作。正是由于双方有这样的合作基础，在选择翻译的书目方面，很容易沟通。尤其是双方商定拟翻译的30种左右的莫大历史系学者著作，需要无偿转让版权，在这方面，莫大历史系从系主任到所涉及的作者，克服一切困难帮助我们解决关键问题。

五是由于我们团队有一支年富力强的队伍，既懂俄语，又有俄国史方面的基础，进取心强，甘于坐冷板凳。学校层面和学院层面一直重视俄国史研究团队的建设，一直注意及时吸纳新生力量，使我们团队人员年龄结构合理，后备充足，有效避免了俄国史研究队伍青黄不接、后继无人的问题。我们在培养后备人才方面颇有心得，严格要求俄国史方向硕士生和博士生，以阅读和翻译俄国史专业书籍为必修课，硕士学位论文和博士学位论文必须以使用俄文文献为主，研究生从一入学就加强这方面的训练，效果很好：培养了一批俄语非常好、专业基础扎实、后劲足、崭露头角的好苗子。我们组织力量翻译了米罗诺夫所著的《俄国社会史》《帝俄时代生活史》，以及在中文刊物上发表了70多篇俄罗斯学者论文的译文，这些都为我们承担“俄国史译丛”的翻译工作积累了宝贵的经验，锻炼了队伍。

译者队伍长期共事，彼此熟悉，容易合作，便于商量和沟通。我们深知高质量地翻译这些著作绝非易事，需要认真再认真，反复斟酌，不得有半点的马虎。我们翻译的这些俄国史著作，既有俄国经济史、社会史、城市史、政治史，还有文化史和史学理论，以专题研究为主，涉及的领域广泛，有很多我们不懂的问题，需要潜心研究探讨。我们的翻译团队将定期碰头，利用群体的智慧解决共同面对的问题，单个人无法解决的问题，以及人名、地名、术语统一的问题。更为重要的是，译者将分别与相关作者直接联系，经常就各自遇到的问题发电子邮件向作者请教，我们还将根据翻译进度，有计划地邀请部分作者来我校共商译书过程中遇到的各种问题，尽可能地减少遗憾。

“俄国史译丛”的翻译工作能够顺利进行，离不开吉林大学校领导、社科处和国际合作与交流处、东北亚研究院领导的坚定支持和可靠支援；莫大历史系上下共襄此举，化解了很多合作路上的难题，将此举视为我们共同的事业；社会科学文献出版社的恽薇、高雁等相关人员将此举视为我们共同的任务，尽可能地替我们着想，使我们之间的合作更为愉快、更有成效。我们唯有竭尽全力将“俄国史译丛”视为学术生命，像爱护眼睛一样地呵护它、珍惜它，这项工作才有可能做好，才无愧于各方的信任和期待，才能为中国的俄国史研究的进步添砖加瓦。

上述所言与诸位译者共勉。

吉林大学东北亚研究院和东北亚研究中心

2016 年 7 月 22 日

目　录

序

摆脱了意识形态的桎梏后，俄罗斯历史学迈入了新的发展阶段：新思想、新事实层出不穷并引发热烈讨论。历史学界增添了一批经典作品，触及了先前不能触及的主题，客观阐述一些有争议的复杂问题，这不仅赢得了业内人士的尊重，也赢得了自然科学学者的敬佩，而他们在不久前还对我们同行的作品持不无怀疑的态度。在当前形势下，国家社会和政治体制的变化推动了科学研究的自由化，使历史学家完全可以放弃苏联时代的刻板模式和陈规旧矩，客观、公正地叙述历史，从而为创造符合当前人文科学发展水平、不受政府权力影响、不受意识形态和政治教条束缚的“全新历史”开辟了新前景。

自然，在这种形势下就出现了选择何种模式来宏观解释历史进程的问题。苏联历史学中占垄断地位的社会经济形态理论被文明理论、现代化理论、世界体系分析等所取代，这些理论视角使得学者对历史现实产生了不同认识，并对历史发展的动力、趋势和影响有着不同解释。因此，我们不希望将这些理论视角对立起来，将它们视为相互取代的认知模式。更准确地说，我们所探讨的应该是一些同时存在并可供研究者选择的理论建构，这些理论建构具有自身的目标，而它们所提供的理论工具正是致力于达成这些目标。

现代化视角下的理论建构主要是为了解释从传统农业社会向现代工业社会转变的问题。这些问题与现代众多国家和民族相关，同时也对俄罗斯具有重要意义，这个国家如今正经历着一场旨在完成现代社会建设的宏大变革。在世界最发达的社会，现代化问题可能仍然具有一定的重要性，因为在这些社会中工业部门仍然发挥着重要作用。因此，我们强调现代化理论的意义，用它来解释广泛的历史进程卓有成效。

现代化理论所具有的创造性应该得到关注。现代化理论于20世纪60~70年代出现（参见小马里恩·李维、西里尔·布莱克、什穆埃尔·艾森斯塔特、塞缪尔·亨廷顿、沃尔特·罗斯托、丹尼尔·勒纳、戴维·阿普特等学者的作品）。但这一理论并非自其形成之时起就一成不变，而是随着现实生活中现代化进程的日益复杂与人文科学理论的丰富而不断发展。对于持现代化视角的研究者来说，考虑现代化的社会文化背景越发重要，现代化的多元性和周期性以及国际环境对现代化结果的影响也应受到重视。

最近，俄罗斯社会学家广泛运用现代化理论来解释俄罗斯从传统社会向现代社会转变的特点。В. А. 克拉西利齐科夫、А. Г. 维什涅夫斯基、Б. Н. 米罗诺夫、В. Г. 霍罗斯、А. К. 索科洛夫、А. С. 塞尼亚夫斯基、Л. И. 塞门尼科娃、В. Т. 梁赞诺夫、В. В. 索格林、И. В. 波特基纳、С. И. 卡斯佩、Н. Н. 扎鲁比娜、В. И. 潘金、В. В. 克罗夫等在这方面已经取得了引人注目的成果。俄罗斯科学院乌拉尔分院历史与考古所的研究人员探讨了俄罗斯现代化的时间和空间特征，分析了现代化视角的理论问题和现代化研究的具体方法论问题。

但在我看来，现代化理论的创造潜力并没有完全释放，对俄罗斯现代化的解释有时存在公式化的问题，将现代化进程简化为抽象范畴的相互作用，在历史研究中往往片面地解释现代化进程，只把它作为走向市场经济和自由民主价值观的运动。在现代化范式框架下工作的历史学家有时专注于经典现代化研究，也引起了人们对现代化视角整体上已经过时的指责。

我们希望本书能继续挖掘现代化理论的认知潜力，使我们熟悉这一理论的最新成果，并推动对俄罗斯从传统社会向现代社会转变问题的创造性研究。

俄罗斯科学院院士 B. B. 阿列克谢耶夫

绪　论

社会变迁是现代社会学研究的核心问题之一。社会如何变迁、为何变迁，社会变迁进程是否不可避免——诸如此类与社会趋势相关的问题被社会科学与人文科学学者广泛探讨。由于社会变迁本身在很大程度上是多义的、多面的，因而这些问题可以通过旨在解释变迁的性质和方向的各种理论与方法论来回答。

特别值得注意的是那些构成人类前进道路上最重要里程碑的广泛的历史变革（其不仅会导致某些参数的量变，还会导致这些参数的质变以及社会组织方式的改变），如人类的形成、从攫取性经济向生产性经济的转变、早期文明的出现、从传统社会向现代社会的转变，等等。这类变革由于其包罗万象的性质和对人类发展的重大影响，通常被称为革命。上述根本性转变中的最后一个，即从传统社会向现代社会的转变，在学界被称为现代化。现代化是一个跨越数个世纪的漫长历史进程，在这个进程中人们完成了以农业为主的传统社会（社会在传统的基础上运行；人们像祖辈那样获取食物；传统的调节制度在公共和私人生活组织中发挥巨大的作用）向现代工业社会的转变。

现代化进程通常被认为从15~17世纪开始。在这一时期，西欧开始了重要的变革。在文艺复兴和宗教改革的影响下，社会上确立了新的理想和价值观，人类理性转向追求物质的、世俗的利益，个人主义得到了发展。新教的信条和道德有助于建立并巩固以经营及获利为基础的资本主义经济体系。这一时期为现代经济增长模式奠定了基础。著名的未来学家阿尔文·托夫勒正是号召从这个时代，即近代早期，寻找现代动力的根源。① 以15~16世纪地理大发现和确认地球的球形结构为开端的历史进程，随后被各种因素加速推动，为地球上人们的生活带来了翻天覆地的变化。

18世纪下半叶，英国开始工业革命，“现代的”大机器工业诞生，极大地推动了从传统社会向现代社会的转变。19世纪，用西德尼·波拉德的术语表述，工业体系对西欧和北美大陆进行了“和平征服”。② 伴随着“工业文明”的建立所出现的是制度改革、社会动员、城市化加速和生活方式的转变。

20世纪，发展经验更加多样化，社会主义国家取得了巨大的

---

① 1965年，阿尔文·托夫勒在学界提出了术语“未来的冲击”，用来描述人们在极短时间内经受大量变革而产生的压力和方向迷失。在后来出版的同名作品《未来的冲击》中，托夫勒将现代描述为“稳定的终结”。这位未来学家写道：“近300年来，西方社会一直处于剧烈的变革风暴中。这股风暴不仅没有消退，而且还呈加剧势头。变革正以日益增长的速度席卷高度发达的工业化国家，它们对这些国家生活的影响在人类历史上史无前例。变革的急剧值得重新审视，这有时会使现实成为各种事件的疯狂漩涡，因为事实证明，许多曾经令人惊奇和难以理解的事情已经变得司空见惯。变革日益加剧——这不仅仅是工业或国家间的斗争，更是一种具体的力量，它深深地进入了我们的个人生活，迫使我们扮演新的角色，并使我们面临着新的危险的心理疾病。”（Тоффлер А. Футурошок. СПб.，1997. С. 10–11.）

② Pollard，S. *Peaceful Conquest*：*The Industrialization of Europe 1760–1970*. Oxford：Oxford University Press，1995.

成功。20世纪中叶，由于殖民帝国瓦解而诞生的年轻国家面临着发展道路的选择。生产力巨大增长所造成的生态影响，迫使政府对未来的变革方向进行重大调整。1970~1990年，世界见证了具有全球意义的巨大变革。一个是东亚巨变，“远东儒家文明”国家及地区（韩国、中国台湾、中国香港、新加坡）加速现代化，成为世界上最发达国家新的有力竞争对手。另一个重要变革是苏联的社会政治转型，其开始寻找经济和政治现代化（“改革”）的道路。故而20世纪末以新的巨大变革为标志，世界秩序发生了变化，前社会主义阵营国家重新思考自身发展的前景。在21世纪初，发展问题仍具有现实意义。①

正是为了解释传统社会向现代社会的转变进程，在20世纪中叶现代化理论（学说）得到了发展（有时从中分出所谓的发展学派或发展主义，重点关注现代化的经济方面），这个理论从最初就具有多学科性，汇集了社会学家、经济学家、政治学家、历史学家、人类学家、文化学家、哲学家、心理学家等。现代化学派对于现代化的动力、源泉、机制、阶段以及传统社会向现代社会转变中各民族、国家的表现形式等问题都有深入的理论研究。20世纪下半叶和21世纪初，现代化学派针对现实发展进程中的变化，扩大了研究重点，将越来越多的新课题纳入关注范围，完善了认知工具，特别是考虑到了社会科学和人文科学方法论整体上的革新。现代化视角影响广

① 现代化的局限性问题也适用于后工业时代。参见：Иноземцев В. Л. Пределы «догоняющего» развития. М., 2000；Красильщиков В. А. Пределы догоняющей модернизации в постиндустриальную эпоху（опыт индустр-иальных стран Азии и Латинской Америки）// Постиндустриальный мир и Россия. М., 2001. С. 352–373。

泛，从以下事实中可以看出：许多在其理论框架内得到完善的概念，如传统、创新、传统社会和工业社会、结构-功能分化、工业化、民主化、合理化、专业化、增长阶段等，在相互竞争的各理论流派的学术话语中都被广泛使用。与此同时，现代化概念在今天被赋予多种意义：表示从传统向现代转变的广泛进程；表示现代社会中发生的改革与改进；解释“第三世界”国家为了成为发达国家而做出的努力；描述苏东剧变后的国家转型。

俄罗斯学者们对现代化范式产生兴趣在很大程度上是因为能够运用其研究俄罗斯在20世纪80年代末开始的根本性社会、政治与经济转变。与其他有影响力的宏观理论，即社会经济形态理论和文明理论相比，现代化理论在与当代俄罗斯现实情况相联系时显得更加务实，更加易于“感知”。① 在俄罗斯，现代化理论保留了多学科性，渗透到哲学、经济、政治和历史学文献中。已有一些出版物对国外学者的现代化理论和概念进行了评论，现代化理论开始被用来解释俄罗斯的历史进程。② 人们试图确定俄罗斯现代化的具体特征，提出了一些对应这些特征的表述模式（“帝国模式”、“保守模式”、“反复型”现代化、“伪现代化”、“反现代化”、“复古化”等），同时证明了俄罗斯现代化的波浪式、周期性特点，阐述了俄罗斯现代化与帝国建设之间的关联、现代化与革命之间的关联、现代化政策对俄罗斯历史某些时期的影响、现代化的空间和区域、全

---

① Согрин В. В. Теоретические подходы к российской истории конца XX века // Общественные науки и современность. 1998. № 4. С. 127.

② Н. А. 普拉斯库里亚科娃在最近发表的文章中总结了这方面的一些史学成果。参见 Проскурякова Н. А. Концепции цивилизации и модернизации в отечественной историографии // Вопросы истории. 2005. № 7. С. 15。

球化世界中现代化功能的转变等问题。① 人们普遍评价俄罗斯的现代化不是自发的，而是旨在追赶更发达的社会，其特点是周期性、

① Алексеев В. В.，Алексеева Е. В. Распад СССР в контексте текущей модернизации и имперской эволюции // Отечественная история. 2003. № 5；Алексеев В. В. Модернизация и революция в России：синонимы или антиподы？// Индустриальное наследие：материалы Международной научной конференции. Саранск，2005. С. 27 – 33；Вишневский А. Г. Серп и рубль：Консервативная модернизация в СССР. М.，1998；Дорожкин А. Г. Промышленное и аграрное развитие дореволюционной России：взгляд германоязычных историков XX в. М.，2004；Зарубина Н. Н. Самобытный вариант модернизации // СОЦИС. 1995. № 3；Ильин В. В.，Панарин А. С.，Ахиезер А. С. Реформы и контрреформы в России. М.，1996；Каменский А. Б. От Петра I до Павла I：реформы в России XVIII века（опыт целостного анализа）. М.，1999；Он же. Российская империя в XVIII веке：традиции и модернизация. М.，1999；Каспэ С. Империя и модернизация：Общая модель и российская специфика. М.，2001；Козловский В. В.，Уткин А. И.，Федотова В. Г. Модернизация：от равенства к свободе. СПб.，1995；Красильщиков В. А.，Гутник В. П.，Кузнецов В. И.，Белоусов А. Р. и др. Модернизация：Зарубежный опыт и Россия. М.，1994；Красильщиков В. А. Модернизация и Россия на пороге XXI века // Вопросы философии. 1993. № 7. С. 40 – 56；Красильщиков В. А. Вдогонку за прошедшим веком：Развитие России в XX веке с точки зрения мировых модернизаций. М.，1998；Лейбович О. Л. Модернизация в России. К методологии изучения современной отечественной истории. Пермь，1996；Медушевский А. Н. Демократия и авторитаризм：Российский конституционализм в сравн-ительной перспективе. М.，1997；Миронов Б. Н. Социальная история России периода империи（XVIII – начало XX в.）. Генезис личности，демократической семьи，гражданского общества и правового государства. СПб.，1999. Т. 1 – 2；Модернизация в социокультурном контексте：традиции и трансформации. Екатеринбург，1998；Модерн-изация и национальная культура. М.，1995；Наумова Н. Ф. Рецидивирующая модернизация в России：беда，вина или ресурс человечества？М.，1999；Опыт российских модернизаций XVIII – XX века. М.：Наука，2000；Пантин В. И.，Лапкин В. В. Волны политической модернизации в истории России. К обсуждению гипотезы // ПОЛИС. 1998. № 2. С. 39–51；Пантин В. И. Волны и （转下页注）

反复性，并与传统紧密相连。研究现代化问题的俄罗斯学者指出，技术和工艺、经济、政治、法律、社会文化以及其他领域的现代化进程不是同步的，它们是由社会相关部分的内部动因和外部影响

(接上页注①) циклы социального развития: Цив-илизационная динамика и процессы модернизации. М., 2004; Плимак Е. Г., Пантин И. К. Драма российских реформ и революций (сравни-тельнополитический анализ). М., 2000; Поляков Л. В. Методология исследования российской модернизации // ПОЛИС. 1997. № 3; Он же. Путь России в современность: модернизация как деархаизация. М., 1998; Поткина И. В. Индустриальное развитие дореволюц-ионной России. Концепции, проб-лемы, дискуссии в американской и английской историографии. М., 1994; Поткина И. В., Селунская Н. Б. Россия и модернизация (В прочтении западных ученых) // История СССР. 1990. № 4. С. 194 - 207; Российская модернизация: проблемы и перспективы // Вопросы философии. 1993. № 7. С. 3 - 39; Российская модернизация XIX - XX веков: институциональные, социальные, эконо-мические перемены. Уфа, 1997; Рязанов В. Т. Экономи-ческое развитие России. Реформы и российское хозяйство в XIX-XX вв. СПб., 1998; Свободное слово: Интеллектуальная хроника. Альманах-2001. М., 2003. С. 9-55, 130-180; СенявскийА. С. Урбанизация России в веке: Роль в историческом процессе. М., 2003; Он же. Индустриа-льная модернизация, урбанизация и демографические процессы в России в XX веке: соотношение и взаимосвязи// Индустриальное наследие... С. 398 - 406; Согрин В. В. Теорети-ческие подходы к российской истории конца XX века...; Он же. Современная российская модернизация: этапы, логика, цена // Вопросы философии. 1994. № 11. С. 3 - 18; Он же. Политическая история современной России. 1985 - 2001: от Горбачева до Путина. М., 2001; Травин Д., Маргания О. Европейская модернизация. М.; СПб., 2004; Урал в контексте российской модернизации. Сборник статей. Челябинск, 2005; Уральский исторический вестник. Екат-еринбург, 2000. Вып. 5 - 6: Модерн-изация: факторы, модели развития, последствия изменений; Федотова В. Г. Модернизация «другой» Европы. М., 1997; Она же. Типология модернизаций и способов их изучения // Вопросы философии. 2000. № 4. С. 3-27; Она же. Неклассические модернизации и альтернативы модернизационной теории // Вопросы философии. 2002. № 12. С. 3-21; Хорос В. Г. Русская история в сравнительном освещении. М., 1996.

（包括它们之间的复杂互动）共同决定的。国家的作用受到了极大的关注，国家通常被解释为现代化的发起者以及最活跃和最强大的社会组织。

俄罗斯研究人员还广泛使用现代化理论来研究东方和其他发展中国家。①

主要是在 20 世纪 60 年代完成的经典现代化研究最受欢迎。那一时期的作品最常被引用，如西里尔·布莱克、丹尼尔·勒纳、小马里恩·李维、戴维·阿普特、什穆埃尔·艾森斯塔特等的作品，他们的作品建立在进化论和功能主义假设的基础上，但后来受到了批评。以后时期的作品所受到的关注要少得多，其方法论进行了重要的更新。这种状况使得关注现代化视角的理论与方法论问题具有现实意义。

本书旨在追溯现代化学派的理论与方法论基础，以及在这一学

① Аванесова Г. А. Региональное развитие в условиях модернизации（на материалах стран Запада и Востока）// Восток. Афро-азиатские общества: история и современность. 1999. № 2. С. 41–56；Авторитаризм и демократия в развивающихся странах. М.，1996；Авторитаризм и демократия в «третьем мире». М.，1991；Государственность и модернизация в странах Юго-Восточной Азии. М.，1997；Зарин В. А. Запад и Восток в мировой истории XIV – XIX вв.：（Западные концепции общественного развития и становление мирового рынка）. М.，1991；Зарубина Н. Н. Составляющие процесса модернизации: эволюция понятий и основные параметры // Восток. Афро-азиатские общества: история и современность. 1998. № 4. С. 25 – 37；Окунева Л. С. На путях модернизации: Опыт Бразилии для России. М.，1992；Особенности модернизации на мусульманском Востоке. Опыт Турции，Ирана，Афганистана，Пакистана. М.，1997；Старостин Б. Социальное обновление: схемы и реальность（критический анализ буржуазных концепций модернизации развивающихся стран）. М.，1989.

术思想流派内发展起来的认知工具的演变，通过与其他理论投射比较来展示使用现代化分析方法论的潜力与范围，揭示现代化视角的认知工具在研究从传统社会向现代社会转变进程中的时空维度方面的有效性。

第一章
社会变迁模式

第一节 理论投射中的社会变迁

自托马斯·霍布斯时代起，秩序问题就在社会和人文认知中占据了关键位置。① 到了19世纪，随着工业化为欧洲和北美国家带来巨大社会影响以及它们与世界其他地区传统社会之间的主要差距变得显著，社会变迁问题成为社会科学的核心问题。② 与社会生活的调整和组织趋势一样，变化、变迁为社会本身所固有。秩序稳定与变异变革作为社会的对立状态只是表面上的。事实上，一方面，维持秩序需要完成不同方面、各种规模的社会变迁，以应对来自外部环境（对这种秩序）的挑战以及内部环境的熵变过程；另一方面，

---

① Тернер Дж. Структура социологической теории. М.：Прогресс，1985. С. 27－28.

② 社会变迁是社会科学核心问题的观点也见于其他文献中。例如，“研究社会变迁是社会学的根本。也许所有的社会学都关注变迁”（Штомпка П. Социология социальных изменений. М.：Аспект-Пресс，1996. С. 12）。

动态进程也可以被视为社会稳定，即社会形成一定的秩序、结构、相互联系的整体的先决条件。①

可以说，在社会现实领域，秩序和变迁之间存在着持续的辩证关系。对于这对密切相关的范畴中两者主次之分的问题，很难给出明确的答案。变迁似乎是一种更普遍的现象，因为它正是社会秩序的基础，尽管看起来很矛盾。至少，将社会变迁置于社会秩序的从属地位似乎并不正确（考虑到许多人认为动态进程受制于对普遍稳定的追求，把这个确定首要原则的问题归入根本无法解决的问题——例如先有鸡还是先有蛋，可能更为正确）。

那些研究过往历史的专家对社会变迁持有特殊态度，时间性是历史学家所关注的研究领域的一个不可或缺的属性。同时，所有的历史认知经验都使我们相信，在不同的时间点上没有绝对同构的历史形势。历史情境（T1）必然会在某种程度上（尽管难以捉摸）与历史情境（T2）有所不同。第二代古希腊哲学家赫拉克利特就认为，一切都处于不断变化或运动的状态；人不能两次踏入同一条河流，因为第二次河水会有不同（以前的河水会流走），人也会有一些变化。重建与时序向量相关的历史情境序列是历史研究的传统程序。因此，分析变迁有机地进入了历史学家的认知方法库。在这种情况下，研究社会变迁的参数以及将其研究方法系统化值得特别关注。

---

① 安托万·普罗斯特关于历史（历史进程）和结构化（结构关系的固定）之间存在联系的观点值得注意："因此，历史学家面对的时期是一个已经结构化的、明确的时期。然而，这个时期也具有真正的学术意义：它表明同时性不是偶然的巧合，不是将不同性质的事实联系起来的简单排列。构成这个时期的不同元素或多或少都有密切联系。它们'一起运动'。这好比德国人的'相关性'（Zusammenhang）。它们相互解释。整体兼顾部分。"（Про А. Двенадцать уроков по истории. М.，2000. С. 120.）

社会变迁的概念化

社会变迁的概念具有高度的多面性，包括社会结构与实践的变化、新群体的出现或对旧群体的保障、新的互动形式与行为的出现。在社会环境不同层面（包括微观、中观与宏观层面，还可以对其继续细分），人口、生态、技术、经济、政治、社会文化、社会心理（及其他）会发生不同速度、规模、复杂程度和方向上的变迁。

这些数不胜数的变化是由各种原因（因素、根源）引起的，其层次很难重构，因为数量过于庞大（其中包括人类与生俱来的好奇心，对开拓和探索以前未知的新空间、解决他自己所制造的问题的永恒渴望），它们之间存在着相当紧密而又极其复杂的联系。结构性（社会群体的利益与价值观）、规范性（规范与习俗）与行为性（个人偏好）因素是社会变迁的重要根源，但远非全部根源。在解释社会变迁的根源上，社会学界有两种对立的立场：第一，决定论，其支持者试图找出一种单一原因（“第一推动力”），来解释后来发生的所有社会变迁（如地理、人口、技术、经济、冲突、政治、意识形态决定论等）；第二，多元论，其更受欢迎，强调社会动态中因素的多元性和它们影响的相互性。

我们并不奢望确定社会变迁的根本原因，只试图揭示一些因果关系的线索。

自然气候变化无疑会引起相应的社会反响。洪水、干旱、飓风以及长期的气候变化造成了人口变化、迁徙与就业结构变动。社会文化和政治组织也与自然环境休戚相关，尤其是在极端情况下。地理条件成为社会和政治变革的催化剂，推动了国家的出现和演变。例如，有学者认为，实行强力中央专制集权的、疆域广阔的国家的建立，与所谓“亚细亚生产方式”的形成有关，这一生产方式的地理基础是大规模的灌溉工程。有时地理及其相应的人口条件（如在辽阔的北美洲生活的印第安人数量不多）无法推动国家的快速形成，因为人口不集中必然导致难以建立强大的权力中心。俄罗斯科学院院士 Л. В. 米洛夫认为，正是自然气候因素（俄罗斯社会孕育于恶劣的自然气候条件）对俄罗斯的国家性质与发展速度有着决定性影响：国家建立相对较晚；实行长期的专制统治；国家履行广泛的经济功能；国家在创建所谓的“共同劳动条件”方面具有主动性。① 美国著名俄罗斯学家理查德·派普斯在分析俄罗斯社会历史时也相当重视地理因素。在他看来，俄罗斯的庞大国土与自然边界的缺乏导致了俄罗斯国家领土的异常扩张。因贫穷与交通落后，政府更加依赖行政人员的专断来管理国家，这阻碍了自治、有效的法律制度与人权保障的发展。尽管有着丰富的自然资源，但俄罗斯却缺乏利用这些资源的手段。由于远离海洋和世界贸易中心，商业文明与城市生活的发展也受到阻碍。在这种环境下，文化生活由宗教与教会控制。在穆斯林与天主教教徒的包围下，俄罗斯感到自身被孤立和疏离，理查德·派普斯指出，这导致俄罗斯民族产生了救世心理。这位美国史学家认为，相信俄罗斯民族要走特殊的道路对沙皇统治下的俄国和共产党统治下的苏联发展都带来了破坏性影响。② 然而，我们不应该夸大地理环境对社会进程的影响。现代著名社会学家之一安东尼·吉登斯正确地指出：“曾有过这样的情况，

① Милов Л. В. Великорусский пахарь и особенности российского исторического процесса. М. , 1998.

② Рогов К. Е. Россия и современный мир // Вопросы истории. 1994. №3. С. 182.

拥有最原始技术的群体在相当恶劣的条件下发展了高效的经济。反之，狩猎与采集者往往居住在土地肥沃的地区，却并不从事任何形式的畜牧业或农业。这表明一个社会所处的自然环境与其生产系统类型之间未必存在直接、固定的联系。"①

人口变迁（人口数量、组成、分布的变化）被视为社会发展的重要动力。当食物充足时，人口数量呈增加的趋势。同时，人口数量的不断增加也迫使人们寻找更有效的手段（农业技术创新或社会组织形式创新）以增加食物产出。如果人口增长超出了粮食生产所能负担的范围，就可能出现饥荒和流行病，冲突与战争也许会加剧，一些人可能迁往新的地区以求生存。这种情况在上古和中世纪前工业社会的历史中②，以及在近代和现代都有广泛体现（例如，近代人口从西欧地区向北美和澳大利亚大规模移民，第三世界遭受饥荒地区经常爆发冲突）。

社会变迁在很大程度上取决于技术发展、技术进步。技术创新增强了社会适应环境的能力，提高了生产力，改变了生产结构、劳动力资源、移民机制和生活方式。现代化理论的支持者强调，工业化（从手工劳动向机器生产的转变）与其他社会领域一系列进步的动态进程（人口革命；建立具有高度社会流动性的开放分层体系；从部落或封建结构向民主或极权型官僚体制转变；宗教的作用和影响力下降；教育功能与家庭和社区分离，教育过程延长，教育内容变得丰富；"大众文化"兴起；大众传媒工具发展；等等）之间的

---

① Гидденс Э. Социология. М. , 1999. С. 597.

② Нефедов С. А. Метод демографических циклов в изучении социально-экономической истории допромышленного общества. Автореф. дис. . . канд. ист. наук. Екатеринбург, 1999.

密切联系是毋庸置疑的。

技术决定论（认为技术因素在社会发展过程中起决定性作用）成为众多社会历史演变模式的基础。历史唯物主义创始人的一系列论点为使用技术决定论解释社会历史演变提供了基础。例如，根据马克思的说法："手推磨产生的是封建主的社会，蒸汽机产生的是工业资本家的社会。"恩格斯在 1884 年 6 月 26 日给卡尔·考茨基的信中写道："正如现代工具制约着资本主义社会一样，蒙昧人的工具也制约着他们的社会。"列宁在其所著的《俄国资本主义的发展》一书中，从技术角度解释了 1861 年改革后与改革前时期的区别："改革后的时代，在这方面是与以前的俄国历史时代截然不同。木犁与链枷、水磨与手织机的俄国，开始迅速地变为铁犁与脱谷机、蒸汽磨与蒸汽织布机的俄国。"① 但是，历史唯物主义的历史进程模式仍然将技术因素与社会经济组织、社会生产关系紧密联系在一起。

技术决定论在让·福拉斯蒂埃提出的模式中更为清晰，他当时提出了初级、二级、三级文明的连续更替模式（分别以农业、工业、服务业与精神生产为中心），其基础是科技进步成就对社会产生影响的思想，科技进步被赋予独立性、脱离社会关系的自主性。② 更著名的模式是将人类历史划分为前工业（农业）社会、工业（资本主义与社会主义）社会与后工业社会（由丹尼尔·贝

---

① Маркс К.， Энгельс Ф. Соч. Т. 4. С. 133； Т. 36. С. 146； Ленин В. И. Полн. собр. соч. Т. 3. С. 597–598.

② Фурастье Ж. Технический прогресс и капитализм с 1700 по 2100 год. Какое будущее ожидает человечество? Прага， 1964； Легостаев В. М. Наука в рамках технократической утопии Жана Фурастье // Вопросы филосо фии. 1974. № 12.

尔、赫尔曼·卡恩、亚兰·杜汉提出，也有其他学者提出以下说法：电子技术统治社会——兹比格涅夫·布热津斯基；超工业社会——阿尔文·托夫勒；信息社会——增田米二、堺屋太一。除此之外，还有诸如控制的社会、后现代社会、后稀缺社会、后资本主义社会、后资产阶级社会、后企业主社会、后市场社会、“第三次浪潮”、自动化和通信社会、服务型社会、知识社会等术语，由诸多后工业社会观点的支持者提出）。持后工业社会观点的代表人物在界定社会演变的主要阶段时也赋予技术发展水平决定性意义。①

但将生产技术变化与社会变迁之间的联系绝对化遭到了批评，因为这种做法忽视了为技术创新创造必要前提的社会进程。技术决定论还掩盖了不同社会机制与不同类型技术共存的事实。

社会发展主要由经济发展决定的观点已在社会科学中得到广泛接受。例如，马克思主义认为生产关系（首先是生产资料所有权）是决定社会发展进程、社会阶级结构及其政治、上层建筑的根本因素。波兰著名经济学家与历史学家耶日·托波尔斯基在思考16世纪欧洲不同地区资本主义关系起源与再封建化的同步性问题时，发现了经济与社会变量之间的一系列因果关系。“领主收入危机”与“市民和农民社会经济活跃性提高”使“贵族活跃性提高”，这可作为（中欧和东欧）再封建化的一个因素。与此同时，“市民和农

① Белл Д. Грядущее постиндустриальное общество. Опыт социальногопрогнозирования. М., 1999; Новая постиндустриальная волна на Западе. Антология. М., 1999; Тоффлер О. Третья волна. М., 1995; также см.: Иноземцев В. Л. Современное постиндустриальное общество: природа, противоречия, перспективы. М., 2000; Асп Э. К. Введение в социологию. СПб.: Алетейя, 2000. С. 179-193.

民社会经济活跃性提高”以及“贵族活跃性提高”是“资本主义的起源”。①

利益矛盾与对有限资源的争夺也经常被解释为社会变迁的主要根源。冲突存在于不同文明和不同国家之间，存在于各阶级、区域、社会职业、种族、民族和宗教群体之间，存在于各机构、各部门之间，存在于国家与公民之间，乃至存在于个人之间。冲突既具有破坏性（破坏社会秩序），也具有建设性（揭露和消除社会制度的痛点，恢复与活跃社会机构）影响。

广泛的社会变迁与创新，即采用新的生产方式有关。② 同时，创新被划分成两种类型：第一，发现，即在利用一些已有理论的基础上增添新知识；第二，发明，即将现有知识赋予某种新的形式（如蒸汽机、合成材料与汽车的发明）。创新（发现和发明）并非孤立、偶然的行为，而是技术和社会知识积累的结果。后者是界定科学探索的范围和发明活动的可能性的基础。因此，列奥纳多·达·芬奇制造机械飞行器这一大胆的尝试注定会失败，因为对其而言，像汽油发动机这样必要的基础发明仍要历时许久才能出现。故而，意大利文艺复兴的伟大代表只得满足于自行车的发明。总而言之，根据著名科学史学家约翰·贝尔纳的说法，文艺复兴时期天才的悲剧在于：“他可以为任何目的发明机器，并把它们描绘得无比完美，但几乎没有一台机器可以工作，即使他能找到足够的金钱来制造它们。如果没有一定的静力学和动力学知识，不使用像蒸汽机这样的原

① Топольский Е. Рефеодализация в экономике крупных землевладений в Центральной и Восточной Европе. М., 1970.

② 关于创新在经济发展过程中的作用可参见 Санто Б. Инновация как средство экономического развития. М., 1990。

动力，文艺复兴时期的工程师实际上无法超越传统实践所设定的极限。”①

社会变迁通常由以下三种类型的创新引发：第一，新技术（例如，汽车彻底改变了城市风貌与市民生活方式。根据威廉姆·奥格本的说法，发动机的发明使得开车变得容易，直接促进了女性的解放，使她们得以进入业界并转变自身在家庭关系中的角色）；第二，文化革新（新的信仰、价值观、意识形态；根据罗伯特·尼斯比特的说法，进步理念在17~18世纪推动了西欧的快速技术变革）；第三，新的社会结构形式（例如，官僚组织曾是一种新的社会结构，旨在胜任现代社会带来的复杂行政任务）。

社会变迁的一大重要动力是扩散，即创新扩散，从外部输入某个社会中。② 正是从外部引进技术、经验、制度和文化模式的能力，成为加速社会进步的前提条件。交通和通信手段的改进为扩散进程提供了额外的推动力，促进了社会间的接触和互动。贸易、战争、旅行、广播和电视都有利于创新扩散。

扩散在历史上的作用不容小觑，文字、字母、宗教的传播伴随着文明的形成。在欧洲非常普遍的专制警察国家模式是17~18世纪在德国流行的所谓警察国家乌托邦的简化版。众所周知，18世纪启蒙思想在欧洲乃至新大陆跨越国界广泛传播，对政治和社会文化进程产生了重大影响。

---

① Бернал Дж. Наука в истории общества. М. , 1956. С. 215.

② Алексеев В. В. , Нефедов С. А. , Побережников И. В. Модернизация до модернизации：средневековая история России в контексте теории диффузии（к постановке проблемы）// Уральский исторический вестник. Екате ринбург, 2000. № 5-6：Модернизация：факторы，модели развития，послед ствия изменений. С. 152-183.

18 世纪下半叶率先在英国开展的工业化，在很大程度上也是扩散的结果，而非个别群体独立发展的结果。随着现代社会交流能力的极大增强，全球已经变为了“地球村”（马歇尔·麦克卢汉的表述）。扩散水平大幅提高的一个影响便是“期望值上升的革命”，包括穷人在内的世界各地区人民渴望获得广告、电视、电影内呈现的生活方式，但国民经济并不总是能够支持这种生活方式。

然而，在承认扩散在社会变迁进程中，特别是在现代世界中发挥巨大作用的同时，不应该从字面上将其简单理解为某种现象在空间上的转移。应当注意，在适应新条件的进程中，输入的技术、制度、价值观等与它们需要扎根的环境之间会发生复杂的互动（包括相互影响）。同一要素或同组要素对不同地区的扩散影响可能大相径庭（至少不是完全一致）。马丁·马里亚的研究有力地证明了这一观点，他指出，取代了“旧秩序”（即绝对君主制、合法化的社会等级制度、国家教会的垄断）的现代性结构在欧洲传播，成为近代的特征：“因此，从先进的大西洋西部开始，民主和工业主义、自由主义和社会主义、古典主义和浪漫主义的影响从西方转移到东方。然而，在这个进程中，进入发展不平衡的地区后，现代文明的上述每个方面都发生了改变，有时甚至被扭曲。因而，在欧洲广大范围内存在不同的分区：英法所在的西部地区、德国所在的中部地区、斯拉夫民族所在的东部地区以及地中海沿海的南部地区。此外，在大西洋彼岸，遥远的西方——美洲，则结合了所有欧洲分区的要素。”①

---

① Малиа М. Краткий XX век // Россия на рубеже XXI века: Оглядываясь на век минувший. М.: Наука, С. 122.

外来创新与内生传统之间相互影响与相互转化的思想，成为“部分的”（或局部的、“碎片化的”）现代化观点的基础。提出这一观点的迪特里希·瑞彻迈耶写道：“在许多社会中，现代化和传统要素交织在一起，形成怪异的结构。通常这些社会不协调现象是伴随着社会变迁加速所形成的暂时现象。但是，它们往往变得根深蒂固，并持续了几代时间。当前研究的主题正是这些持续存在的异质性社会结构形式。如果要给出一个正式的定义，那么‘部分的现代化’就是这样一个社会变迁进程，它导致了相对现代化的社会形式与不太现代化的结构在同一个社会中的制度化。”① “部分的现代化”与现代社会文化实践和价值观对不发达社会的渗透有关，即与扩散机制以及明显处于不同发展阶段的社会之间存在交流有关。同时，历史材料表明，作为接受者的社会存在着足够广泛的机会来理解复杂的制度和文化现象，而这样的社会本身是很难产生这些现象的。

---

① 参见：Rueschemeyer, D. “Partial Modernization,” *Explorations in General Theory in Social Science*: *Essays in Honor of Talcott Parsons*. J. C. Loubser et al. (eds.). New York, 1976. Vol. 2. pp. 756–772；Цит. по：Волков Л. Б. Теория модернизации-пересмотр либеральных взглядов на общественно-политическое развитие (Обзор англо-американской литературы) // Критический анализ буржуазных теорий модернизации. Сборник обзоров. М., 1985. С. 72 – 73；Необходимо признать, что Р. Бендикс уже в 1960 гг. признавал, что реальный процесс модернизации протекает как «частичный» (参见 Bendix, R. “Tradition and Modernity Reconsidered,” *Comparative Studies in Society and History*. Hague, 1967. Vol. 9. № 1. p. 330)；Также см.：Побережников И. В. Модернизация：теоретико-методологические модели // Дни науки УрГИ. Гуманитарное знание и образование в контексте модернизации России. Материалы научной конференции. Екатеринбург：Уральский гумани-тарный институт, 2001. С. 19–20。

人们不能忽视规范体系这样的社会变迁根源，即主观调节体系，其运作是基于人的效仿能力，根据榜样行事。规范体系是社会现实的独有特征，在物质现实中没有相似的存在。① 规范体系由主观产生的规范所构成，目的是通过组建一定的行为规范来整顿社会现实，因而具有主观性（根据卡尔·波普尔的观点，“对某种行为方针或准则提出假设性的规范，以期在随后的讨论中采纳，并且决定采纳这种行为准则或规范，从而创建这种行为准则或规范”②）。人类创建的不同调节体系，如规范命令、社会标准价值观、传统、习俗、生产活动模式、行为模式、言论模式、思维模式等，有力地干预着历史进程，指挥着它，支配着它的具体步骤。主观调节的动机可以由完全有意识的、有计划的、精确的意志表达（例如在国家法律、政府政策中）来指定，或通过自发的、趋同的、持续的行为模式（例如传统）来指定。主观调节行动与影响的范围和规模会有所差别。一种情况是礼仪规范，规定日常生活中的行为规则；另一种情况是调节社会、政治、经济等其他领域关系的规范。现代立法、司法和行政机构不断制定新的人类生活规则（法律、指令等），这可以影响整个社会或其中一部分，改变权力和社会关系的性质，重新分配权利和义务，影响价值观、行为目标、生活方式、适应方式、制度化模式和伙伴关系实践。法律体系通过不断的调节、反调

① Розов М. А. Методологические особенности гуманитарного познания// Проблемы гуманитарного познания. Новосибирск, 1986. С. 33 – 54; Побереж-ников И. В. Методологические проблемы исторического исследования: природа исторической реальности и масштаб рассмотрения// Ирбитский край в истории России. Екатеринбург, 2000. С. 7–25.

② Поппер К. Р. Логика и рост научного знания. Избранные работы. М., 1983. С. 399.

节和有选择的强迫过程，成为推动社会变迁的无处不在的工具。

社会变迁的社会心理因素也值得关注，毕竟社会是因人的变化而转变的。不同的社会心理学投射的实质也是要揭示心理参数（被视为决定因素）的变化与社会发展之间的关系。在这种情况下，社会转型可以通过在特定社会预先出现的某些社会心理突变来解释，而社会停滞则与后者的缺失相关。这种视角着重于人和促使人们进行某类活动（发明、科学发现等）的心理决定因素。著名学者马克斯·韦伯得出结论，西欧资本主义是在“新教精神”确立后发展的。根据戴维·麦克利兰的观点，成功的现代化必须要有成就的动机（与传统行事方式相反，以成功、主动性、活动性为导向）来保证，这一思想必须预先灌输给个人。①

社会变迁具有多种形态，根据威尔伯特·穆尔的观点，可以区分出 10 种社会变迁模型，趋向各不相同。②

渐进式持续增长模型（模型 1），用图形可以表示为随时间推移从下向上平稳上升的直线。这种轨线常用来描述线性进程的特点，在现实世界中可能是看不到其纯粹形式的。即便如此，这一模型可以用作对在较短的时间段内发生的社会变迁持续趋向（如国家

① Вебер М. Избранные произведения. М., 1991; McClelland, D. C. "Business Drive and National Achievement," *Social Change: Sources, Patterns and Consequences*. A. Etzioni and E. Etzioni (eds.). New York: Basic Books, 1973. pp. 161 - 174; также см.: Зарубина Н. Н. Социокультурные факторы хозяйственного развития: М. Вебер и современные теории модернизации. СПб., 1998.

② Moore, W. E. *Social Change*. Englewood Cliffs, New York: Prentice Hall, 1974. pp. 34-46; Vago, S. *Social Change*. Englewood Cliffs, New Jersey: Prentice Hall, 1989. pp. 75 - 79; также см.: Штомпка П. Социология социальных изменений... С. 31-37.

经济的平均生产率增长）的近似描述。

阶段式演变模型（模型 2）是比较常见的社会变迁模型，被广泛用于描述历史发展进程。这一模型基于这样一种观念：由重大突破、发现、成就引发的快速增长期与稳定发展期不断交替（用图形可表示为“阶梯”形）。基于这种模型，学者们提出了各个时代或阶段（文明）连续的人类发展模式，每一个后续阶段都被认为比前一阶段更加完善（如著名的考古分期——旧石器时代、中石器时代、新石器时代、次新石器时代、青铜时代、铁器时代，而历史唯物主义对世界进程进行了如下阶段划分——原始社会、奴隶社会、封建社会、资本主义社会、共产主义社会）。在研究社会经济和科技发展时，也可以使用模型 2［“发展的连续性……与其各时期（阶段）的间断性相结合，每个时期都由一定的冲击所触发，自身具有一定的持续性”①］。

不均衡发展模型（模型 3）基于这样的观念：演变速度具有不均衡性。如果经济增长由一些峰值来表示，那么这个模型可用于描述经济增长，例如：①18 世纪末至 19 世纪初的第一次工业革命；②19 世纪末至 20 世纪初的第二次工业革命；③20 世纪中叶发生的已演变为科技革命的第三次工业革命。② 在这一模型中，一系列由创新引发的飞速增长被稳定的发展所取代；此外，发展的间隔缺乏对称性。

周期性增长模型（模型 4）设定了矢量增长趋势，包括含有上升和衰退阶段的周期。例如，人们认为这一模型可用来描述包括上

---

① Длинные волны: Научно-технический прогресс и социально-экономическое развитие. Новосибирск, 1991. С. 15.

② Анчишкин А. И. Наука, техника, экономика. М., 1986. С. 177-178.

升阶段（复苏、繁荣、成熟）与衰退阶段（衰退、萧条）的商业周期。

模型5（分支型、多线式发展）比上述几种模型更为复杂，因为其试图包含各种可能的演变路径：一些社会、文明、社会环节稳定发展，另一些则停滞不前，还有一些出现倒退甚至绝对衰退（最终消亡）。同时该模型设想了发展轨迹随时间而变动的可能性，如在快速上升后恢复稳定或有所倒退，以及长期相对缓慢发展后的爆发式增长等。模型的图示为顺着时间轴延伸的有着多种分枝的树形图。这种模型符合当代的一些现代化观念，这些观念预见到，传统向现代转变的进程随着其历史发展有能力适应各种环境，可能同时在单独一个国家或一个国家集群实现现代化；拒绝存在某一个固定的“现代化中心”的观念，承认可能存在数个“现代化中心”，其数量可能会有增长，形态也可能改变。①

模型6是周期性无矢量趋势（无倾向）模型，它被用于社会历史演变的周期性理论中，如 Н. Я. 丹尼列夫斯基、奥斯瓦尔德·斯宾格勒、阿诺德·汤因比、П. А. 索罗金的研究。地理和文化决定了俄罗斯历史周期性的观点，即俄罗斯历史似乎由于发展潜力不足而永久回到“历史上更早的形式”（А. С. 阿希耶泽尔）②，在当代俄罗斯社会科学界受到了一定的欢迎。在这个模型中，演变表现为周期性的波动，最终不会导致进步，而只是不断重复前面的时期。

① Tiryakian, E. “The Changing Centers of Modernity,” *Comparative Social Dynamics: Essays in Honor of Shmuel N. Eisenstadt*. E. Cohen, M. Lissak, U. Almagor (eds.). Boulder, C. O.: Westview Press, 1985. pp. 131-147.

② Ахиезер А. С. Россия: критика исторического опыта (Социокультурная динамика России). Новосибирск, 1997. Т. 1: От прошлого к будущему.

与模型 3 和模型 4 不同，这种模型的波峰和波谷并不表示存在任何总体上升趋势。人们认为，如果借助相对而不是绝对的衡量标准，周期性无矢量趋势模型可以成功地用于解释许多社会现象（如结婚、出生、离婚等的趋势变化）。

逻辑斯蒂增长曲线（S 形）模型（模型 7）基于“饱和”假定，即在特定条件下存在一个极限人口数量，在一些阻碍力量（例如资源限制）的影响下，随着对这个极限数量的接近，增长速度减慢。这一模型在描述居民人口增长过程中得到了广泛的应用。逻辑斯蒂人口增长观点由比利时学者阿道夫·凯特勒在 1835 年首次提出，并由比利时数学家皮埃尔·韦吕勒在 1838 年进一步发展。1920 年，美国生物学家雷蒙德·佩尔与罗威尔·里德再次“发现”了逻辑斯蒂增长曲线。通过研究果蝇种群数量增长的持续时间和速度与种群密度的关系，他们发现，增长在最初会逐步加速（早期缓慢，然后会越来越快），在达到一定水平（渐近线）后，暂时停止。雷蒙德·佩尔将这一规律转用于人口增长，并发现其符合 19 世纪 20 年代前数个欧洲国家和美国的情况。在年鉴学派学者（费尔南·布罗代尔等人）、经济学家龙多·卡梅伦的研究中，在世界体系分析框架内，逻辑斯蒂增长曲线模型被用于描述人口和经济的发展。也有人试图将其运用于文化综合体的研究中（迈克尔·H. 哈特）。运用逻辑斯蒂增长曲线来模拟技术（如汽车、飞机、收音机等产品技术）的个体生命周期，可以设想在市场饱和与萎缩的压力下，最初的高速增长会逐渐放缓（格哈德·门斯的理论）①。

逆向逻辑斯蒂增长曲线模型（模型 8）是模型 7 的对称反映，

① Длинные волны... С. 106–108.

用于描述一些下降趋势。例如，由于食品供应的增加、卫生服务的改善（在人口转型或革命期间），死亡率的下降最初是迅速的，但在达到一定的最低值后就会放缓。①

一系列社会现实现象使得我们可以接近指数增长模型（模型9）。这一模型被用来描述不受控制的人口增长（托马斯·罗伯特·马尔萨斯基于人口规律所提出的观点，在他看来，“由于所有生物固有的持续性渴望，其繁殖速度超过了它们可支配的食物量所允许的速度”）。

衰退模型（模型10）采用下降曲线的形式，与模型9相反，主要用于研究衰退、递降过程。

威尔伯特·穆尔所确定的模型虽然没涵盖所有可能的社会变迁形式，但极大地简化了研究它的程序。同时，我们不能将这些模型视为相互竞争的（将一种模型绝对化是没道理的），而应将它们视为适用于分析相关情形以及社会进程和社会现象各个方面的模式（模型是认知工具，我们应该根据功效和启发能力对其进行评估）。选择适当的模型来分析社会现实的具体方面是一个非常复杂的过程，需要研究者具备渊博的知识，甚至是直觉。社会趋势之间的关联以及它们之间的相互作用使创建复杂模型结构成为必需，而较简单的社会变迁模型可以作为其模块（例如，逻辑斯蒂增长模型、指数增长模型、衰退模型等可以被压缩并入经济发展的长波模型；现代化的多线式发展模型可以作为超级组合，包含渐进式、阶段式的增长模型，周期性无矢量趋势模型，甚至衰退模型等）。

社会变迁的多面性使得将其概念化变得十分复杂。社会变迁的

---

① Смелзер Н. Социология. М.，1994. С. 567–568.

定义取决于作者的学科归属（社会学家、经济学家、政治学家、历史学家、人口学家、民族学家和其他学科专家往往会对社会变迁的性质做出不同的解释）和对社会进程不同方面的强调。在研究这一问题时，学者们的理论观念和意识形态也会影响研究焦点的确定。

一种观点认为，社会变迁是人们在社会交往中的社会实践与社会角色（随着时间推移）的改变。其他研究者认为，社会变迁的主要特征是社会结构，即体现在规范（行为准则）、价值观、文化产品和符号中的社会行为和互动模式的转变（尼尔·斯梅尔塞认为"社会变迁可以被定义为社会组织方式的改变"①；安东尼·吉登斯则将社会变迁描述为"社会群体或社会团体的基本结构的变化"②）。这一观点的支持者注意到，社会结构容易发生重大变化，其集合具有不稳定性、矛盾性以及灵活性。一些研究者注意到，社会变迁不能简化为结构性转变，还必须考虑到社会运作特点的变化。如埃里克·卡列维·阿斯普认为，社会变迁应被理解为"首先是社会系统的结构和功能的变化"，"社会变迁是指一个社会系统的结构和运作发生重大变化的过程"。③ 这一观点的支持者认为，忽视对整个系统的运作非常重要的动态过程（如实现目标或满足某些条件），会导致对社会变迁的研究变得片面。有时，社会变迁会被解释为社会关系

① Там же. С. 611.

② Гидденс Э. Социология. С. 673。作者在其他地方写道："为了确定变化的重要性，有必要确定某一对象或情况的深层结构在一段时间内发生了多大变化。就人类社会而言，为了弄清系统在多大程度上和以何种方式受制于变迁的过程，有必要确定主要制度在一定时期内的变异程度。对变迁的任何统计要以突出保持稳定的内容为前提，因为这是确定变迁的基础。"（Там же. С. 591.）

③ Асп Э. К. Введение в социологию. С. 114，172.

的变化。有一种观点认为，社会变迁除了社会关系的变化外，还应当包括结构性转变。这种观点使人们注意到社会变迁所经过的多个层次（从个体到结构）。①

这些将社会变迁概念化的尝试，重点在于突出学者认为的变迁集中发生的社会现实领域。这种方法不可避免地存在着某种片面性和描述性的问题。史蒂文·瓦格对社会变迁的概念化进行了综合考量，他将变迁的实质性参数纳入了考虑范围。这位学者认为，社会变迁可以被定义为社会现象有计划或无计划的质或量的转变过程，它体现为一个由相互关联的分析成分（变迁的特征、层面、持续时间、趋向、规模、程度）组成的六维连续统。②

在史蒂文·瓦格的模式中，变迁的特征意味着确定发生转变的社会现象，什么发生了变化（这可能是一种规范、态度、实践、行为、定位、动机、互动模式、权力结构、生产力水平、威望、分层体系等）。例如，变迁可能涉及某种社会功能——劳动的专业化和分化，家庭经济作用（功能）降低，或者涉及社会结构（社会分化、权力固定化、建立合作或竞争关系等）。确定社会变迁的特征绝非一种庸俗的做法。史蒂文·瓦格写道："如果不能确定特征或哪些事情正在发生变迁，很容易导致混乱。"

变迁的层面与社会系统中发生某种转变的范围有关（例如，个人、群体、组织、制度、子系统的相互关系或整个社会的层面）。变迁可以局限在个人层面（如心理态度、信仰、愿望的变化）或群体层面（如互动机制、解决冲突的方法、实现团结、竞争等）。在

---

① Vago, S. *Social Change*. pp. 7-9.

② Vago, S. *Social Change*. pp. 4-6, 9-10.

组织层面，探讨的是组织结构和功能、等级和沟通制度、角色关系、人员招募和社会化机制的转变。在制度层面，重点需要研究家庭、教育、经济活动模式的变化。对整个社会层面变迁的分析可能涉及研究大型社会子系统（分层、经济等子系统）的动态，或者它们之间的关系，例如在极权主义制度下确立的行政制度对经济的主导作用。

持续时间这一参数对于确定变迁的时长十分重要，它可以是短期或长期的。鉴于对历史时间无限多性的认识，这一指标的使用变得尤为重要（例如，在欧内斯特·拉布鲁斯与费尔南·布罗代尔的研究中）。众所周知，地理和物质环境的变迁通常持续时间较长，经济变迁较快，政治变迁更快（根据费尔南·布罗代尔的观点，相应分为长期、中期与短期历史）。马克·布洛赫还提及各种历史现象的时间动态的可变性："可以说，每种类型的现象都有自己独特的密度衡量标准，有自己特定的计算系统。如果将社会结构、经济、信仰、思维方式等方面的转变置于过于狭窄的时间框架，则结果不可能不被歪曲。"① 阐明具有不同持续时间的社会变迁之间的相互作用和相互影响具有重要的认知价值，这些变化可以同时发生在社会的不同环节（不同机构、制度、人口阶层、地区等）。似乎正是通过这样的互动，大规模的变迁才具有了独特的民族（国家）特征。

变迁的趋向表示经历变迁的社会现象的初始和最终位置之间的差异。变迁可以被描述为发展、进步，或者衰落、退化。使用这个参数可以将变化定性为线性的、进化的、阶段性的、周期性的、曲

① Блок М. Апология истории или ремесло историка. М. , 1986. С. 104.

折的或受制于某种其他模式的。如前所述，社会变迁的轨迹可能非常不同。复杂性在于，变迁通常涉及许多较小规模的不同趋向的变化。宏观系统内积极（导致发展进程）的变迁应该归纳的不仅有积极的，还有可能无法避免的消极的微观变化。

规模表现的是变迁的大小、范围。史蒂文·瓦格建议遵循三分模式（由罗伯特·达尔提出，用于衡量政治变迁的规模①），包括从渐进的、外围的（增量的）变迁转变为多方面的，最后是革命性的变迁。史蒂文·瓦格认为，增量变化是指在不改变社会基本原则或结构的情况下，加强或弱化个人规范或行为惯例的作用。这位学者将全面的变迁定义为相互关联的局部变化的顶点，用罗伯特·达尔的表述就是“激进的创新或对某种行为规范或模式的决定性颠覆”。罗伯特·达尔认为，革命性变迁是对原来的行为规范和形式的彻底、全面的改变。可以看出，根据史蒂文·瓦格的观点，不同规模变迁之间的界限并不清晰：局部变迁的积累可能导致更广泛的、最终是革命性的变迁。

程度指标可以用来揭示变迁的速度或状态（快的或慢的、连续的或间断的、有序的或无序的、稳定的或不稳定的）。

我们认为，社会变迁中固有的自觉性、目的性、计划性、投射性的程度特别值得衡量，或许可以用社会变迁的性质这一参数来衡量。当然，目的性和自觉性不能被看作绝对对立的范畴。由于计划外现象的出现，纯粹的计划性变化是不可能的。“整体性变革越广泛，意料之外的后果就越大，迫使总体工程师转向‘按元素的’即

① Dahl, R. *Pluralist Democracy in the United States: Conflict and Consent.* Chicago: Rand McNally, 1967.

兴创作手段”，“乌托邦工程师经常做他未打算做的事情”。① 完全自发的变迁也不可能存在，因为任何社会变迁都以社会行动者的行动为前提（或由其构成）。社会行动者本身倾向于深思熟虑，对自己的行为进行“规划”（因此出现了探讨潜意识“投射”人类行为的各个知识领域，如精神分析）。

在区别社会和历史进程时，分辨自觉性的程度（即把具体社会变迁固定在由两个理想化的极点——绝对的规划性和绝对的自发性所限定的尺度上）似乎是有用的。预测（关于情况的信息）对情况有一定影响，有助于促进其发生或加以预防。卡尔·波普尔把有关情况的信息和情况本身的发展之间的关系称为恋母效应，这指的是俄狄浦斯的传说（他杀死了素未谋面的父亲，因为预言曾经迫使父亲抛弃他）。② 尽管行动计划并不总是与已完成的行动相类似（通常恰恰是不相似），但对计划与行动（社会变迁）之间关系的研究，提供了许多关于环境的性质、其转变的潜在方案乃至社会变迁最终画面的新材料。在研究社会运动和革命时，历史学家试图将这些现象的计划性和自发性成分分开，以了解其复杂性和多维性，以及它们所采取的形式和规模。正是对社会现象复杂性的忽视（将计划性或将自发性绝对化）导致了所重构的历史图景的扭曲（我们可以回顾一下，改革后曾经流行把十月革命带来的所有不幸归咎于布尔什维克革命者，这种无知的做法是因为忘记了一个事实，即革命绝不是一个孤立的事件，导致革命爆发的不仅仅是领导人的意志；另一方面，苏联史学界希望在19世纪中期自发的农民运动和19世纪60~70年

① Поппер К. Нищета историцизма. М.，1993. С. 81.

② Там же. М.，1993. С. 20.

代的改革之间建立强有力的联系，而忽略了“上层”在准备改革时“有意识的”活动，这也影响了对“大改革”时代的深入理解）。

在我们看来，对史蒂文·瓦格的模式还应该进行补充，增加一个维度，即变迁的源泉。在这种情况下，研究者能够确定变化因素与发生变化的社会现象之间的关系，尤其重要的是，要知道变化的来源是内部（内生的）还是外部（外生的）。

进化论范式

让我们分析几种关注社会变迁，同时又为这些变迁提供出色解释的理论范式。19 世纪，进化论范式广为流行，其基础是认为社会变迁是一个可预测的、累积的过程，从一个阶段运动到另一个阶段，通常是更完善、更复杂、更能扩展人类可能性的阶段。进化论在社会学和生物学中都得到了运用（最有影响力的进化论者是达尔文，他提出了自然选择理论来解释生物物种的演变）。

进化论范式发展了进步理念，在 18 世纪的启蒙运动时期，它被广泛用来解释历史的发展。一般认为，马奎斯·孔多塞最为全面地阐释了历史进步观，他认为人类社会的进化是无限的和不可逆转的。孔多塞将人类历史发展划分为十个时期：第一，原始部落时期，人类主要从事捕鱼、打猎和采集；第二，畜牧业向农业过渡时期，农业推动了人类生产力的提高，使人们有了闲暇时间发展思想和才能；第三，“农业人口在文字发明之前的进步”时期，这一时期伴随着不平等的加剧、城市的增加、行政和司法权力的增长，以及后来被称为共和制的新社会政治组织形式的出现；第四，古希腊、古罗马时期，其特点是出现了从事科学的专业群体，出现了理论化的文化和艺术；第五，“科学从分类到衰落”的时期，在这一时期开始了科学知识的分类进程，随后是基督教的传播和兴盛，对孔多塞来说这是科学完全衰落的信号；第六，持续到十字军东征开始前的知识衰落时期；第七，印刷术发明前的西方科学复兴时期，这一时期伴随着生产的迅速发展、首批造纸厂和风力磨坊的出现、与火药和指南针的发明相关的军事革命；第八，从印刷术的发明到科学和哲学从权威的枷锁中解放出来的时期，在这一时期进步变得彻底和不可逆转，理性和自然成为人类唯一的老师和权威，发生了地理大发现和宗教改革；第九，笛卡尔时代到法兰西共和国建立时期，马奎斯·孔多塞认为其特点是“理性最终打破了枷锁”，科学快速发展（牛顿发现了自然法则；艺术迅速发展；社会上确立保障私人和公民自由的法律），风俗变得温和，宗教宽容度提升；第十，人类理性进步的时期，孔多塞认为，在这一时期民族之间的不平等将被摧毁，各阶级之间变得平等，人类真正得到完善。① 由此可见，“孔多塞有关进步发展的线性观念肯定了人类将在没有停滞和衰落的情况下，持续地上升至理性、公平、和平与善良的高度”②。同时需要指出的是，孔多塞为落后民族设想了通过利用世界上更先进国家的思想成果（即通过扩散），以最低成本来加速发展的可能性。

19 世纪初期法国社会理论家克劳德·昂利·圣西门提出了一条进化法则，社会根据占主导地位的知识类型，按照上升阶梯分成三个阶段：神学阶段（从原始的偶像崇拜过渡到多神教和与之相关的奴隶制）；形而上学阶段（多神教被一神教基督教所取代，建立

---

① Кондорсе Ж. А. Эскиз исторической картины прогресса человеческого разума // Философия истории. Антология. М. : Аспект-Пресс, 1994. С. 38 – 48.

② Философия истории / Под ред. проф. А. С. Панарина. М. , 1999. С. 364.

封建等级体制）；实证阶段（自15世纪以来逐步确立的实证和科学思想以及工业主义，同时铲除寄生阶级）。后者与实业制度（圣西门自己创造的术语）的建立相吻合，其特征是：社会转变为人类的普遍联合；形成统一的，尽管是多层次的，从事工业生产（将资产阶级和无产阶级联合起来）的“实业”阶层；工业技术的运用，结束了社会争夺自然霸权的斗争；所有人都必须从事生产劳动；所有人都有平等的机会发挥自己的才能；采用“基于能力”的分配方式；国家对工业和农业生产进行规划；国家从统治工具转变为组织生产和文明生活的工具；逐步建立一个世界性的人民联合体，国界消失后将迎来普遍的和平。①

对社会进化和人类生活社会形态的进步发展的信念构成了19世纪社会科学的信条，它把注意力集中在社会阶层、文化、规范体系、其他制度化的行为模式乃至整个社会的发展上。

奥古斯特·孔德（1798~1857）是社会学的创始人之一，他创造了这个描述这门学科的术语（1838）。孔德借鉴了18世纪启蒙思想家的进步思想和圣西门的作品，1817~1824年他担任圣西门的秘书和助手。孔德相信，社会会从低级阶段走向高级阶段，走向更完善的制度。同时孔德认为，向完美社会的转变不是通过政治革命实现的，而是通过运用新的道德科学（代表科学巅峰）——社会学，使用“实证主义”科学方法（观察、实验、比较）使人们可以理解秩序并确保进步而实现的。与圣西门一样，孔德认为社会经历了三个历史发展时期，与人类智力进化的三个阶段相对应：第一，神

① Сен-Симон К. А. Собрание сочинений. М.；Д.，1923；Он же. Изб-ранные сочинения. М.；Л.，1948. Т. 1–2.

学或想象阶段（隐秘的力量是发展的根本原因；知识中弥漫着“神学”的观念，在原始社会占主导地位的是祭司、君主制和军事精英。这一阶段自身又可分为三个阶段：①泛灵论和拜物教阶段；②多神教阶段；③一神教或基督教的出现，标志着这一阶段的发展达到了顶峰）；第二，形而上学或抽象阶段（抽象的本质是发展的根本原因；与社会批判哲学的“否定”时代相关的思辨知识与政治革命占主导地位；用抽象力量的术语来解释因果关系；过渡社会）；第三，实证或科学阶段（相互关系是发展的根本原因；基于“实证的”“可靠的”科学知识的社会改造时代，用自然过程和科学规律的术语进行解释，建立新的理性主义政府与“人文主义宗教”；实业主义；科学社会）。孔德认为，西方文明在自然环境治理上已经达到了实证阶段，在社会关系管理上则已经接近实证阶段。①

赫伯特·斯宾塞（1820～1903）认为，发展是一个普遍的过程，即普遍的自然规律。他将社会发展看作一个线性的、持续累积的过程，通过这个过程，一切都在复杂的高水准上不断综合。他确信人类社会受制于不可更改的法则，遵循着自然发展道路，即从相对原始的组织形式到以各部分逐渐专业化为特征的更复杂的结构。与孔德一样，斯宾塞承认社会演变的阶段性（简单、复杂、双重复杂、三重复杂），特别是在从“军事”社会的简单同质性（合作进行防御与进攻行动以保护和扩大领土，对抗，侵略；强迫，强迫性合作；个人为国家；国家中央集权；确定的地位；自主和自给自足

① Конт О. Основные законы социальной динамики, или общая теория естественного процесса человечества // Философия истории. Антология. С. 116–130; также см.: Арон Р. Этапы развития социологической мысли. М., 1993. С. 86–147.

的经济；爱国主义，对政权的忠诚，纪律）到工业社会的复杂异质性（个体活动的和平再生产；自愿合作；国家为个人；个体的自我约束；国家权力下放；可塑性和开放性的地位；经济上相互依存；尊重，个人主动性，信仰的力量，利他主义）的运动中。此外，斯宾塞坚持认为，人口和食物供应之间存在平衡：一旦人口增长超过生存所需资源的增长，人们就会为了生存而斗争。在解释社会的运作时，斯宾塞作为查尔斯·达尔文进化论学说的支持者，使用有机体的类比（社会各部分相互依存，旨在保证整个系统的生存和运作）来认识社会和生物有机体变化的基本相似性（这些有机体中任何一个的某个部分质量或大小的增加都与这些有机体中许多相互关联部分的相应变化有关）。斯宾塞不相信通过立法手段改善社会的可能性，认为应让国家在规范社会方面发挥最小的作用，让社会自然发展。①

19世纪下半叶，在进化论框架下传统社会与现代社会体现为“严格的二分法”。斐迪南·滕尼斯（1855～1936）区分了共同体（小型的、原始的、传统的、同质的、联系紧密的公社，密切的、互信的人际关系占支配地位，类似于家庭型初级群体中的关系或老朋友之间的关系，因为这种群体的成员看重他们邻居的福祉，他们愿意无私地、不斤斤计较地互相帮助）与社会（大型的都市化、工业化社会，人际关系倾向于不近人情，个人主义、形式化、契约化、实用主义、竞争性、现实性和专业化明显，缺乏互信），即农业社会与工业社会的定义。如果说在共同体中人们作为有凝聚力的

① Громов И. А., Мацкевич А. Ю., Семенов В. А. Западная теоретическая социология. СПб., 1996. С. 28-38.

团体行动，那么在社会中，更可能是每个人都对自己负责，追求自己的利益，因此紧张关系普遍存在；同时，社会成员敌视干预私人生活的行为。人们之间相互信任、相互关心这些公社具有的特点在社会中被契约关系所取代。根据滕尼斯的看法，在历史演化进程中受城市化的影响，共同体遭到破坏，最终被社会所取代。①

埃米尔·涂尔干在解释原始（传统）社会和现代社会的社会秩序形式时，相应地选用了机械团结（基于在集体信仰中显露的共同信念和共识）和有机团结（现代经济分化和专业化导致经济之间的相互依存，新专业团体网络将个人与国家联系起来，在这些团体中形成由集体创造的道德约束）的概念。②

美国人类学家和历史学家路易斯·亨利·摩尔根（1818～1881）在其作品《古代社会》（1877）中，基于物质文化具体要素的发展，提出了唯物主义的社会进化模式。摩尔根的分期包括三个阶段——蒙昧期、野蛮期、文明期，每一个阶段又可细分（第一，蒙昧的低级阶段，人类的起源；第二，蒙昧的中间阶段，人类开始捕鱼和使用火；第三，蒙昧的高级阶段，人类学会制造弓箭；第四，野蛮的低级阶段，人类开始生产陶器；第五，野蛮的中间阶段，人类开始驯化动物和进行农耕；第六，野蛮的高级阶段，人类

---

① Toennies，F. *Community and Society*：*Gemeinschaft und Gesellschaft*. East Lansing：Michigan State University Press，1957；Громов И. А.，Мацкевич А. Ю.，Семенов В. А. Западная теоретическая социология. С. 81－84；Скирбекк Г.，Гилье Н. История философии. М.，2000. С. 650－654.

② Дюркгейм Э. О разделении общественного труда. Метод социологии. М.，1991；также см.：Арон Р. Этапы развития социологической мысли. С. 315－401；Монсон П. Современная западная социология：теории，традиции，перспективы. СПб.，1992. С. 37－41.

开始冶炼铁；第七，文明阶段，从字母和文字的发明至今）。①

总而言之，古典进化论的代表性观点有：第一，社会进化有注定的结局（人类社会自然地、不可避免地持续进化）；第二，社会发展具有矢量性（社会变迁是单向的，社会单元沿着一条线运动，从低水平到高水平，从原始的到发达的、进步的社会结构）；第三，进化具有内在性质（变化的源泉、可能的潜力在于发生转变的社会单元自身；它们是内生性的）；第四，对进化进程持积极的评价（向最后阶段的前进等同于人道主义和文明的进步）；第五，把社会变迁看成缓慢的、渐进的、累积的、逐步的，是进化性的而不是革命性的；第六，将进化的形式简化为某套所有社会遵循的普遍标准。

20 世纪中叶，进化论范式对现代化理论产生了重大影响，与功能主义一起成为其理论基础。现代化理论的支持者通常指出，人类集体经历了传统、过渡和现代社会的阶段。进化论在最著名的现代派理论成果之一——沃尔特·罗斯托的经济增长阶段思想中得到了明显体现。根据沃尔特·罗斯托的观点，经济增长（现代化）进程先后经历五个阶段：第一，传统社会阶段；第二，准备“起飞”阶段；第三，“起飞”或“跃进”阶段；第四，走向成熟阶段；第五，大众高消费阶段。②

19~20 世纪，社会学家、历史学家与人类学家收集了大量信息，这些信息与人类群体不断走向复杂、完善的单线进化模式相矛盾。亨利·J. M. 克莱森写道：“当欧洲人开始探索世界时，他们遇

---

① Морган Л. Г. Древнее общество, или исследование линий человеческого прогресса от дикости через варварство к цивилизации. Л., 1934; Он же. Лига ходеносауни, или ирокезов. М., 1983.

② Rostow, W. W. *The Stages of Economic Growth. A Non-Communist Manifesto*. Cambridge, 1960; Rostow, W. W. “The Takeoff into Self-sustained Growth,” *Social Change: Sources, Patterns, and Consequences*. pp. 285-300.

到了各种各样的社会，每个社会都展现出各种令人难以置信的习俗和价值观。这些社会的出现是众多区域不同发展模式的结果。我们19世纪的前辈们付出了艰辛努力才得以将这些令人困惑的人类文化多样性的信息进行系统化处理。”① 众多关于停滞、衰落、崩溃、周期性结构、在不同的进化阶段回到类似的（似曾相识的）政治和社会文化模式的例子，并不适用于人类不可逆转的线性进步发展的普洛克路斯忒斯之床。②

在研究经验材料基础上所提出的问题引起了各种理论反响，既有在进化论范式之内的（试图对其进行更新和调整），也有在其之外的（例如周期范式或拒绝宏观社会学理论化的观点，呼吁深入研究经验材料和微观历史情况）。因而出现了进化论范式多样化的趋势：一部分支持者坚守原本的方法（如罗伯特·卡内罗③），其余支持者则提出各种修正，促进了这个范式的转变。单线进化的思想在很大程度上失去了威信，被多线（包括双线④）发展模式所取代。多线进化思想是由人类学家朱利安·斯图尔德在20世纪30年代提出的，以此反对同时代坚持单线进化思想的莱斯利·怀特。莱斯利·怀特在1959年表示：“现在有一些迹象表明，文化人类学中

---

① Классен Х. Дж. М. Проблемы, парадоксы и перспективы эволюционизма // Альтернативные пути к цивилизации. М., 2000. С. 13.

② Там же. С. 7.

③ Карнейро Р. Л. Культурный процесс // Антология исследований культуры. СПб., 1997. Т. 1: Интерпретации культуры. С. 421–438; Cameiro, R. L. "The Four Faces of Evolution," *Handbook of Social and Cultural Anthropology*. J. J. Honigman (ed.). Chicago: University of Chicago Press, 1973. pp. 89–110.

④ Коротаев А. В., Крадин Н. Н., Лынша В. А. Альтернативы соци-альной эволюции (вводные замечания) //Альтернативные пути... С. 45–49.

的反进化论时代即将结束。这就像走出黑暗的隧道，或者从噩梦中醒来。宝贵的时间被浪费在反对这一富有成效的科学思想上，进化论将再次取得其应有的地位，并证明它在文化人类学中的重要性，正如它在其他科学领域那样。"① 朱利安·斯图尔德认为："一些基本的文化类型可能会在相似的条件下以相似的方式发展，但很少会有具体的文化方面在所有的人类社会中有序出现。"多线发展的支持者认为，（大致相当的）进化的模式可能有很大差别，不同社会的发展不一定遵循一个规律，社会在进化过程中也不总是经历相同的阶段。1960 年，马歇尔·萨林斯与埃尔曼·塞维斯试图将单线和多线进化视角结合起来，提出区分"一般的"进化（人类文化整体上通过"一般的"进化向进步演变；长时段的交替发展，如狩猎和采集时代、农业社会、工业革命时期、原子时代等）和"特殊的"进化（特定社会、地方文化或文化群体在相对较短的时间段内发生质变；由于环境、扩散、创新等局部因素的影响而造成的文化多样性构成了特殊进化的主要特征）。因此，于上述作者而言，多线性思想在于承认进化发展还具有次要轨迹。②

---

① Уайт Л. А. Концепция эволюции в культурной антропологии // Антология исследований культуры. С. 558.

② Классен Х. Дж. М. Проблемы, парадоксы и перспективы эволюционизма... С. 11–15; Коротаев А. В., Крадин Н. Н., Лынша В. А. Альтернативы социальной эволюции... С. 49 – 61; Steward, J. H. "Evolution and Progress," *Anthropology Today*. A. L. Kroeber (ed.). Chicago: University of Chicago Press, 1953. pp. 313 – 326; Idem. *Theory of Culture Change: The Methodology of Multilinear Evolution*. Urbana: University of Illinois Press, 1955; Уайт Л. А. Концепция эволюции в культурной антропологии // Антология исследований культуры. С. 536 – 558; Он же. История, эволюционизм и функционализм как три типа интерпретации культуры // Там же. С. 559–590.

复杂化、日趋完善作为进化的基本原则也被一些研究者认为是不令人满意的。亨利·J. M. 克莱森认为，更好的做法是将结构性变化作为基本概念，在此基础上搭建进化的框架。他写道："结构性变化表现出这样一个事实：在文化系统内一个或多个领域发生的变化会影响到该系统所有（或大多数）领域。系统作为整体会受这些变化的影响而发生变化。不一定整个系统能同时全部转化；这个过程可能持续一段时间。"①

总的来说，进化论范式在19~20世纪享有很高的知名度，现在则陷入了严重困境。特别是，进化论的目的论和宿命论引发了一些问题，这两者很难通过模糊参考不得而知的自然发展规律来弄清楚。"人的因素"（具有意志和理性的人是历史进程中的积极行动者，是历史的创造者）在进化论范式中的位置尚不明确，进化论的支持者通常由于承认发展的自然性质而将其降为一个因变量。并没有明确的标准将社会的例行转变（从一种类型过渡到另一种类型）归结为一般的进化转变或无序的偶然。如果我们使用"一般的"和"特殊的"二分法，那么在确定社会变迁的地位上，即它们是一般的还是特殊的同样存在困难。人们总会担忧，对进化的一般路径的认同是否仅仅是某种智力上的调整，是一种隐喻，其背后隐藏着意识形态、政治、种族或其他利益。人们通常会赋予进化过程以积极的特征和进步的地位，这似乎也是一种隐喻。社会变迁增强了社会适应环境的能力，这一论点也并非没有争议。众所周知，社会结构的日益复杂、技术和科学的巨大进步并没有使社会变得不那么脆

① Классен Х. Дж. М. Проблемы, парадоксы и перспективы эволюционизма. С. 7–8.

弱、不那么易受破坏、更加稳定。相反，“进步”扩大了风险的规模和范围，对人类的威胁越来越大（“风险社会”的概念也许最能体现现代社会秩序的本质①）。此外，“进步”的概念本身具有历史性，大概也具有民族性。例如，其在工业时代的含义与在后现代时期的含义就完全不同。苏联社会对进步的解释也与后苏维埃时代的俄罗斯不同。② 由于社会各组成部分的发展速度并不一致，而且还可能存在它们的发展方向不同的情况［技术领域以及经济领域的进步（和进化）似乎更容易理解，而对社会、政治关系和文化领域的进步则很难解答］，所以很难想象，社会或文化整体的进化这一概念到底应该指什么。

周期性范式

社会变迁的周期性理论流行于20世纪20~30年代，即在两次世界大战之间。③ 该理论的最大特点是对人类和社会发展前景的评估极度悲观，一般认为这反映了一种灾难感，感觉日益失序、人类社会解体、人际关系疏远、道德水准下降，造成这一切的是工业化、城市化、世俗化、宗教价值失去意义、“大众社会”的恐怖诞生等。

---

① Бек У. Общество риска. На пути к другому модерну. М., 2000; Beck, U. *Risikogesellschaft*. Frankfort, 1986.

② Например, см.: Козловски П. Культура постмодерна. М., 1997; Dube, S. C. *Modernization and Development: The Search for Alternative Paradigms*. Tokyo, London, 1988.

③ 必须承认，周期性范式有着悠久传统。古代、中世纪和现代的许多哲学家和历史学家都赞同周期性范式（赫拉克利特、亚里士多德、波利比乌斯、司马迁、伊本·赫勒敦、尼可罗·马基雅维利、乔瓦尼·巴蒂斯塔·维科、Н. Я. 丹尼列夫斯基等）。

周期性范式体现在奥斯瓦尔德·斯宾格勒（1880～1936）、阿诺德·汤因比（1889～1975）、П. А. 索罗金（1889～1968）、维尔弗雷多·帕累托（1848～1923）、阿尔弗雷德·克罗伯（1876～1960）等思想家的作品中，他们主要关注一些文明或文化的发展形式。他们所创建的结构本质上是历史循环的周期性理论，根据该理论，社会及其子系统在一个封闭的圆环中运动，定期倒转，回到其起始状态。这些学者试图重建世界文明发展的阶段顺序，通常包括诞生、成长、成熟和衰退。他们提出的发展模式并不排除历史进程中存在某些规律性（有节奏的、复发性的规律性，在一定的框架内重复，框架的一端是衰落和死亡，另一端是繁荣和发展顶峰），但他们没有考虑到作为进化论范式核心的历史的矢量性和趋向性。因而，周期性范式是基于这样一种观点：现有的当代社会的形式、机制和实践都可能曾在人类社会发展的早期阶段中存在过，所有历史都是一个反复的、循环的过程。这种视角清楚地显露出与生物周期的相似：一种生物从出生到死亡的封闭式周期发展永远地重复着，直到其所属的群体灭绝。

根据德国历史学家奥斯瓦尔德·斯宾格勒的说法，社会［文化——埃及、巴比伦、印度、中国、古典或“阿波罗”型、拜占庭-阿拉伯型、墨西哥（玛雅）、西方或浮士德型的文化①］就像人类一样，会经历童年、青年期、成熟期（“黄金岁月”）和老年阶段。根据斯宾格勒的模式，拥有灵魂的文化会衰亡，蜕变为死气沉沉的、没有灵魂的文明。

英国著名历史学家阿诺德·汤因比认为，社会（文明）的发

① 奥斯瓦尔德·斯宾格勒认为：“文化是有机体，而世界历史是它们的集体传记。”

展是周期性的过程。在他看来，每个周期都始于来自环境的“挑战”，随后是社会的“应对”。如果应对成功，社会就能生存下去，社会发展进程就会持续到下一次挑战；如果应对不成功，社会就会灭亡。在一定条件下（社会中存在着有创造性的少数群体，同时有着不算太恶劣又不算太有利的环境），可能出现文明（研究者统计了20余种文明）。根据阿诺德·汤因比的观点，文明的成长是一个持续累积的其内部自我决定和自我表达、价值提升、潜力展现的过程（例如，古代文明中的美学，印度文明中的宗教，西方文明中的科学、机械），与技术进步没有密切联系。但最终，如果不能迎接下一个挑战，就会导致文明的衰落（有创造性的少数群体创造力不足，多数人拒绝效仿少数人，社会团结瓦解）、解体和灭亡。阿诺德·汤因比认为，在文明的衰落和灭亡之间可能会经过几个世纪甚至数千年的时间（衰退阶段）。这位历史学家承认文明转型的可能性，这会导致新文明的诞生。因而在他的思想中，文明的发展包括起源、生长、衰落、解体和灭亡。但阿诺德·汤因比并不坚持每个社会都必须经历上述全部阶段，而是承认文明由于无法应对外部环境带来的挑战而被推出历史的周期性阶段的可能性。

著名的俄裔美籍社会学家П. А. 索罗金运用周期性范式对社会变迁进行了分析。他的著作《社会和文化的动力》在1937～1941年分4卷出版，是一部在篇幅和经验范围上前所未有的作品，详细研究了从公元前600年左右到公元1920年的希腊、罗马和西方文化（并对埃及、印度、中国文化进行了考察）。П. А. 索罗金区分了三种主要的社会文化超级系统——“灵性的”（“超感的”）、“感性的”与“理想主义的”（后被称为“整体的”）系统，其中每一种都有着“自身的思想，自身的真理和知识体系，自身的哲学与世界观，自身的宗教和神圣榜样，自身的是非观念，自身的文学和艺术形式，自身的风俗、准则、行为规则，自身的社会关系主导形式，自身的经济和政治组织，乃至具有自身特有的精神和行为的人格类型”。“灵性的”系统的要素是基于信仰、直觉、非理性的知觉，其中的目标和需求是精神性的（“神圣”系统）；“感性的”系统由强调人的感性的要素构成，这些要素由人类感官直接感知，并由经验科学研究（“世俗”系统）；“理想主义的”系统则处于两者中间，性质上是混合的，结合了“超感”与“感性”系统的要素，其特点是更加强调人类理性在艺术、文学和思想领域的创造性活动。在具体的历史中都有某种超级系统在起主导作用（因此，П. А. 索罗金的理论有时被称为社会文化类型更替理论）。П. А. 索罗金研究了各种文化成分，如音乐、文学、绘画、科学、技术、哲学、法律，同时尝试对它们进行衡量（积极运用了统计方法），在此基础上做出了许多旨在描绘上述文化领域动态的图表。他认为，西方创造性成就的周期性波动在历史起源阶段就已经出现。П. А. 索罗金将文化实践的发展与他所提出的社会文化系统（“灵性的”、“感性的”与“理想主义的”）联系起来，并绘制了它们的波动图。他试图回答这样一个问题，即是文化整体上作为统一的系统发生变化，还是文化的各种要素独立地发生变化。根据 П. А. 索罗金的观点，文化整体及其各种要素的周期相互联系，并受一种包含在自身文化整体中的逻辑原则引导（П. А. 索罗金反对对因果关系的外在解释）。他认为，“每个社会文化系统从形成之时开始，都是其自身系统的主要因素。命运，或一个系统的生命周期的连续阶段，主要是展示这个系统固有的潜力”。П. А. 索罗金写道：“因为一个系统从其形成开始就铺垫了它的未来道路，故而它是一个自我决定的系统。因为系统的未来主要取决于它本身，这种自我决定是自由的，是根据系统的性质，从其深处自发产生的。”①

П. А. 索罗金认为，社会文化系统动态的一般模式是“不断变化的重复过程”。这位研究者拒绝片面的绝对周期性观点、单义的线性观点、变迁的绝对独一无二性观点（没有重复的节奏，强调其新颖性）和静态趋势的观念（社会文化世界的不变性、不可改变性），认为这是错误的。“可信的观念是，在世界中发生着主要的重复性主题的‘持续的变化’，这种观念作为一个特例，包括上述所有观念。”②例如，社会文化变迁最初可能采用线性模式，然后由于内部发生了

---

① Сорокин П. Социальная и культурная динамика：Исследование изменений в больших системах искусства，истины，этики，права и общественных отношений. СПб.，2000. С. 748.

② Сорокин П. Социальная и культурная динамика... С. 779，781；В целом о циклической парадигме см.：Сорокин П. О концепциях основоположников цивилизационных теорий // Сравнительное изучение цивилизаций. Хрестоматия. М.，1999. С. 38 – 47；Он же. Общие принципы цивилизационной теории и ее критика // Там же. С. 47–54；Он же. Социальная и культурная динамика...；Шпенглер О. Закат Европы. Новосибирск，1993；Он же. Закат Европы：Очерки морфологии мировой истории. М.，1998. Т. 1–2；Тойнби А. Дж. Цивилизация перед судом истории. М.，1996；Он же. Постижение истории. М.，1991；Кребер А. Л. Стиль и цивилизации // Антология исследований культуры. С. 225 – 270；Он же. Конфигурации развития культур // Там же. С. 465 – 496；также см.：Штомпка П. Социология социальных изменений... С. 186 – 201；Философия истории / Под ред. проф. А. С. Панарина. М.，1999. С. 340 – 361；Мелко М. Природа цивилизаций // Время мира. Альманах. Вып. 2：Структуры истории. Новосибирск，2001. С. 306 – 327；Уэскотт Р. Исчисление цивилизаций // Там же. С. 328 – 344；Ито Ш. Схема для сравнительного исследования цивилизаций // Там же. С. 345–354.

转变，发展方向发生了变化，出现了新的模式，后者可能还是线性的、周期性的或可能是波动性（振动性、振荡性）的。在随后的不规则波动过程中，文化可能会部分恢复到接近但并不等同于以前经历过的状态。这种复杂的文化动态可以被视为接近于周期性的。

总的来说，周期性范式的运用带来了许多问题，有时与运用进化论范式时产生的问题相似。最重要的问题，想必是关于那些调整历史进程的、似乎有节奏的重复性所必须遵守的“规律”的性质。社会变迁并不总是周期性的，这一事实也给周期性范式的支持者造成了困难。同时，不应将周期性范式支持者积累的经验视为毫无意义的而抛弃。看来，对它的研究可以进一步阐明社会发展的许多方面，而对社会变迁的某些方面只有运用周期性范式才能得到充分的阐释。

“平衡”范式

“平衡”范式（结构-功能分析）把发展视为维持社会秩序和结构的因素。从这种视角出发的研究人员相当重视解释这种结构必须发挥的功能，而这些功能保障了社会系统或其子系统的稳定性不发生改变。在“平衡”范式中常用的关键概念和范畴包括结构、功能、平衡、投入和产出、环境、反馈。在这些概念的帮助下，学者们构建了包罗万象的社会系统理论模式，其可以作为对历史上存在过的社会系统进行辨识以及进行历史比较研究的理想类型。

“平衡”范式的形成在很大程度上受到有机体隐喻的影响，即认识到社会和生物有机体之间的相似性。该范式的支持者认为，社会机构之间的密切关系和它们之间的和谐配合类似于生物有机体各部分之间的关系及其相互依赖性。与生物有机体每个部分都为整体利益履行特定的功能相似，社会机构也有具体的积极功能以保证社会的稳定和发展。

塔尔科特·帕森斯（1902～1979），20世纪最负盛名的功能主义代表人物，提出了“功能要求”的观点，根据这一观点，社会若要正常运行，就必须履行四个关键功能（否则社会就会衰退）。这四个功能是：第一，适应环境，在利用环境资源的同时与环境发生一定关系（由经济机构履行）；第二，目标达成，即确定系统面临的任务（政府负责履行这一功能）；第三，整合（将各种制度整合起来，维持内部秩序；这一功能由法律机构和文化、宗教机构履行）；第四，维护潜在模式（在代际保持和传递价值观念，这对培养完成任务的动机是必要的；这一功能由家庭和教育机构履行）。

除此之外，有机体类比推动塔尔科特·帕森斯提出了“内环境稳定平衡”的观点。他认为，如同有机体一样，社会内部的各种制度不断相互作用，以维持内环境的稳定平衡。只要一种制度引起社会变迁，就会引发其他制度的连锁反应，以维持内环境的平衡状态。从这个角度来看，帕森斯构建的社会体系并不是一个静态的、不变的整体；相反，组成这个体系的制度在不断变化，并相互适应。①

“平衡”范式的优点是其具有普遍适用性，但这个范式也有缺点。问题在于，它只是提供了一些观念框架，但这些框架本身并不能产生可验证的假设或通常被称为“中层理论”的内容。这种范式整体而言很难提供深入研究经验材料的动力。

“平衡”范式的根本问题是，它对动态、对变化缺乏弹性适应。

① Парсонс Т. О структуре социального действия. М., 2000; Он же. О социальных системах. М., 2002.

“系统”这一概念本身及与之相随的“平衡”概念，将研究者引向研究历史进程中结构性的、或多或少稳定的、相对平衡的组成部分，而不是动态的组成部分。当然，也可以在动态背景下使用“系统”的概念，重点关注滞后、迟缓、阶段进步、领导、主动性、反响等概念。然而，在现实中，大多数使用系统功能方法进行的研究并不重视这些动态的范畴。重点是制定不同类型的系统模式，而不是研究不同类型的变迁以及从一个系统向另一个系统的转变。

冲突范式

冲突范式在很大程度上与“平衡”范式相对立，它关注的不是稳定、秩序，而是人们认为普遍存在的社会变迁、矛盾和冲突。因此，“平衡”范式和冲突范式看重社会现实的不同方面：对前者来说，是不变性、组织性、稳定性；对后者来说，是动态性、可变性。冲突范式的支持者（著名代表人物有马克思、拉尔夫·达伦多夫、刘易斯·科塞）认为，冲突是社会变革最重要的因素。冲突的正面影响有：防止社会体系僵化，为发明活动提供动力，推动创新；加强对立双方的相互联系；揭示冲突群体的目标和意图；减少群体中的个人偏离和反常状态；加强创造和革新的趋势。冲突的负面影响有：如果冲突双方希望达成妥协，那么解决方案会被简化和公式化；根据一个通常不具代表性的案例，将冲突群体中的异常行为定为犯罪；在维持秩序和稳定方面存在困难。①

冲突范式对社会变迁问题的深入研究做出了重要的理论贡献，然而，不能断言它是对历史的全面解释，有许多重要的变革因素和机制不

① Асп Э. К. Введение в социологию. С. 147–150.

在其框架之内。冲突范式的支持者在试图赋予他们的方法在理论上的独立自主性时经常遇到困难，为此往往不得不借助其他社会思想流派的范畴（如“功能”“体系”“结构”“阶段”等）。冲突范式往往会被纳入基于其他方法而建立的更复杂的理论结构中（如历史唯物主义）。

我们分析了一系列用于研究社会变迁进程的范式，其中没有一个可以被认为是包罗万象的。这些范式具有各自的优势，同时存在各自的缺点。现代研究者不太可能满足于作为“平衡”范式基础的，在某种程度上也是作为进化论和周期性范式基础的有机论。今天，很少有人会同意，社会变迁是严格和明确地按照单线，或按照周期性的模式进行的。社会的变革和转变受制于更复杂的机制，社会整体的运动方向可以被改变，持续的进步更多的是一种假象、一种艺术形象而不是现实。相信社会发展的自然性质也显得很肤浅，发展方向的选择在很大程度上取决于拥有意识和意志的人的行动。社会结构（经济、社会本身、政治、制度、文化、精神等方面）与拥有意志和选择自由的历史主体之间的互动问题，结构决定性与人类突破过去设定的限制框架的能力之间的互动问题，都值得进一步认真探讨。然而，阐明新的质的积累，生活中经济、社会文化、制度和政治领域的转变，以及社会发展所经历的一定阶段是合理的（作为认知方法之一）。使用这种方法所形成的画面可能类似于一组沿着假设线延伸的离散片段，这条假设线也许代表着从欠发达阶段到进步的运动（但不一定）。还有必要关注变化相当缓慢的，表现社会系统文化和文明核心性质的所有参数。在这种视角下，研究者关注历史的惯性，关注历史的过去和现在之间的连续性。这些实质上不同的方法却又相辅相成。人类历史的整个进程让我们相信，尽管有可能出现严重的危机和逆转，但还是会有前进、有发展。同时很明显，社会结构不同组成部分的变化（和发展）是不平衡的，速度也不同，而且每个组成部分的发展速度对其他组成部分有一定的影响（加速或减缓其发展）。在年代学上较早阶段的社会，通常在一些方面与一定时间段之后的社会不同。同时，变迁通常不能完全抹去归属于具体社会的特征。转变本身通常只会在表现社会特征的基本参数组中对原有重点进行重新分类、重新排列，从而改变它们之间存在的关系。历史不只是点和停顿，还是一条连贯的线，在描述任何历史进程和“长时段”时，必须考虑到这一点。

第二节　现代化：概念的界定

现代化流派尝试对发展问题进行跨学科的阐释。每个学科都为确定现代化转型中的关键问题做出了贡献。社会学家关注标准变量和结构分化的变化以及民主行为的“社会要素”；经济学家研究了技术、投资、对外经济和分配政策，强调了增加生产性投资对实现自我维持的经济增长的重要性；政治学家分析了政党、精英和集团利益在政治动员过程中的作用，更加强调政治制度潜力的增加，并相当重视传统、价值观、忠诚和民族象征对维持民主制度的影响。持现代化视角的研究者之间的观点差异很大，以至于其中一些观点有时被列为独立的理论方向，如发展主义学派、政治发展学派、“国家建设”学派。① 因此，在现代化学派中，持

① Rush，M. *Politics and Society：An Introduction to Political Sociology*. New York，London：Prentice Hall，1992. pp. 220 – 226. Dube，S. C. *Modernization and Development：The Search for Alternative Paradigms*. Tokio：The United Nations University，London，Atlantic Highlands（New Jersey）：Zed Books Ltd.，1988.

不同理论、方法论的研究者，以不同的方式提出问题，关注从传统社会向现代社会转变的不同方面。① 这对现代化概念本身的概念化产生了影响。

在 1966 年首次出版的作品《现代化的动力》中，西里尔·布莱克写道：“当代关于现代化问题的文献……仍在确定它的主题，并且仍在现代性的普遍特征与各种社会和文化的独特体制之间做基本的区分。这种相对较新的探索方式旨在从多学科视角研究人类，以期从其全部复杂性上描述并说明那些现在已被公认为具有世界意义的变迁进程。”②

从某种意义上说，这句话直到今天仍然是正确的。尽管大多数研究者认为，“现代化”的概念是指传统社会向以使用机器技术、理性和世俗生活以及社会结构的高度分化为特征的社会转变的过程，但对这一过程本身的内容和范围的理解有许多细微差别。专家们不得不承认，现代化的概念不是很清晰，使得在解释其内容时有一些模糊不清的地方，但它还是比其他术语更适合使用。

我们可以列举几个对现代化概念的不同界定。例如，莱因哈特·本迪克斯将现代化理解为“一种根植于英国工业革命和法国政治革命的社会变革。它包括一些先进社会的经济和政治进步以及落后社会的随后变化”③。

---

① Побережников И. В. Модернизационная перспектива：теоретикомет-одологические и дисциплинарные подходы // Третьи Уральские историко-педагогические чтения. Екатеринбург，1999. С. 16–25.

② Black，C. *The Dynamics of Modernization. A Study in Comparative History*. New York：Harper Colophon Books，1975. pp. 186–187.

③ Цит. по：Цапф В. Теория модернизации и различие путей общественного развития // СОЦИС. 1998. № 8. С. 15.

著名的发展问题专家西里尔·布莱克认为："现代化可以被定义为一个过程，在这个过程中，历史上形成的制度适应迅速变化的各种功能，它伴随着科学革命到来，反映了人类知识的空前增长，从而使人类控制环境成为可能。这一适应过程的发源地和最初影响是在西欧社会，但到19~20世纪，这些变迁扩展到其他社会，并引起了影响全部人类关系的世界性变革。"①

在1966年的作品中，什穆埃尔·艾森斯塔特将现代化定义为："社会、经济和政治制度向现代类型变迁的过程，它们17~19世纪在西欧和北美发展起来，然后传播到其他欧洲国家，并在19~20世纪传播到南美洲、亚洲和非洲大陆。"②

根据罗伯特·沃德的说法，"现代化……依靠'系统的'、持续的和有目的地运用人类能量来'合理'控制人类的自然和社会环境"③。在罗伯特·沃德和罗伊·马克里迪斯的作品中，现代化社会的特点是具有控制（或影响）自然和社会环境的能力（这种能力具有深远影响），以及对这种能力所激发的愿望和所导致的后果持基本乐观态度的价值体系。④ 丹克沃特·罗斯托指出，现代化意

---

① Black, C. *The Dynamics of Modernization. A Study in Comparative History*. New York: Harper Colophon Books, 1975. p. 7.

② Eisenstadt, S. N. *Modernization: Protest and Change*. Englewood Cliffs: Prentice Hall, 1966. p. 1.

③ 转引自 Welch, C. E. *Political Modernization: A Reader in Comparative Political Change*. Belmont, C. A.: Wadsworth, 1971. p. 4。

④ Ward, R. W., Macridis, R. C. *Modem Political Systems: Asia*. Englewood Cliffs, New Jersey: Prentice Hall, 1963. p. 445; Luke, T. W. *Social Theory and Modernity: Critique, Dissent, and Revolution*. Newbury Park, London: Sage Publications, 1990. pp. 233-234.

味着“通过人与人之间更密切的合作，迅速扩大对自然环境的控制”①。

白鲁恂写道：“现代化带来被一位专家定义为‘世界文化’的文化的扩散，这种文化基于先进的技术和科学精神、理性的生活观、世俗化的社会关系、公共事务中的正义感，以及最重要的是，承认民族国家是政治现实中的主要单位。”② 罗伊·马克里迪斯和伯纳德·布朗认为，现代化社会的特点是有着强调科学、知识和成就的价值的文化。③

根据小马里恩·李维的观点，一个社会“现代化的程度取决于其成员如何广泛地使用非畜力动力和/或使用机器来使他们的努力产生更大的效果”④。

法兰克·陶乔写道，没有技术发展和经济增长，现代化是无法想象的。⑤ 这一观点得到了彼得·伯格的赞同，他认为，现代化包括与通过技术实现经济转变相关的制度的增加和传播。⑥

戴维·阿普特强调了工业化在现代化中的作用，他将工业化的

---

① Rustow, D. A. *A World of Nations*. Washington, 1967. p. 3.

② Pye, L. W. *Aspects of Political Development*. Boston: Little, Brown, 1965. p. 8.

③ Macridis, R. C., Brown, B. E. *Comparative Politics: Notes and Readings*. Homewood, I. L.: Dorsey, 1972. p. 428.

④ Levy, M. *Modernization and the Structure of Societies*. Princeton, New Jersey: Princeton University Press, 1966. p. 11.

⑤ Tachau, F. *The Developing Nations: What Path to Modernization?* New York: Dodd, Mead, 1972. p. 9。转引自 Luke, T. W. *Social Theory and Modernity: Critique, Dissent, and Revolution*. Newbury Park, London: Sage Publications, 1990. pp. 233-234。

⑥ Berger, P. L. et al. *The Homeless Mind: Modernization and Consciousness*. New York: Random House, 1973. p. 9.

实施与工业类型的角色在非工业环境中的传播和使用联系起来。① 在其专著《现代化的政治》中，戴维·阿普特重新审视了工业化在现代化进程中的重要性问题。作者指出，工业化改变了功能失调的制度和习俗，通过使用机器创造了新的角色和社会制度。在他看来，工业化作为现代化的一个重要方面，在其实施过程中比现代化更有活力和连贯性。②

莱因哈特·本迪克斯也将现代化和工业化的进程紧密联系在一起。虽然他用工业化这一术语来解释基于非畜力动力的新技术和科学研究的不断进步所引起的经济转变，但他认为，可以运用现代化这一术语来解释伴随着西方文明大多数国家的工业化所发生的广泛的社会和政治变革。③

史蒂文·瓦格写道："现代化是农业社会转变为工业社会的过程。这种转变导致先进工业技术的发展以及能够实现对这种技术的维护、管理和利用的政治、文化、社会机制的产生。"④

丹尼尔·勒纳认为，现代化是一种精神上的转变，是一种特殊理性状态的实现，其特点是相信进步，倾向经济增长，并准备适应变迁。在用经验材料分析生活方式的现代化时，丹尼尔·勒纳将大部分注意力集中在人口流动性的增加、识字率的提升和大众传媒的

---

① Apter, D. E. "Political Systems and Developmental Change," *Comparative Politics: A Reader*. H. Eckstein and D. E. Apter (ed.). Glencoe, I. L.: Free Press, 1963. p. 157.

② Apter, D. *The Politics of Modernization*. Chicago, London, 1965. p. 68.

③ Bendix, R. *Nation-Building and Citizenship. Garden City*. New York: Anchor, 1964. pp. 6-7.

④ Vago, S. *Social Change*. Englewood Cliffs, New Jersey: Prentice Hall, 1989. p. 129.

扩展上。[①] 詹姆斯·奥康奈尔也认为，现代化的本质在于精神观念的转变。结合创新和秩序两个概念，他将现代化定义为确立创造性的理性。后者应包括三个相互联系和相互影响的基本方面：第一，坚信事物中存在相互联系和因果关系，从分析因果关系的视角看待创造性的探索，扩大知识范围；第二，工具和技术的大量增加，这由第一个方面引起，同时对其起到促进作用；第三，准备接受个人和社会层面的持续变化，同时（能够）保持个人和社会的认同感。[②]

瑞典社会学家戈兰·瑟伯恩运用文化学方法对现代化的概念进行界定。在他看来，现代化可以被理解为一个转向未来的时代，它呈现为与现代和过去不同且更好的样子。过去和未来之间的对照为现代性的“时间语义”所操纵，创造了它的“双重代码”。戈兰·瑟伯恩认为，一旦人们不再将行为或活动形式集中在传统—现代、不发达—发达的轴线上，当过去和未来的区别在有关社会和文化的话语中失去意义时，现代性时期就结束了。现代性时期的结束标志着诸如进步、发展、解放、增长、启蒙等概念失去了意义。[③]

著名发展问题专家什穆埃尔·艾森斯塔特认为，可以把现代化说成一种特殊的文明或一种新型的文明。他写道，在欧洲形成的新文明后来传播到世界各地，产生了一套国际体系，每个体系都基于该文明的某些共同原则，同时也促进了其内部不间断的变化趋势。

---

① Lemer, D. *The Passing of Traditional Society*: *Modernizing the Middle East*. New York, London, 1965. p. VIII.

② O'Connell, J. "The Concept of Modernization," *Comparative Modernization*: *A Reader*. C. E. Black (ed.). New York, London, 1976. pp. 13-24.

③ Therbom, G. *European Modernity and Beyond*: *The Trajectory of European Societies*, 1945-2000. London, New Delhi: Sage Publications, 1995. pp. 4-5.

在文明的传承过程中，现代化倾向于形成普遍的、世界性的制度和象征框架，这在人类历史上是一种新的、独特的现象。

同时，艾森斯塔特强调了这样一个事实：现代社会和现代化社会，不仅是转型期的社会，也包括那些高度发达的社会，制度的多种多样性越来越明显。在现代化的过程中，现代社会和现代化社会的多样性越来越强，它们有许多共同的特点，但同时也显示出明显的差异。这些差异是对“西方”文明本身和当地文明的基本象征和制度构造进行有选择的纳入、重新组合和改造的结果。在审视西欧以外地区的现代化进程时，这一点尤其明显。许多与新文明的大量基本象征前提和制度结构格格不入的社会和文明也被卷入这个进程。此外，现代化对这些社会的本地象征系统和制度产生了破坏性影响，为其中不同的社会群体提供了新的机会和选择权，同时也产生了影响深远的变化过程和一系列反应，不同力量之间相互作用，新的象征和制度固定化。①

沃尔夫冈·查普夫对现代化有着宽泛的理解，他从三个方面来审视它：第一，作为工业革命引发的延伸进程，在工业革命过程中当今现代化社会中的一小部分社会取得了巨大的发展成就；第二，作为一个多变体的进程，在这个进程中一些落后社会追赶那些先进社会；第三，作为现代化社会对创新和改革道路中的新挑战的反应。②

---

① Eisenstadt, S. N. “Introduction: Historical Traditions, Modernization and Development,” *Patterns of Modernity. Vol. I: The West*. S. N. Eisenstadt (ed.). London, 1987. pp. 1-11; Подробнее см.: Алексеев В. В., Побережников И. В. Модернизация и традиция // Модернизация в социокультурном контексте: традиции и трансформации. Екатеринбург, 1998. С. 21-24.

② Цапф В. Теория модернизации и различие путей общественного развития // СОЦИС. 1998. № 8. С. 14.

上述定义远非全面，它们以不同程度的完整性反映了现代化进程的内容，有时突出了其中个别的、非常重要的层面。在一定程度上，这些定义可以相对地划分为普遍性的（体现社会各个领域的变化）和专门性的（专注于现代化进程的某些层面）。再进一步，我们可以将这些定义区分为历史性的（描述现代化得以实现的进程，像转型、革命等，如莱因哈特·本迪克斯、西里尔·布莱克、什穆埃尔·艾森斯塔特、沃尔夫冈·查普夫的定义）、二分法的（现代化是指从传统社会状态向另一种工业或现代社会状态的转变，如史蒂文·瓦格的定义）、工具和技术的（现代化是掌握和控制环境的工具和方式的转变，是技术进步、工业化，如小马里恩·李维、罗伯特·沃德、罗伊·马克里迪斯、丹克沃特·罗斯托、白鲁恂、戴维·阿普特、莱因哈特·本迪克斯的定义）、精神的（现代化是一种精神转变，如丹尼尔·勒纳的定义）、文化学的（现代化是一种特定的社会文化取向，如戈兰·瑟伯恩的定义）和文明的（现代化是特殊的现代性文明的传播，如什穆埃尔·艾森斯塔特的定义）。在我们看来，所有类别的定义在科学上都是合理的。历史性的、二分法的和文明的定义追求普遍性，而工具和技术的、精神的和文化学的定义更加具有专门性。历史的概念更具描述性。二分法的和文明的概念尽管有一定的认知深度和有效性，但从理论上看还是引起了一些怀疑。事实上，在现代化进程中，传统和现代之间的对立并不像看上去那样明显。传统的制度和价值观有可能适应现代性；现代性的先决条件源于传统。① 将现代性定义为一种特定的文明也是不完美的，特别是在承认现代化进程具有多线性的情况下，可能出

---

① Алексеев В. В. , Побережников И. В. Модернизация и традиция... С. 8–32.

现（发现）新的现代性中心，甚至现代化的模式本身也会发生改变。专门性的定义由于其素有的主题限制，也容易受到批评。

使用不同概念所定义的现代化进程的内容并不总是相同，这可以通过一个小例子来说明。如果对西里尔·布莱克来说（历史性的定义），现代化始于1500年前后（君士坦丁堡的陷落、美洲的发现等），那么戈兰·瑟伯恩（文化学的定义）则认为现代化时期开始于18世纪下半叶前后；对瑟伯恩来说，文艺复兴和宗教改革仍然是前现代化，因为这些时代的代表人物不是在未来，而是在辉煌的过往寻找榜样。

因此，根据大多数研究者的观点，现代化意味着对人类自然和社会环境的理性控制，密切联合为世界文化，进行科学革命，传播理性的人生观，以及建立自由民主的国家。现代化与非畜力动力的使用、工业化、应用科学研究的扩展、工业角色的传播有关。

一般来说，现代化可以被描述为传统农业社会向现代工业社会的转变过程。这种转变导致了先进工业技术的出现和发展，以及与之相应的政治、文化、社会机制，使这些技术得到维持、使用和操控。现代化转变很少平静和均衡地进行；它影响到所有的社会制度和社会成员。因此，现代化这一术语应该描述在不同层面同时发生的众多变化。现代化伴随着经济、组织、政治和文化领域的分化而扩大。现代化与工业化进程密切相关；尽管如此，并不能把它们等同起来。

事实是，工业化（以基于非畜力动力的技术取代手工劳动的过程）确实在18~19世纪促进了西欧的现代化（在某种意义上工业化是现代化的一个因素）。然而，工业化并不总是现代化的决定性因素和先决条件。例如，在许多非洲和亚洲国家，现代化开始于国家建设和现代政治制度的发展，通过教育和通信媒体的发展改变社会结构并传播新的规范和价值观等进程，而工业化可能是在这些进程之后才进行的。

现代化：特征和标准

现代化理论重视明确一系列特征和制定一套标准体系，以确定社会在现代化道路上前进的程度，并将现代化社会与非现代化或正在现代化的社会区分开来。马克斯·韦伯在其时代提出的对现代社会特征的描述仍然在社会科学家中流行：第一，现代化要以工业生产的发展为前提；第二，向理性的权力和治理形式演变，形成理性官僚制度；第三，形成发达的公民社会，拥有可以批评和监督政治与立法机构的强大制度（大众传媒）；第四，传统（宗教、家庭、地方）关系被破坏，个体的自主性越来越强。然而，这套标准体系只是针对 19 世纪与 20 世纪之交西方道路的现代化和西方版本的现代化社会而制定。随后的现代化展现了不符合这一标准模式的多种发展形式，尤其是苏联的现代化经验只在很小的程度上符合马克斯·韦伯提出的标准。苏联的快速工业化无疑创造了一种工业生产方式。20 世纪 50 年代后，苏联人民的就业结构也符合现代化社会的标准。然而，第二条标准的应用已经引起了问题。当然，苏维埃国家机构是通常意义上的官僚机构。但同时研究人员注意到，其内在特征与韦伯理想类型的官僚机构相去甚远：管理决策采纳和执行的程序不固定，具有随意性、独断性；公共机构和官员活动存在“不透明”（不公开）现象；政治和行政权力在很大程度上具有“私人的”和地方主义的性质；权力腐败，形成庇护与被庇护的关系，以及政治体制的“世袭”性质。苏联也没有发达的公民社会或个体自主（第三条和第四条标准）。①

在深入研究现代化问题的过程中，人们试图找出传统社会和现代社会的区别性特征。其实，两者的参数都可以作为现代化进程的标准。具有现代性特征的社会被认为是现代化的。相应的，传统社会没有这样的参数。根据大多数现代化范式理论家的观点，现代社会和传统社会的本质区别在于现代人对自然和社会环境有更强大的控制能力。同时，这种控制能力也有赖于更广泛地将科学技术知识付诸实践。

在 1955 年的作品中，弗兰克·萨顿总结了“农业社会”和“工业社会”的参数。在他看来，“农业社会”的特点为：第一，归属性的（规定的，而不是通过个人素质、能力获得的）、私人的、复合的行为模式占主导地位；第二，地方群体的稳定性和有限的空间流动性；第三，相对简单和稳定的“职业”分化；第四，基于“恭敬”的分层体系。而萨顿认为“工业社会”的特点是：第一，普遍性的、专业性的、成就性的规范占主导地位；第二，高度的社会流动性；第三，与其他社会结构相脱离的高度发达的职业结构；第四，基于职业成就的共同模式的“平等的”阶级体系；第五，“协会”、功能专业化的和非归属性的结构占优势。②

小马里恩·李维继续确定传统社会（相对于非现代化的）和现代社会（相对于现代化的）的参数。通过比较两者，作者得出结论，它们在许多方面差异很大。传统社会的特点有：第一，组织专业化

① Piirainen, T. *Towards a New Social Order in Russia: Transforming Structures and Everyday Life*. University of Helsinki, 1997. pp. 16–18.

② Sutton, F. X. “Social Theory and Comparative Politics,” *Comparative Politics: A Reader*. H. Eckstein and D. Apter (eds.). New York, 1963. p. 67.

程度低，生活区隔化（隔离、封闭、分离）；第二，组织之间的相互依存度低（自给自足程度高）；第三，在社会关系和文化规范领域强调传统、分立主义和功能扩散；第四，集中化程度低；第五，货币兑换和市场不发达；第六，家庭关系、规范盛行，裙带关系（循亲、任人唯亲、庇护亲属）被作为一种价值观；第七，产品和服务从农村到城市单向流动。相对现代化的社会的特征包括：第一，组织专业化程度高；第二，组织之间具有高度的相互依赖性；第三，理性主义、普遍主义和功能专业化是主要的社会文化规范；第四，集中化程度高；第五，货币兑换和市场高度发达；第六，官僚制度独立于其他社会关系；第七，城镇和乡村之间的商品和服务相互流动。①

传统社会和现代社会之间的普遍差异也解释了传统和现代政治活动之间的差异。罗伯特·沃德和丹克沃特·罗斯托认为，现代社会政治活动具有传统社会中所不存在的下列特点：第一，有高度分化和功能专业化的管理组织系统；第二，管理结构内部高度一体化；第三，理性的和世俗化的政治决策程序占优势；第四，政治决策和行政决策数量大、范围广、效率高；第五，群众普遍存在对历史、领土和民族国家的强烈认同感；第六，民众有广泛的兴趣积极参与政治体系，但不一定参与决策；第七，政治角色的分配是根据个人的成就而不是归属关系（即先天地位）；第八，司法和监管技术主要是基于世俗和非个人化的法律体系。②

---

① Levy, M. J. "Social Patterns (Structures) and Problems of Modernization," W. Moore and R. M. Cook (eds.). *Readings on Social Change*. Englewood Cliffs, New Jersey: Prentice Hall, 1967. pp. 196-201.

② Rustow, D. A., Ward, R. E. (eds.). *Political Modernization in Japan and Turkey*. Princeton, 1964. pp. 6-7.

几乎所有从现代化视角出发的重要理论家都认为，人类对其所处环境控制程度的不同反映了人们对环境的基本态度和期望的差别。识别“传统人”和“现代人”之间的差异，使我们能够区分“传统”和“现代”社会。传统世界的人被认为是被动和顺从的，他们认为，自然和社会构成不可分割的整体，他们不相信可以改变或控制其中某个要素。相反，现代人相信变迁的可能性和可取性，他们相信人类可以通过控制变迁来实现自己的目标。

阿列克斯·英克尔斯编写了一些关于“现代人”的作品，他试图揭示现代化对个人态度、价值观和生活方式的影响。通过在阿根廷、智利、印度、以色列、尼日利亚和巴基斯坦进行的研究，阿列克斯·英克尔斯发现了一个与所在国家无关的“现代人”的固定模式。英克尔斯认为，现代人的特征包括以下六点：第一，对实验持开放态度，现代人愿意从事新型活动或发明新的生产技术；第二，相对于权威的独立性增强，现代个人不受父母、部落领袖或君主的控制；第三，信奉科学，现代人相信人类可以征服（掌控）自然；第四，以流动为导向，现代人非常有野心，渴望攀登职业阶梯；第五，实行长期规划，现代人总是超前地规划自己的生活，知道自己在未来五年内或更远要完成什么；第六，积极参与公共政治生活，现代人根据自己的自由意愿选择社团，并参与当地社区的生活。①

阿克沙伊·德赛在概括其他研究者经验的基础上（如迈伦·韦纳、戴维·阿普特、丹尼尔·勒纳、西里尔·布莱克、阿列克斯·

---

① Inkeles, A. “Making Men Modem: On the Causes and Consequences of Individual Change in Six Developing Countries,” A. Etzioni and E. Etzioni (eds.). *Social Change: Sources, Patterns, and Consequences*. New York: Basic Books, 1973. pp. 342-361.

英克尔斯、莱因哈特·本迪克斯、小马里恩·李维、尼尔·斯梅尔塞、什穆埃尔·艾森斯塔特、约翰·内特尔等人的研究)，成功地总结了现代化的特征体系。德赛正确地认识到，现代化作为一个进程不能局限于社会现实的某个单独领域，他试图在社会生活的所有基本方面找到它的迹象。

参考西里尔·布莱克的研究，德赛将知识领域的现代化进程与“探求对自然和社会现象的理性解释的可能性”意识联系起来。德赛解释道，这种（理性的）视角假设自然、社会和心理现象都受制于某些规律，具有规律性、统一性，由因果关系决定，因此可以由人类认识、改变和调节。德赛认为，这种理性的态度才是现代化的核心所在。理性视角的发展在逻辑上与世俗而非神圣的生命观的发展相联系。由于形成了理性和世俗的态度，故而确立了这样的观念：所有人类问题都应该而且可以由人类解决，而不是由先验力量解决；用面向变化、面向未来代替传统主义。

借鉴艾森斯塔特的研究，德赛将社会动员和社会结构的转变作为社会人口领域现代化的特征。同时，社会动员被视为“大量旧的社会、经济和心理方面的责任削弱和动摇，以及新的社会化和行为模式出现的过程”。社会结构的转变包括：“个人活动和制度结构的高度分化和专业化”；“个人履行的角色分离，特别是职业和政治角色，以及家庭和亲属领域内的角色”；各种角色的获得是通过成就机制而不是身份归属。

德赛在艾森斯塔特后也强调，政治关系领域的现代化有四个主要特征：第一，国家最高权力的合法性不是来自神授，而是来自人民的世俗的许可，以及由政权对公民的责任来保证；第二，“政治权力不断向更广泛的人群扩散，直到每一个成年人都被纳入；他们被纳入一种协商性的道德秩序中”；第三，由于中央、立法、执行、政治机构的权力不断强化，领土范围扩大；第四，现代社会的统治者，无论其性质是极权、官僚、寡头或民主的，都“认识到其臣民作为政治的目标、支撑与合法性确认者的重要性”。

德赛和艾森斯塔特认为，经济领域的现代化伴随着以下现象：第一，用非生物能源，如蒸汽、电力或核能来取代人力或畜力，用于生产、分配、运输和通信；第二，经济活动从传统环境中分离出来；第三，机器和先进技术日益取代劳动工具；第四，第二产业（工业和商业）和第三产业（服务业）的数量和质量都在增长（提升），而第一产业（采掘业）则在下降；第五，经济角色日益专业化，经济活动——生产、消费和分配日益集群化；第六，保障经济的自我维持性增长，至少要同时保障正常的生产扩大和消费的增长；第七，日益工业化。

德赛认为，生态领域的现代化特点是城市化。

德赛借鉴了艾森斯塔特、内特尔、布莱克的研究，确定了文化领域现代化的下列特征。第一，文化系统的基本要素之间的差异性不断增强；识字率提高与世俗教育推广；创建先进的、智能的、制度化的系统，以便培养专业化角色。第二，形成新的文化范式，强调进步、改善、效率、幸福以及个人能力和情感的自然表达，并将个人主义发展为一种特殊的价值观。第三，出现新的个人取向、习惯和特征，这表现为有强大的能力适应不断扩大的社会视野；兴趣领域扩大；日益信任科学和技术；意识到奖励应该依据个人的贡献而不是其任何其他特征。第四，能够发展灵活的制度结构以适应不断变化的问题和需求。①

① Desai, A. R. “Need for Revaluation of the Concept,” *Comparative Modernization: A Reader*. C. E. Black (ed.). New York, London, 1976. pp. 89-103; Eisenstadt, S. N. *Modernization: Protest and Change*. Englewood Cliffs: Prentice Hall, 1966. pp. 2-5.

因此，现代化理论的支持者明确了一系列特征并创造了一套综合、全面、足够详细的标准体系，使我们能够确定社会在现代化过程中所经历的阶段。同时必须承认，对这一体系最为积极的研究是在经典现代化研究的框架内进行的。此外，现代化范式在很大程度上是在进化论和功能主义的影响下在20世纪50~60年代形成的，它经历了一个漫长的发展过程，在其中得到了很大的完善。现代化理论是这样一种理论，它在与实际发展过程的不断互动中发展并调整自身的内容。这一学术流派的研究方法论和理论基础都得到了修正，最终促成了最初在实证研究中没有发挥重要作用的、相当片面抽象的理论模式转变成多维的、弹性适应经验现实的理论模式。现代化学派演变的一些最重要的特点包括以下四点：第一，修正了现代化中传统社会文化和制度背景的作用与地位，与早期的观点相比，赋予其更加重要的地位（特别是，对宗教因素在现代化进程中的重要性进行了彻底的重新评估）；第二，更加关注现代化进程中的冲突以及外部因素（相对被研究国家而言）对这一进程的影响；第三，将历史偶然性因素纳入理论模式中；第四，承认现代化进程的周期性。① 掌握这些理论创新需要对现代化的标准体系进行一定的改造，消除其中素有的二分法和目的论。

第三节 现代化：理论和方法论基础的演变

现代化一般被视为从传统的农业社会向现代工业社会转变的

① Vago, S. *Social Change*. Englewood Cliffs, New Jersey: Prentice Hall, 1989. B. Grancelli (ed.). *Social Change and Modernization: Lessons from Eastern Europe*. Berlin, New York: De Gruyter, 1995.

过程。一般认为，这种转变会导致先进工业技术的发展以及支持、调整和使用这些技术的政治、文化和社会机制的产生。人们普遍认为，现代化进程影响到每个社会制度、每个人口群体，社会各阶层都能感受到。现代化的特点是，它是一个全面的过程，包括社会有机体不同层面的许多同时发生的变化。对发展落后的社会而言，现代化在本质上是模仿和移植较发达社会的模式、商品和技术。因此，不同文化和社会之间的沟通与接触成为现代化的重要前提。发展中国家的领导人经常充当现代化的推动者，提出计划并实行适当的政策，旨在使社会朝着现代发达国家的方向转变。尽管在18~19世纪的欧洲，是工业化催生了现代化，但在现代，工业化并不总是现代化的决定性因素。例如，在许多非洲和亚洲国家，现代化进程始于国家的“形成”和现代政治制度的发展。在这种情况下，变革的目的是使社会结构“现代化”，并通过教育系统传播新的规范和价值观；工业的发展可以在这些进程之后。①

一些理论家将现代化描述为人类知识扩展和人们对环境施加控制的能力。故而西里尔·布莱克认为，现代社会的特点是新知识的增加，这同时又意味着存在这样的个体，其了解自然界的秘密，且运用新知识的能力不断提升。罗伯特·贝拉将现代化看作“为了学习而学习”的能力；他认为与现代化进程相关的是社会系统处理信

① Moore, W. E. *Social Change*. New York, 1974; Germani, G. *The Sociology of Modernization*. New Brunswick, New York, 1981; Chirot, D. “The Rise of the West,” *American Sociological Review*. № 50. 1958. pp. 181 - 195; Chodak, S. *Societal Development*. New York, 1973; Kerr, C. *The Future of Industrial Societies*. Cambridge, Mass., 1983.

息和采取对应行动的能力加强。①

现代化范式（或者说是现代化理论）是在20世纪中期欧洲殖民帝国瓦解，亚洲、非洲和拉丁美洲出现大量“年轻国家”的背景下提出的。这些新兴国家面临着选择今后发展道路的问题。美国和西欧的学者和政治家向第三世界国家提出了现代化方案（加速从传统向现代的转变），以作为共产主义路线的替代方案。在20世纪50年代至60年代初，各种分析潮流和理论传统汇聚在一起，形成了关于发展问题的统一的跨学科比较视角，这对于推动第三世界的发展似乎特别有益。随后，在20世纪下半叶，从现代化视角出发，在研究从传统社会向现代工业社会转变的各个方面，包括历史方面，积累了大量理论和方法论上的经验与实践经验。同时，主要受进化论和功能主义影响而形成的现代化范式，经历了一个漫长的完善过程。现代化学派的发展可以分为以下几个阶段。

（1）20世纪50年代后半期至60年代前半期——经典现代化研究的诞生和快速发展时期。加布里埃尔·阿尔蒙德认为，现代化研究在60年代中期前一直处于“成长阶段”。

（2）20世纪60年代后半期至70年代——批判时期。在此期间，现代化理论在内部和外部都受到了来自与之竞争的落后理论（20世纪60年代形成的依附理论，也称为依附发展理论）、伊曼纽尔·沃勒斯坦的世界体系理论（20世纪70年代后半期形成）和马克思主义的严厉批评。

---

① Black, C. E. *The Dynamics of Modernization*. New York, 1967; Bellah, R. N. *Religion and Progress in Modem Asia*. New York, 1965.

（3）20 世纪 80 年代——现代化研究复兴的后批判时期。在此期间，现代化理论、依附理论和世界体系理论等流派出现融合趋势，苏耀昌把这一时期的现代化研究称为“新现代化研究”。

（4）20 世纪 80 年代末至 90 年代——新现代化分析在中东欧和欧亚大陆国家大变革的强烈影响下形成。

现代化范式形成的理论前提

在克劳德·昂利·圣西门和奥古斯特·孔德创立社会学之后，社会变迁的动力问题一直处于社会学的核心。在这方面，现代化理论也不例外。20 世纪 50 年代出现的现代化理论与 20 世纪 20～40 年代主导西方社会思想的历史演变和社会变迁理论截然不同。后者的主要特点是对人类和社会前景的评估极端悲观，这主要是受两次世界大战期间西方文明危机的影响。有两个“悲观的”学派脱颖而出。前者的代表人物是奥斯瓦尔德·斯宾格勒、维尔弗雷多·帕累托、П. А. 索罗金和阿诺德·汤因比等思想家，他们对单独的文明或文化的发展形式感兴趣。他们创建的结构本质上是历史的周期性理论。这些学者试图重建世界文明发展的阶段顺序，通常包括起源、生长、成熟和衰落。根据这些理论，西方文明正处于（或已经经过）其发展的高点，此后将出现解体。西方演化中衰退趋势的体现是人类社会解体，宗教价值观削弱，人与人之间日益疏远，道德水准下降，“大众社会”诞生，而这又被视为世俗化、工业化、城市化和民主化进程的结果。一些学者将衰退过程的开始时间定在宗教改革时期，另一些则定在文艺复兴、工业革命或法国大革命时期。思想家们认为，对宗教性的拒绝、对社会的侵蚀，最终不可避免地催生了“大众政治”、世界大战、“清洗”和集中营。另一组悲观主义学者（卡尔·曼海姆和汉娜·阿伦特）主要关注“大众社会”现象，认为“大众社会”的出现与工业化和民主化有关。

如果说两次战争期间的悲观理论反映了一种灾难感以及日益严重的失序，认为这些都是由工业化、城市化等类似进程造成的，那么20世纪50~60年代的现代化理论则是为了反对周期性理论而产生的，反映了西方社会的社会、经济和政治成就，毫不奇怪，这也与工业化和城市化有关。

社会思想家们在他们的理论探索中转向了熟悉的研究社会变迁性质的西方知识传统，但不是紧接着之前时期（1920~1940年），而是19世纪后半期至20世纪初的传统。著名的社会学家和政治学家塞缪尔·亨廷顿写道，现代化理论与19世纪下半叶乐观的进化论建构之间有着惊人的相似性。他强调说：“被战后理论家们归结为伟大现代化进程的许多特征和结果，可以在19世纪的思想家，如赫伯特·斯宾塞或卡尔·马克思的著作中找到。在两位思想家的著作中，人类社会主要是在经济因素的影响下发展起来的，先后经历可确认的、日益进步的阶段。”

进化论和功能主义对现代化理论的形成影响最大，在现代化理论的许多特征中可以找到这种影响的痕迹。现代化学派吸收了进化论和功能主义理论。由于进化论当时有助于解释19世纪西欧从传统社会向现代社会的转变，现代化学派的支持者认为，它也可以阐明第三世界国家的现代化进程。同样重要的是，现代化理论的许多杰出代表都是在功能主义理论的框架内接受教育的。因此，他们的现代化研究不可避免地带有功能主义的色彩。

进化论

进化论出现在19世纪初，是18世纪末“双元革命”——英国的工业革命（经济领域）和法国大革命（政治领域）的结果。这些革命不仅摧毁了旧秩序，也为新秩序奠定了基础。工业革命将科学和新技术应用于工业，提高了生产力、建立了工厂体系并征服了世界市场。法国大革命创造了建立在平等、自由和博爱原则基础上的新政治秩序以及议会民主。在研究这种不断变化的社会、经济和政治秩序时，进化论的支持者使用了不同的标签来定义“旧”社会和“新”社会的特征。正是在这一时期，传统与现代之间的“圣战”被赋予了一种原创性的、有影响力的表述。

亨利·梅因爵士在1861年的作品《古代法：与社会远史及现代观念的联系》中，认为“身份”和“契约”的概念是对立的。斐迪南·滕尼斯建议区分礼俗社会（共同体）与法理社会（社会），即农业社会与工业社会的概念。在埃米尔·涂尔干的解释中，原始（传统）社会和现代社会的社会秩序形式对应机械团结（基于在集体信仰中表现的共同信念和共识）和有机团结（现代经济的分化和专业化导致的经济之间的相互依存，将个人与国家联系起来的新的职业团体网络，在这些团体中出现由集体创造的对利己主义的道德约束）的概念。

赫伯特·斯宾塞区分了“军事”社会（特点是简单的同质性、竞争和侵略）和“工业”社会（特点是复杂的同质性、合作、信仰的力量和利他主义）。根据奥古斯特·孔德的观点，思维在其逐步发展中会经历神学、形而上学和实证阶段，而社会则会经历原始、过渡和科学阶段。孔德用一个有机的比喻，认为社会在其自身的演变过程中，通过劳动分工变得更加复杂、分化和专业化；劳动分工促进了社会团结的加强，但也产生了阶级之间以及私人与公共生活领域的新的社会分工。

被现代化范式吸收的古典进化论的典型特征如下：社会变迁是单向的，即人类社会无差别地沿着一条线前进，从低水平到高水平，从原始国家到发达、先进国家，也就是说，社会进化的命运是预先确定的；对人类发展最后阶段的活动进行积极的评价，即标志着进步、生产力发展、人文主义发展和文明程度提高；社会变迁的特点是缓慢的、渐进的、逐步的、进化的，而不是革命的（需要几个世纪才能完成从简单的原始社会到复杂的现代社会的转变）。

韦伯的遗产

我们应该特别关注马克斯·韦伯的理论遗产，他既不是进化论者，也不是功能论者，但他对社会学理论的概念工具提出了鲜明的系统性方法，对现代化视角的形成产生了重大影响（特别是间接地通过受到其理论影响的塔尔科特·帕森斯的功能主义）。就现代化学派的形成而言，韦伯对政府类型的区分（传统型、超凡魅力型和法理型）产生了深远的影响。韦伯认为，在日常传统实践的基础上运行的、不可侵犯的和神圣的传统型政府是农业社会的特征。根据韦伯的观点，灾难性的时代产生了所谓的超凡魅力型政府，它伴随着具有非凡个人素质的天生领袖的出现，他们事实上保证了对群众的动员。最后，韦伯认为，工业社会更常见的是以社会和掌权者之间的协议为基础的法理型政府。韦伯提出的合理化观念对现代化视角形成的重要性怎么强调都不为过。在韦伯的社会学模式中，合理化是分析欧洲资本主义的一个关键概念，它指的是众多相互关联的过程，使人类行动的每一个方面都能够计算、测量和控制。①

功能主义

文献中指出了塔尔科特·帕森斯提出的功能主义对现代化范式的重大影响。这位学者提出的最重要的范畴有：系统、功能要求、内环境稳定平衡和模式变量。理解帕森斯的理论构建的关键是有机体隐喻，即把人类社会比作生物有机体。

塔尔科特·帕森斯用“系统”的概念来指称社会制度之间的和谐、协调。帕森斯认为，生物有机体的不同部分与社会的不同制度相对应。就像一个有机体的各个部分在互动中相互联系、相互依存一样，社会制度（如社会和政府）也是紧密相连的。帕森斯认为，类似于生物有机体的每个部分都为整体利益发挥一定功能，社会制度也有具体的功能来保障社会的稳定和发展。他还提出了“功能要求”的观点，根据这一观点，社会若要正常运行，就必须达到四个功能要求（否则社会就会衰退）。这四个功能要求是：第一，适应环境，在利用环境资源的同时与环境发生一定关系（由经济机构履行）；第二，目标达成，即确定系统面临的任务（政府负责履行这一功能）；第三，整合（将各种制度整合起来，维持内部秩序；这一功能由法律机构和文化、宗教机构履行）；第四，维护潜在模式

① Гайденко П. П. , Давыдов Ю. Н. История и рациональность: Социология М. Вебера и веберовский ренессанс. М. , 1991; Зарубина Н. Н. Социок ультурные факторы хозяйственного развития: М. Вебер и современные теории модернизации. СПб. , 1998; Она же. Модернизация и хозяйст венная культура (концепция М. Вебера и современные теории развития) // СОЦИС. 1997. № 4. С. 46–54.

（在代际保持和传递价值观念，这对培养完成任务的动机是必要的；这一功能由家庭和教育机构履行）。这四个功能要求共同构成了被称为 AGIL（Adaptation，Goal Attainment，Integration，Latency）的系统。

除此之外，有机体类比推动塔尔科特·帕森斯提出了“内环境稳定平衡”的观点。生物有机体总是处于保持统一的状态，如果其中一个部分发生变化，其他部分也必须相应改变，以保持平衡和减缓紧张。帕森斯认为，在社会中，各种制度之间不断地互动，以维持内环境稳定平衡的状态。只要一种制度引起社会变迁，就会引发其他制度的连锁反应，以维持内环境的平衡状态。从这个角度来看，帕森斯构建的社会体系并不是一个静态的、不变的整体；相反，组成这个体系的制度在不断变化，并相互适应。

在现代化理论形成方面影响最大的也许是 20 世纪 50 年代初（1951 年）的研究，塔尔科特·帕森斯和爱德华·希尔斯用所谓的“模式变量”来区分“传统”和“现代”。“模式变量”是指持续的、重复的，并且深入文化系统的关键社会关系。“模式变量”提出了行动者所面临的选择问题，并对可能解决这些问题的方式进行了分类。根据帕森斯和希尔斯的观点，有五组模式变量。

第一组（两难困境）= 情感性 VS 中立性。社会行动者处于某种关系中，或者是出于不涉及感受的理性原因（中立性），或者是出于情感原因（情感性）。在传统社会中，社会关系往往包括情感因素，这是个人的、情感的、面对面的关系。即使是传统社会中的劳资关系也是带有情感的。雇主将雇员视为家庭成员，即使他的产业遭受损失，也不会解雇他们。在现代社会，社会关系建立在情感中立的基础上，即非个人的、冷淡疏远的、间接的。雇主会在必要时裁员，否则经济效益将受到影响，产业将失去赢利能力。

第二组 = 特殊性 VS 普遍性。普遍性的前提是个人对有着同等参数的对象具有等价取向，特殊性意味着只关注对个人来说具有特殊特征的对象。互动中的参与者应该决定是用一般的（普遍性）标准来评估一个人，还是使用特殊的，只适用于特定人的具体标准（特殊性）。换句话说，行动者是在与任何其他人的互动中都遵循客观、抽象、普遍的法律规则与行为准则，还是倾向于根据具体的、主观的和民族的情境而改变自己的行动标准。在传统社会中，人们倾向于与某一社会圈子的成员交往。例如，他们在同一家企业工作或在附近的商店购物。因为他们非常了解对方，所以他们以一种特殊性的方式对待对方。他们相互信任，认为必须遵守社会承诺，口头协议通常足以完成一笔商业交易。对于现代社会来说，由于人口密度大、流动性强，人们经常要与陌生人接触，他们在交往中尽量遵循普遍性原则。例如，银行出纳员在支付支票前会要求查看必要的身份证明文件。在现代社会中，有一些书面规则规定了每笔商业交易中各方的权利和义务。

第三组 = 公益性 VS 私利性。这种两难境地使人们面临选择问题：实现个人还是集体的利益。传统社会的特点是忠诚于集体：家庭、公社、民族国家。人们被要求牺牲自己的利益来履行集体义务。这种对公益性的强调是为了避免个人的创新、创造力和想象力可能造成的社会不稳定。另一方面，现代社会则强调私利性，鼓励做自己，发展自己的才能，实现成长，建立自己的事业，这在哪里都很常见。这种对私利性的强调激励了个人，促进了技术创新和生产力发展。

第四组 = 先赋性 VS 自获性（或者：品质 VS 成就）。这种两难境地表明社会取向的一种选择。互动的参与者要么通过行动（成就），要么通过个人品质来判断人。根据归属性的动机模式，对一个人是通过其归属性（年龄、性别、声望、种族等）来进行评价和对待的。以成就为导向的动机模式要求首先考虑到个人（作为特定职业的成员、公民、纳税人等）的实际行动和成就。在传统社会中，判断一个人的标准是他被赋予的地位。例如，在招聘时，雇主首先询问申请人的父母和其他亲属的姓名。是否聘用往往取决于雇主是不是候选人的好朋友或亲戚。在现代社会中，一个人的价值在于他通过自己的努力取得的地位。在招聘中，雇主对申请人的技术水平和过去的就业经历更感兴趣。现代社会激烈的市场竞争使我们有必要根据成就的原则来判断一个人，即评估他的真正成就。雇主不能雇用不称职的人，否则他们将被"挤"出业界。

第五组=功能扩散性 VS 功能专一性。"扩散"取向意味着考虑到人的整体，"专一"取向迫使我们只考虑对象人格中对所发生的互动来说重要的那"部分"。因此，这种两难境地导致了两种情况之间的对立：一种是对客体的某一方面感兴趣，对其特征只是有选择性地关注；另一种是对客体整体上感兴趣，对其整体情况进行全面衡量。个人需要在与其他人一起参与广泛的社会活动（扩散性）和专注于实现特定的、结构化的目标（专一性）之间做出选择。在传统社会中，功能扩散的角色占主导地位。例如，雇主的作用不仅仅是雇用工人工作，往往他还必须培训工人，成为他们的监护人，保障他们的生活条件等。这样一个功能扩散的角色当然不如一个高度专一的角色效率高。工人需要多年时间才能获得职业技能，培训本身是个人的、非系统的。相比之下，在现代社会中，功能专一性占了上风。例如，雇主的作用被界定得相当狭窄，他们对工人的责任是有限的，很少超出生产领域。由于雇主和雇员可以避免履行对彼此的其他义务，他们可以投入更多的时间来提高效率和生产力。①

经典现代化研究（20世纪50年代后半期至60年代前半期）

事实上，尽管有不同的学科背景，但所有早期现代化理论（50~60年代）的代表都赞同一些进化论和结构-功能主义学派的理论与方法论假设，这推动了现代化研究最初的理论和方法论构造——线性模式的创建（可参考沃尔特·罗斯托、肯尼斯·奥根斯基、小马里恩·李维、丹尼尔·勒纳、尼尔·斯梅尔塞、西里尔·布莱克等学者的研究）。

经典现代化研究是基于这样的假设：社会变迁是一个线性过程，包括传统的农业社会向现代的工业社会的转变。这种视角认为，现代化进程是革命性的，涉及从传统性向现代性的转变中人类生存和活动模式的“革命性”、彻底和全面的转变（西里尔·布莱克将这一进程比作从类人类到人类或从原始发展阶段到文明的转变）。现代化被赋予了综合性，这意味着它不能被简化为某一个维度。线性模式的支持者认识到，现代化几乎在人类思想和行为的所有领域都引起了变化，引发了结构与功能

① Huntington, S. P. “The Change to Change: Modernization, Development, and Politics,” *Comparative Modernization*: *A Reader*. C. E. Black (ed.). New York, London, 1976. p. 28; So, A. Y. *Social Change and Development*: *Modernization*, *Dependency*, *and World-System Theories*. Newbury Park, 1990. pp. 18–23; также см.: Ковалев А. Д. Формирование теории действия Толкотта Парсонса // История теоретической социологии. М., 1998. Т. 3. С. 176 – 178; Ионин Л. Г. Социология культуры. М., 1998. С. 37 – 39; Аберкромби Н., Хилл С., Тернер Б. С. Социологический словарь. Казань, 1997. С. 212–214.

分化、工业化、城市化、商业化、社会动员、世俗化、民族认同、媒体传播、扫盲和教育、现代政治制度的形成和政治参与度的提高等。线性模式将现代化视为一个系统性的内在过程，将现代化的因素和属性整合为一个连贯的整体，这些因素和属性将以集群的方式出现，而不是孤立存在。线性模式的支持者认为，现代化的进程是将变化内在地纳入社会体系。他们认为，只要一个活动领域出现变化，就不可避免地会在其他领域引发连锁反应。正如丹尼尔·勒纳所说，现代化是“一个有其独特品质的过程，这可以解释为什么现代性在按自己的规则生活的人们中被看作一个联合的整体”。现代化的各种要素密切相关，“因为在某种历史意义上，它们应该一起出现”①。线性模式将现代化看作一个全球进程，它是由现代思想、制度和技术从欧洲中心向世界各地的传播以及非欧洲区域的内生发展促成的。这一模式的支持者认为，所有社会都可以沿着一条从传统到现代的轴线分布。此外，就“革命性”变革的实施速度而言，现代化被视为一个进化的、延伸的过程。进化是在所有社会都必须经历的现代化的某些阶段或时期进行的（例如，通常区分传统社会、过渡社会和现代化社会阶段。西里尔·布莱克确定了现代化的四个时期：第一，现代化的挑战时期——以传统知识为特征的社会与现代思想和制度初步对抗，在内部出现了现代化倡导者；第二，现代化精英的巩固时期——通常在暴力革命斗争过程中，权力从传统领袖向现代领袖过渡，这个过程可能持

---

① Lemer, D. *The Passing of Traditional Society*: *Modernizing the Middle East*. New York, London, 1965. p. 438.

续几代人；第三，经济和社会转型时期——经济增长和社会变迁，直至使社会从以农业、农村为主的生活方式转变为以城市化和工业化为主的生活方式；第四，社会一体化时期——经济和社会转型引发社会结构的根本性变革①)。在线性模式中，现代化进程被描绘成一个统一的、社区逐渐融合的过程。现代化被看作一个不可逆转的进步过程。②

在解释社会变迁如何发生和为何发生时，20 世纪 50~60 年代的现代化理论明确或隐含地重点关注资本主义发展模式，忽视或将“第二世界”（社会主义国家）的历史经验视为通往资本主义道路上的暂时性错误现象。然而，早在 60 年代中期，戴维·阿普特在其专著《现代化的政治》中就尝试将社会主义实验视为现代化的两种模式之一。根据这位研究者的说法，现代化需要具备以下三个条件：第一，能够适应不断变化的环境的社会系统；第二，灵活的社会结构，包括广泛的劳动分工或结构分化；第三，能够提供实施技

---

① Black, C. E. *The Dynamics of Modernization: A Study in Comparative History*. New York: Harper Colophon Books, 1975. pp. 67-68。西里尔·布莱克在另一部作品中提出了一个与此略有不同的分期方案：①现代化的准备时期；②社会转型时期；③高级现代化时期；④国际一体化时期［参见 *Comparative Modernization: A Reader*. C. E. Black (ed.). New York, London, 1976. p. 8］。

② Rostow, W. W. *The Stages of Economic Growth. A Non-Communist Manifesto*. Cambridge, 1960; Idem. *Politics and the Stages of Growth*. Cambridge, 1971; Lemer, D. *The Passing of Traditional Society: Modernizing the Middle East*. New York, London, 1965; Levy, M. J. *Modernization and the Structure of Societies*. Princeton, 1966; Black, C. E. *The Dynamics of Modernization*. New York, 1967; Eisenstadt, S. N. *Modernization: Protest and Change*. Englewood Cliffs: Prentice Hall, 1966。在描述现代化的线性模式时，塞缪尔·亨廷顿用九个特征来描述这个模式（Huntington, S. P. "The Change to Change: Modernization, Development, and Politics," *Comparative Modernization: A Reader*. C. E. Black (ed.). New York, London, 1976. pp. 30-31）。

术改造所需技能和知识的社会环境。通过分析有关这些条件存在的经验材料，戴维·阿普特确定了两种现代化模式：第一，“世俗的自由主义”或协商系统，特点是权力和领导权的多元、多样化分配，务实的、对抗性的政党，强调妥协（美国、西欧国家和其他奉行自由主义的国家）；第二，“神圣的集体主义”或动员系统，以政治性、权威性或超凡魅力型领导和一党制为特征（个别发展中国家）。①

大约在同一时期，巴林顿·摩尔确定了现代化的三种模式（轨迹）：第一，由资产阶级领导的（英国、美国等）；第二，由特权阶层领导的（德国、日本等）；第三，由农民主导的（苏联、中国等）。理论上允许有第三条路（印度），但其可行性有很大疑问。因此，每个进行现代化的社会都有可能选择道路：例如通过建设自由的资本主义、反动的法西斯主义或革命的共产主义等方式。②

20 世纪 50~60 年代占主导地位的线性模式是基于结构主义视角构建的，研究“情境的内部逻辑”并不在其计划之内。这一模式要求将现代化视为社会沿着相同的标准阶段从不发达（传统）向现代和发达的单一的普遍上升。该模式是在西方“大西洋”文明的经验基础上发展起来的，几乎没有考虑到西欧和北美以外的文明经验的多样性。这种模式的主要缺点之一，是对寻求现代化的特定社会所处的国际环境条件的变化估计不足。进化论者认为，所有社会的发展轨迹都是统一的走向现代的向上阶梯，这种观点排除了“平行”发展或“不发达”（“欠发达”）的可能性，也显得过于简化。

① Apter, D. E. *The Politics of Modernization*. University of Chicago Press, 1965.

② Moore B. , Jr. *Social Origins of Dictatorship and Democracy*. Boston, 1966.

同时需要注意，在这种史学观点盛行时期的末尾，可能以不同方式走向现代化的思想已经开始在文献中出现（参见戴维·阿普特、巴林顿·摩尔的作品）。

批判时期（20世纪60年代后半期至70年代）

现代化范式发展的第二个阶段是在不利的国际环境下进行的，现代化方案在第三世界国家的实施遇到了始料未及的困难。尽管“新国家”的精英在大多数情况下公开地、坚持不懈地寻求使他们的国家现代化，但国家的制度结构和集体精神往往不足以支撑完成现代化的任务。这在一定程度上是由于小国和穷国没有必要的资源来提供发展基础。一些发展中国家的政治体制倾向于政治野心或意识形态的考虑，而不是经济需求。地方精英们往往在口头上支持现代化计划，但实际上只关心自己的财富。所有这些往往导致了传统结构的加强和忠诚度的提升。

此外，在正式实施政治非殖民化后，前帝国主义霸权国家以“多国公司”（后来演变为“跨国公司”）的形式保留了在殖民地的经济利益。跨国公司集团作为原材料的主要消费者和加工者，能够控制国际市场，使“新兴国家”极难积累资本来投资发展自己的基础设施。

20 世纪 60 年代末至 70 年代初，实施现代化计划方面的曲折、意识形态因素以及西方政治气候的变化引发了对现代化理论的大规模批判，有一段时间（20 世纪 70 年代），现代化理论被国际政治经济的结构-历史分析所排挤。

现代化学派受到不同角度的批评，既有来自西方主流学术界的，也有来自左翼，包括马克思主义流派的批评。批判主要涉及现代化学派支持者的进化论和功能主义假设。发展的单向性假设遭到了反对者的强烈谴责。现代化范式的批评者认为，“发达”、“现代”、“传统”和“原始”的概念是用来证明西方优越性的基本意识形态标签。有人批判说，对单向发展的信念导致了对传统社会发展的其他路线的忽视。由于现代化视角的支持者只将西方模式视为进化的最终阶段，他们实际上消除了第三世界国家选择其他发展路线的可能性。同时，历史现实已经证实了这种可能性。

批评者指责现代化学派过分乐观。在他们看来，现代化视角的支持者错误地认为，既然西方已经成为发达国家，那么第三世界国家也能走同样的道路。研究人员没有认真探讨过“不发达”的可能性。许多批评者认为，第三世界国家的发展前景极其不确定，存在着崩溃、现代化逆转的现实危险，例如，在埃塞俄比亚人们面临饥饿。反对者认为，许多第三世界国家的情况在20世纪已经恶化了。

传统与现代不相容的功能主义假设也受到了攻击。经验研究不仅证明了在现代化进程中传统和现代元素之间存在经常性的互动，而且还证明了传统和传统遗产对于保证从农业社会向工业社会稳定和有效过渡具有绝对价值。

经典现代化研究的方法论原则也受到了批判。反对者认为，现代化学派缺乏历史主义，没有对现代化开始之前和之后的情况进行历史研究。

新马克思主义者批评了现代化范式的支持者在意识形态和政治上的偏见。左派认为，现代化理论是一种冷战的意识形态，被用来当作美国干涉第三世界国家的理由。

依附理论和世界体系理论的支持者对现代化学派采取了攻击性的立场。

依附理论（依附理论的支持者有时被称为“依附论者”，来自西班牙语“dependiente”，即依附的）由保罗·巴兰提出，他认为西方工业社会的经济发展是基于对第三世界社会经济盈余的掠夺，由于毫无根据地寄希望于自身出口导向型原材料生产，后者处于依附发展的境地。安德烈·冈德·弗兰克进一步发展了依附理论，他从连接宗主国和附庸国的全球剥削网络的角度来分析依附发展。①

在第三世界国家最为流行的依附理论认为，亚当·斯密把世界经济看作一个平等的贸易伙伴体系是错误的，因为“中心”（即工业化社会）在军事、经济和政治领域的优势导致了“外围”（即依附发展的社会）在交换过程中的不平等参与。由于交换条件不平等，资本主义发展抑制了外围地区的独立经济变革。

依附理论的支持者认为，在现代时期工业社会扭曲和抑制了第三世界国家的工业发展，它们在第三世界国家的内部和外部市场上强行输入工业产品以用于竞争，并将工厂设在这些国家，以便使用廉价劳动力获利，同时只是将大量劳动密集型和非技术性的生产过程转移到这里。这一切都加剧了“外围”的技术落后状态，导致依附社会被迫过分重视原材料的生产。在依附发展的社会，工业部门的份额往往很小，落后的经济部门占主导地位。当地市场被进口产品、低工资和低生产率所笼罩。因此，根据这一理论，中心和外围之间的依附体系仍然由跨国公司的力量维持，尽管它不再直接与殖民主义相联系。

---

① Frank, A. G. *Capitalism and Underdevelopment in Latin America*. New York, 1969.

依附理论的支持者从以下几点批评现代化学派：第一，普遍主义、普遍性的现代化观念，没有考虑到第三世界国家的现实情况；第二，现代化学派不理解发展中国家现实中的不发达和二元经济，根据依附论者的观点，这实际上是全球资本主义发展的产物；第三，现代化学派认为吸引外国投资发展第三世界国家的政策无效，而依附论者认为，实际上相反，资本在从落后国家流向发达国家，当对进口资本的依赖程度最低时，落后国家的现代化就取得了最大的成功；第四，现代化理论的拥护者不明白，他们所提倡的进口替代工业化并不能改变依附体系，也不能结束不发达状况。

伊曼纽尔·沃勒斯坦提出的将资本主义作为全球经济体系的发展理论（世界体系理论）认为，绝不能把一个民族国家与世界其他地区隔离开来进行分析，因为任何社会“内部”的经济进程都完全由其在世界体系中的位置决定。因此，世界体系理论的支持者批评现代化学派无视国际形势、外部经济背景。①

学术和政治批评关注到现代化学派许多错误和不恰当的进化论与功能主义假设、方法论问题及意识形态倾向性。现代化分析被指责为西方中心主义、简单化和幼稚的进化论、对“传统”和“现代”之间关系的二分法、对帕森斯式“功能主义”的“保守”坚持，无法解释真正的社会转变。事实证明，这种批评对现代化学派的发展和完善是有益的。随后，现代化视角的支持者们将自己的努力转向消除那些不被接受的理论假设，特别是进化目的论和传统与现代之间的僵硬对立。

完善现代化范式的一个有前景的方向，是发展局部（部分）现

① Wallerstein, I. M. *The Modem World System*. New York, 1974-1980. Vol. 1-2.

代化的模式。现代化是从“相对不现代的”到“相对现代的”社会的漫长转变，这一思想在早期的现代化理论著作之一（小马里恩·李维，1966）中得到了阐述，并在较晚时期的局部（或部分、“碎片化”）现代化观念中得到了进一步发展。迪特里希·瑞彻迈耶作为这一观念的提出者写道：“在许多社会中，现代和传统元素交织在一起，形成了怪异的结构。这类社会矛盾往往是伴随着社会变革的加速而出现的暂时现象。但并不少见的是，它们变得稳固并持续了几代人。本研究的主题正是这些持续存在的、稳定的、异质性社会结构形式。如果给出一个正式的定义，那么局部现代化就是这样一个社会变迁的过程，它导致了在同一个社会中相对现代的社会形式和不太现代的结构的制度化。”①

嵌入传统环境的现代社会元素和内生的非现代元素共生，前者失去了在其中发挥理性作用的能力，后者的传统功能也受到阻碍，这种共生被认为是益处不大的。局部现代化是因为现代社会的文化实践和价值观向不发达社会渗透，局部现代化与扩散机制和处于显著不同发展阶段的社会之间相互接触有关。同时历史材料表明，即使是复杂的制度和文化现象，也有足够的可能性被远不能自行产生这种制度和文化现象的接受社会（общество-реципиент）所感知。

① Rueschemeyer, D. “Partial Modernization,” *Explorations in General Theory in Social Science: Essays in Honor of Talcott Parsons*. J. C. Loubser et al. (eds.). New York, 1976. Vol. 2. pp. 756–772; Цит. по: Волков Л. Б. Теория модернизации-пересмотр либеральных взглядов на общественно-политическое развитие (Обзор англо-американской литературы) // Критический анализ буржуазных теорий модернизации. Сборник обзоров. М., 1985. С. 72–73。必须承认，莱因哈特·本迪克斯在20世纪60年代就已经认识到，真正的现代化进程是“局部的”（参见 Bendix, R. “Tradition and Modernity Reconsidered,” *Comparative Studies in Society and History*. Hague, 1967. Vol. 9. № 1. p. 330）。

迪特里希·瑞彻迈耶同时注意到，接受社会在吸收外来元素的能力方面具有不同一性："在某些情况下，设备、角色、组织和规范的现代化可以走得很远，而信仰和价值取向则保持不变。或许例外的只有那些差异很小以至于几乎所有最重要的行为都具有宗教形式的社会，或反之，宗教与日常仪式和规则交织在一起的社会。在这种情况下，现代化之前的制度要么抵制现代化精神中最重要的模式化观念的制度化，要么彻底崩溃。"①

在局部的现代化的过程中，制度之间、制度内部以及具体个人的思想都可能出现不一致的情况，产生"持续的碎片化发展"。与线性模式的支持者相反，坚持局部模式的学者将现代化进程置于国际背景下，承认创新社会与"跟随国家"之间的对立是局部现代化本身最重要的条件。局部模式的实质是承认一些社会有可能"卡"在"局部的"现代化的阶段。因此，这一视角意味着赋予从传统到现代的另一条道路（分支）存在的权利，尽管这条道路不完整。在某种程度上，局部现代化模式的提出是从历史进程的线性观点向意味着多线性趋势可能性的范式迈出了一步。局部模式和线性模式一样，都是基于结构-系统的视角，但它质疑线性模式的许多属性（现代化的革命性、综合性、系统性、全球性、阶段性、趋同性、不可逆转性）。线性模式最重要的特点与僵硬地按"传统性"或"现代性"的标准对社会进行划分相关联，这一点在局部的模式中得到了根本性的修正，它使传统和现代化的元素建立了特殊的相互关系。

---

① Цит. по：Волков Л. Б. Теория модернизации... С. 74.

现代化研究复兴的后批判时期（20世纪80年代）

与经典现代化研究一样，20 世纪 80 年代，学者的新研究也关注发展中国家的演变问题，尽管也有大量关于西欧和北美国家从传统社会向现代社会转型的专著和文章。分析主要是在国家层面进行的，以便通过文化价值和社会制度等内部因素的作用解释发展进程。新的现代化研究使用的术语（例如“传统”和“现代”）主要承自现代化学派的经典著作。总的来说，他们还认为现代化（以及与西方的接触）对传统社会有益处。但经典研究和新研究之间也存在着重要的差异，后者已经从对社会文化传统持片面的消极态度转变为对传统在现代化转型中的作用进行更灵活和更具建设性的解释。通过对大量民族文化传统的细致研究，现代化学派的支持者放弃了把现代化看作向西方制度和价值观前进的片面观点，开始相信自身独创的发展方式（自然是带有地方文化色彩的国家现代化模式）是可能的。在 20 世纪 70 年代末和 80 年代的研究中，传统和现代不再被看作相互排斥的概念；它们不仅共存，而且相互渗透和融合。研究人员不再像以前那样批评传统是现代化的障碍，而是尝试思考传统在现代化过程中的建设性意义。对传统在现代化进程中作用和地位的评价的变化，推动了一些新研究课题的出现，以及对传统特征（民族宗教、家庭观念）的更多关注。

也有一些方法上的转变。现代化视角的支持者们并没有在高度的抽象水平上进行分类和讨论，而是倾向于研究具体情况。20 世纪 80 年代的研究以更多的历史视角为特征。专家们不是用具体例子来说明理论，而是用理论来解释独特的具体情形。历史回归这样的工作，用以表明特定国家发展的特殊性。通常，深入的案例研究会辅以比较视角进行解释，例如，为什么同一制度在不同国家发挥的作用不同。对外部、国际因素的关注比以前更多。对冲突现象给予了比以往更多的重视。通常，诸如阶级冲突、意识形态主导、宗教革命等因素被纳入新研究中。

20 世纪 80 年代，新现代化研究的一个例子是塞缪尔·亨廷顿对发展中国家民主发展趋势的研究。①

在其作品中，亨廷顿在某种意义上与经典时期研究中流行的民主化直线发展模式进行了论战，特别是西摩·李普塞特的乐观假设（1963 年），根据该假设，经济发展直接导致民主的产生。亨廷顿对民主化的先决条件进行了比李普塞特的片面构建更为复杂的分析。除经济增长外，亨廷顿还研究了社会结构、外部环境和文化背景。

在不否认经济发展水平（第一个因素）对民主发展前景作用的情况下，亨廷顿指出，从历史上看，向民主的过渡是在这一参数的价值差异很大的情况下进行的。他还注意到许多国家，特别是东亚和拉丁美洲国家，已经成功地度过了经济发展的某些阶段，但在这种情况下却背离了民主。为了克服文献中存在的观念上的矛盾，亨廷顿提出了一个新的过渡（转变，或选择）带的观念。根据这一观念，随着经济的发展，国家进入了一个过渡带，在这个过渡带中，传统的政治制度越来越难以满足新的功能要求。亨廷顿认为，经济发展本身无法决定用某种政治制度模式（例如民主制度）取代传统

① Huntington, S. "Will More Countries Become Democratic?" *Political Science Quarterly*. 1984. № 99. pp. 193-218.

制度的过程。处于过渡带的国家不是线性地走向西式民主，而是在各种可能性中面临着多重抉择。它们的未来发展取决于其政治精英们所做出的历史选择。简而言之，虽然经济财富是民主的必要条件，但显然不是唯一前提。

因此，亨廷顿用对其他因素的考察来补充对民主转型的研究，他相当重视对社会结构（第二个因素）的研究。根据亨廷顿的观点，存在广泛分化和清晰的社会结构有利于民主化，其中包括相对自主的团体（企业、专业、宗教、种族团体等），他们能够保证监督国家权力和建立民主政治机构。亨廷顿认为，如果没有这种自主的中间群体，将导致中央集权机构以绝对君主制、专制主义或威权独裁的形式完全统治社会。在所有的中间社会群体中，亨廷顿特别强调自主资产阶级的重要性，认为他们是最重要的。亨廷顿同意巴林顿·摩尔的观点（1966 年），即“没有资产阶级，就没有民主”。

亨廷顿进一步强调了以市场为导向的经济作为社会结构的一个要素对于民主化命运的重要性。亨廷顿写道，市场经济需要分散经济权力，从而为监督国家权力创造更有利的条件。此外，市场经济显然促进了经济增长和收入分配更加平等，这反过来又为民主提供了基础结构。

亨廷顿分析的第三个因素是外部环境。正如亨廷顿所言，民主化与其说是内生发展的结果，不如说是英国和美国的影响扩散的结果（通过殖民化、殖民控制、军事行动或直接强加的方式）。亨廷顿认为，民主在全球范围内的兴衰与最强大的民主国家的职能的增强或弱化相关。19 世纪民主的传播与英国治下的和平（Pax Britannica）齐头并进。二战后民主的扩展反映了美国作为超级大国的崛起。相比之下，20 世纪 70 年代东亚和拉丁美洲发生的变化是美国影响力减弱的反映。正如亨廷顿所指出的，民主的影响力既可以直接利用（例如，美国政府努力影响各国政治进程），也可以间接利用（保证强大而成功的发展模式）。

亨廷顿讨论的第四个因素是文化背景。在研究宗教对政治文化的影响时，亨廷顿得出结论，新教与民主之间存在着高度的相关性。根据其观点，天主教对民主扩大的影响是温和与缓慢的，印度教和神道文化并不妨碍民主化，而伊斯兰教、儒教和佛教则更有利于专制形式的政府发展。为了解释文化背景对政治发展的不同影响，亨廷顿区分了两种类型的宗教文化。

终极的（Consummatory，即最终的、完善的）宗教文化，在中间目标和最终目标之间建立了密切的联系，不太有利于民主的发展。

工具性宗教文化的特点是中间目标和最终目标的分离。例如，印度教传统允许群体之间的多样性和冲突，承认妥协的可能性，因此不会对走向民主的道路设置障碍。

总之，亨廷顿的结论是，民主化的先决条件（前提）是经济繁荣，社会结构多元化（自主的资产阶级和以市场为导向的经济），已经存在的民主国家对社会具有大量、直接的影响，以及具有容忍（宽容）多样性和妥协的文化。他认为，除了市场经济之外，上述先决条件中的任何一个都不能被认为是确保民主发展的唯一必要条件。要建立民主制度，需要上述前提条件的某种综合。同时，在每个具体的历史案例中，这种综合的轮廓可能有很大的不同。可以看出，亨廷顿所描绘的分析图景是高度历史的、多层面的和多因素的，它不再主张现代化研究早期版本的原始目的论。

如前所述，现代化理论在演变的过程中，对解释传统与现代化互动机制本身的观念模式进行了修正。早期的直线型建构方式将传统制度和形式解释为从传统社会向现代社会过渡的障碍。当时人们认为，为了进行现代化，首先必须克服经济上的障碍，以便引入资本主义制度本身带有的现代品质，如理性、禁欲主义、连续的生产和交换过程，以及正式的自由劳动力市场。其次，在社会政治领域，世袭制和基于亲属关系的经济结构必须被合理的行政组织和法律制度所取代，商业必须与居住地分离，公共和私人财产必须分离。在 20 世纪 80 年代，又出现其他模式以探索现代化和传统之间互动的性质，特别是大卫·温斯顿的堡垒观念。后者试图从传统主义而不是现代主义的角度来看待传统的“保护带”。他的理论可以解释为：传统社会如何组织起来，保护自己免受现代主义价值观的破坏性影响。同时，大卫·温斯顿强调，传统社会组织起来不是反对整体的进步，而是反对商业的无限制发展造成的社会动荡和道德败坏。

根据大卫·温斯顿的观点，传统社会可以被表示为三个同心圆。内圈体现了经济以及经济价值；中间的圆圈代表传统社会为“预防”经济不受发展影响而竖起的“堡垒”（这个“堡垒”包括各种禁忌、传统宗教、伦理、法律、哲学、民族信仰等）；外圈包括社会及其价值观、地位角色、权力关系。聚集在中圈的各种工具使经济受到监督，用传统的仪式和礼仪限制市场的可能性，只允许它在相当狭窄的范围内运作。在大卫·温斯顿的模式下，开始经济发展可能是“敌人”（现代化、发展）爬上城墙并入侵传统社会的“堡垒”的结果，而“保垒”本身可能老化和恶化并最终开始瓦解。“堡垒”的守卫者本身也有可能失去昔日的勇气，自愿投降。

大卫·温斯顿利用其提出的模式，试图对西欧的资本主义发展做出自己的解释。根据他的说法，理性经济的出现不仅是因为精力充沛的新教徒占据着市场，而且还是因为对传统社会价值观不是特别热心的守护者对剥削的加剧所进行的抵抗太少。例如在英国，教会对日益严重的贫困、圈地、工场这些现代人活动的后果并没有做出什么反应。大卫·温斯顿的堡垒模式为研究宗教与发展之间的关系提供了一种新的视角。相较于关注现代化的行动者如何克服传统的堡垒，研究者建议把重点放在对传统宗教和传统价值的捍卫者的分析上。①

新现代化分析（20世纪80年代末至90年代）

20 世纪 70～90 年代，世界见证了两次具有全球意义的转变，这给与现代化范式相竞争的理论带来了重大挑战。

首先，有必要指出东亚的巨大转变，包括“远东儒家文明”国家和地区（韩国、中国台湾、中国香港、新加坡、马来西亚）在日本模式下的加速现代化，以及它们转变为世界上最发达国家的有力竞争对手。通过对日本的学习，这些国家和地区开始表现出如此高的经济和工业发展速度，以至于它们即使不能赶上日本，至少也能明显地接近它，与它一起成为整个发展中世界的经济旗舰，在不久的将来，甚至可能成为整个世界的旗舰。同时，“亚洲四小龙”的社会经济增长并没有伴随着社会不平等的严重加剧，

① Davis, W. “Religion and Development: Weber and East Asia Experience,” *Understanding Political Development*. Boston, 1987. pp. 221–279.

而这曾是现代许多其他发展中地区和19世纪大多数西方国家的典型情况。东亚的“奇迹”给世界体系理论带来了巨大的冲击，因为这与世界体系理论的观念框架很不相符。事实上，面对西方资本主义国家的发达“核心”，世界体系外围国家和地区能够找到内部资源来实现增长和现代化，提升生活水平、健康水平和教育质量。

与第一个转变相比，第二个重要的转变更加出人意料且更加迅速（波兰社会学家彼得·什托姆普卡将这一转变定义为“反理论革命”），这就是苏维埃俄国的社会和政治转变，它始于对以往经济政策的反思以及对经济和政治现代化道路的寻求（“改革”）。随后，一连串的政治事件导致苏东剧变。尽管所有这些过程在一定程度上受到了外部因素的刺激，但转型的主要动力来自内部。过去十年中东欧地区发生的诸多事件为现代化研究提供了新的推动力。

许多研究者认为，苏东剧变后一些国家的发展是在理论上完善和检验现代化理论的绝佳实验。这些国家所表现出来的“经验性异常”让科学家们思索：为什么没有“适应性复苏”，而是出现经济萎缩；为什么没有更紧密的融合，而是形成更明显的种族和宗教界限；为什么没有确立政治上连贯的、明确的目标，而是出现了脆弱的政治联盟，无法应对一个无政府的社会。

苏东剧变后，关于后苏维埃时代的社会转型（“过渡”）问题的研究在中东欧国家发展起来，涉及广泛的学科。同时采用现代化视角被认为是富有成效的，可以说，中东欧国家的转型帮助现代化理论复兴。但与此同时，也有人告诫说，不要生搬硬套20世纪60年代已经过时的现代化理论版本。研究原社会主义阵营国家的转型，需要进一步发展现代化理论。同时，和以前一样，对现代化理论的反思在很大程度上是批判蕴含在理论模式中的进化论和功能主义，以及从高度抽象到经验研究的演变。现代化研究的现代版本（新现代化或后现代化分析）的发展与爱德华·蒂利阿基安、彼得·什托姆普卡、沃尔夫冈·查普夫、卡尔·穆勒等人相关。

现代版本的现代化理论核心包括以下几点。

第一，拒绝将现代化片面地解释为建立西方制度和价值观的运动；承认自身原创性发展道路的可能性（即具有地方社会文化色彩的国家现代化模式）。正如爱德华·蒂利阿基安所认为的，没有某个固定的“现代化中心”，而是可能有几个“现代化中心”，其数量可能还会增加。在1985年的一部作品中，他写道，“现代化中心”已经转移到东亚。

第二，承认社会文化传统在现代化转型中的建设性、积极的作用，赋予其补充性发展因素的地位。特别是，爱德华·蒂利阿基安建议，应根据新的历史现实重新考虑宗教在现代化进程中的作用。在他看来，这种作用可能是相当重要的，宗教可以发挥合法化和动员群众建功立业的功能。它还会使无效的政治制度失去合法性，并鼓励对独裁或极权政权的抵抗。爱德华·蒂利阿基安提到了过去15年前后波兰、尼加拉瓜、伊朗、智利、菲律宾和其他国家的发展，他认为这证实了宗教作为“社会变迁的杠杆”具有潜在的和实际的作用。

第三，比以前更加强调外部因素、国际因素与全球背景。尽管研究仍然主要集中在现代化的内部因素上，但学者们并不否认外部因素在改变发展进程中的作用。当代研究者更多地将现代化视为一个内生—外生的过程（罗兰·罗伯森）。这样的观点与经典现代化有很大不同，在经典现代化理论中，学者们主要分析内部变量，如社会制度和文化价值观。

第四，脱离进化论的目的主义。重点不是关注不得而知的进化法则，而是社会行动者（集体和个人）的作用，他们总是能够通过有力的干预来确保情况的发展或转变。

第五，视角的历史性。将历史偶然性因素纳入理论模式，认识到需要在具体的“历史耦合”中考虑转型过程（卡尔·穆勒）。强调行动者的时空范围，据此构建新的发展路线。确认现代化的成效取决于文化、政治、经济价值观与优先发展方向和现有资源之间是否和谐。

第六，拒绝将现代化作为统一的系统性转变过程。承认在现代化的背景下，特定社会的各环节有可能出现不同的反应。正如爱德华·蒂利阿基安所指出的，一些部门或行动者群体确实可以有意识地持续追求现代化的道路，一些群体可能只在某个时间段内这样做，一些行动者可能会完全拒绝现代化运动（例如那些在旧制度框架中获得资源者）。

第七，意识到将现代化解释为一个持续的过程是不正确的，即使某个社会已经经过了“起飞”（用沃尔特·罗斯托的术语来说是“take-off”）阶段。认识到需要更加关注现代化趋势的一个方面，即这一过程的周期性。爱德华·蒂利阿基安写道：“在一些时期，不仅是在社会内部，而且是在社会之间，改变、改善社会结构或制度形式的活动会增多，而在另一些时期，则存在着自满和疲惫，只进行改善和革新的微弱尝试。”这种看似不活跃的时期可能是衰退期（如 18 世纪荷兰历史上腾飞之后的停滞期），也可能是尚未渗透正式制度和权力结构的创新和新思维的缓慢隐性成熟期。①

在经典模式的基础上进行一种理论综合而创建的多线模式（将这些作者的众多研究定性为统一模式可能过于简化，在这种情况下，我们试图指出非常多样化的作品中存在的一些共同点），考虑到了来自与之竞争的结构主义世界体系视角的批评以及活动视角的要素，扩大了现代化分析的认知可能性。多线模式依旧主要关注宏观社会现象（必须承认，这种模式比经典模式更容易进行微观分析），更具有“历史性”，其特点是有更大的弹性来适应所研究的现实，这是通过牺牲最初现代化分析模式的理论的纯粹性和同质性来实现的。在这种视角下，人们重新关注发展的活动方面，这些方面在现代化的行动者模式中具有首要意义。

现代化的行动者模式

芬兰学者蒂莫·皮莱宁试图将现代化理论与活动（行动）视角结合起来，以解释后苏联时期俄罗斯从计划经济向市场经济的过渡。② 作者的观念是建立在两场革命即 18 世纪末法国革命与 20 世

① Grancelli, B. (ed.). *Social Change and Modernization: Lessons from Eastern Europe*. Berlin, New York: De Gruyter, 1995; So, A. Y. *Social Change and Development: Modernization, Dependency, and World-System Theories*. Newbury Park, 1990; Цапф В. Теория модернизации и различие путей общественного развития // СОЦИС. 1998. № 8. С. 16–17; Штомпка П. Социология социальных изменений; Бек У. Общество риска. На пути к другому модерну. М.: Прогресс-Традиция, 2000; Турен А. Возвращение человека действующего. Очерк социологии. М.: Научный мир, 1998; Инглегарт Р. Модернизация и постмодернизация // Новая постиндустриальная волна на Западе. Антология / Под редакцией В. Л. Иноземцева. М.: Academia, 1999. С. 267–268.

② Piirainen, T. *Towards a New Social Order in Russia: Transforming Structures in Everyday Life*. University of Helsinki, 1997.

纪末导致苏联解体的俄罗斯“革命”之间有基本相似之处的论点之上的。皮莱宁认为，这两次革命的起源都是社会内部压力的积累，而这种压力是因社会日益复杂并形成了通常被归为现代社会的那些特征所造成的。一个社会变得越复杂，在其中建立的劳动分工越多样化，就越难维持权力高度集中在一个统治集团手中的等级社会秩序。根据蒂莫·皮莱宁的说法，社会的结构和参数变得越来越复杂，失去了管理能力，并在规范、强制和宣传的压力下开始僵化。在这种情况下，有必要建立更普遍和更复杂的机制来整合社会。皮莱宁认为，市场这个普遍而复杂的机制，足以满足现代社会的条件。在建立更普遍的社会融合机制（被作者解释为现代化）的背景下，蒂莫·皮莱宁研究了戈尔巴乔夫改革所启动的苏联社会的自由化和市场关系的建立（市场化）。对研究者来说，俄罗斯从计划经济和苏维埃社会主义向市场经济和多党民主制的过渡，为研究快速和大规模的社会结构调整过程提供了独特的机会。

人类选择的可能性在巨大的历史变革时期尤其重要，这其中包括现代化的进程。正是在这样的时期，人真正成为一个“分叉点”；未来社会的轮廓，这些时期的发展轨迹，基本上取决于人自己的意志和选择。考虑到这一点，蒂莫·皮莱宁选择了最适合自身研究条件的活动视角，基于韦伯传统的理解社会学。作者认为，事实是在“革命”期间，社会结构刚刚形成，看起来没有定型，不断变化，以至于它们的基础很难被追踪；正是人类创造了新的结构，改组了社会；社会秩序的形成是个人选择和行动的集体结果，在这种情况下，社会改组可被认为是由旧的集体成就与社会个体成员的新选择和行动之间的相互作用所引发的。

一般的系统-结构理论（如塔尔科特·帕森斯的功能主义或尼

克拉斯·卢曼的系统理论）通常假设存在趋向平衡的自我调节的社会系统。然而，皮莱宁认为，这种理论对于研究处于不平衡状态（例如由危机或革命导致的不平衡状态）的社会是否有用是非常值得怀疑的。在这方面，皮莱宁认为将重点从研究社会结构（他认为这是社会学传统方法的特点，即首先研究和确定一些社会结构，然后确定个人或其他社会行动者在这些假定结构中的位置）转向研究个人（个人行动者）在方法论上是正确的。

因此，皮莱宁提出的方法是主要关注普通人的日常生活，揭示他们用来应对转型时期困难的主要方式和策略。皮莱宁在研究的第一阶段分析了一些家庭对某些生活策略的选择和他们参与的行动，以及他们面临的机会和限制。而在下一阶段研究这些个人选择和行动的结构性蕴涵关系。研究者认为，通过比较不同家庭的选择和策略，就有可能呈现新的社会秩序的轮廓，即个人行动者行动的集体结果。

皮莱宁认为，描述个体行动者行为的理论模式，如新古典主义微观经济学的简化观点，具有更加普遍的适用性。特别是，在他看来，在研究结构崩溃引发的危急情况时使用这些理论模式是合理的，甚至可能是唯一正确的方法。蒂莫·皮莱宁研究俄罗斯现代化的基本视角和主要观念来自马克斯·韦伯的社会学，部分来自通常被称为理性选择理论的这一更现代的社会学思想流派。

皮莱宁探讨了个人行动者的行动和选择如何结合起来以产生社会结果。他使用的模式的核心是最优化概念：设想行动者会理性行事，他们将倾向于选择促使收益和成本之间差异最大化的行动。

行动者理性行事，总是参与某种优化，这种优化在某些情况下可能被视为实现效用最大化或成本最小化，而在其他情况下则可能会具有其他表现形式。但这种在个人行动者层面追求优化趋势的集体结果，却不一定是社会最优的结果。在这一点上，理性选择范式与功能主义社会理论有着本质的区别，例如，功能主义社会理论在系统层面假设优化（或平衡），并试图确定不同的社会制度如何维持优化。

由于蒂莫·皮莱宁的归纳认知策略在没有一些理论假设或一般假设的情况下无法发挥作用，所以他对活动做出了一些初步的一般性判断，以指导和组织研究过程，为数据收集和分析提供指导。

第一，个人和家庭被视为做出理性选择的行动者。理性体现在行动者对优化的渴望，即在尽量降低成本和风险的情况下获得尽可能多的生活机会。

第二，行动者有各种资产（资源、财产、技能或增加生活机会的行动），可以投资于不同的对象。与此同时，行动者努力以一种获得最大利润的方式进行投资，即以最小的成本获得最大的生活机会。

第三，在不确定的条件下，行动者试图通过在几个对象之间分担风险来控制投资中包含的风险（即使用不同的投资策略，如“家庭策略”“投资策略”“生存策略”）。这些策略的形式取决于行动者可利用资产的数量和质量，而不同的策略可以获得不同的生活机会组合。

第四，在转型时期，新的社会关系发展起来，取代旧的社会关系。新的关系是作为个人投资策略的集体结果出现的。这些社会关系随着制度化获得了社会结构的特征。①

---

① Piirainen，T. *Towards a New Social Order in Russia：Transforming Structures in Everyday Life*. University of Helsinki，1997. p. 41.

“策略”是蒂莫·皮莱宁的理论和方法论模式中的一个关键概念，它将微观层面的个人行动者和宏观层面的社会结构联系起来。对单独家庭的投资策略的研究，可以洞察到新的社会秩序和社会结构的形成。根据所采用的策略类型，家庭和家庭群体可以被划分为不同“社会阶层”（获得明显不同的生活机会的人口组成）。

皮莱宁工作中的另一个重要概念是“资产转换”。在苏联社会中让行动者获得广泛生活机会的资产，在市场条件下却不能发挥同样的功能，它们必须被转换为适合市场社会的资产。例如，广泛的社会关系网络在苏联社会中毫无疑问是重要资产，但在新的条件下不能保证与以前一样的生活质量，这种资产必须转化为金钱或私有财产。然而，由于社会财富在转型期要进行再分配，社会资本对于获得经济资本可能是有用的，甚至是必要的。

在理性选择模式中占有重要地位的是“机会结构”的概念。一项策略总是包括不同的组成部分，并在每个行动者特有的机会结构中形成。机会结构的形式是由行动者所拥有的资产的数量和性质决定的。机会结构是一种潜力，包括一个行动者可进行的全部可能的经济行动。机会结构可以被解释为一组对象（即具体的机构、企业、活动等），行动者可以在其中投资自己的资产。在这个机会结构的框架内，行动者的偏好导致了对实际投资对象，即实际策略的选择。在这种情况下，行动者在决策过程中遵照的文化因素可以被视为偏好。因此，行动者在寻找过程中，从一组确定的偏好出发，在机会结构中寻找实际策略，权衡可能做出的选择的价值。

在蒂莫·皮莱宁的四个假设所划定的分析框架中，仍然没有把制度和文化作为直接解释因素。它们只有通过偏好、机会结构和资产转换等概念，才有机会间接地渗透到分析过程中。

理性选择理论的应用拓宽了现代化分析的认知视野，使其深入到通过研究微观层面的个人和小团体的行动所重新构建的人际互动领域。同时，必须承认这种视角存在一定的局限性。

1992 年，理查德·蒙奇在描述理性选择理论时写道："理性选择理论是社会学理论中人们期待已久的进步。只要我们对社会生活的经济方面感兴趣，它就有助于提高社会学理论的解释力。此外，我们可以有把握地认为，经济学无处不在，特别是在我们的当代社会生活中，经济理性主义几乎渗透社会的每一个领域。在这方面，理性选择理论家倾向于将他们的方法应用于狭义经济领域之外的广泛的社会现象中。然而，一旦他们试图从自己的视角出发重建社会生活整体，他们就会失败。在理性选择理论的框架内，他们只是把社会生活的复杂性简化为经济计算和交易的概念，把现代社会的复杂性简化为自由社会的简单性。事实上，理性选择理论只能解释社会生活的有限领域，它的解释力仅限于这种生活的经济层面。一个全面的社会学理论应该在更广泛的范围内将理性选择理论与更适用经济领域之外的社会生活领域的理论联系起来。"①

认识到理性选择理论的局限性，皮莱宁试图只将其应用到一个适合的领域，在那里它为分析不断变化的社会现实提供了一个坚实的基点，即研究苏联解体后俄罗斯生活机会再分配中的市场情况。现代化的行动者模式专注于研究主要的微观社会情境和活动实践。结构性建构在很大程度上不在它关注的范围之内，只是被作为社会行动的一些条件或蕴含关系。因此，行动者模式很难被视为多线模

---

① Piirainen, T. *Towards a New Social Order in Russia*: *Transforming Structures in Everyday Life*. University of Helsinki, 1997. p. 45.

式的理论竞争者。两者都有独特的研究领域，只有部分研究领域重叠。这些模式应被视为相互补充，它们适用于不同情况和社会进程的不同方面。

结构化模式

如前所述，结构化理论是综合结构主义和活动视角的一种尝试。结构化理论认为，历史（社会）现实是社会关系在已有结构和个人意志的不断互动过程中在时间和空间上结构化的结果。实际上，社会结构（经济、社会、政治、制度、文化、精神结构等）与被赋予意志和选择自由的历史主体之间的永恒矛盾，结构决定性与人类超越过去限制的能力之间的永恒矛盾，是当代社会科学的基本问题（在西方社会学中这种矛盾表现为结构与意志或结构与行动之间的对立）。换句话说，问题的本质在于解释在过去的社会结构中形成的社会主体（“行动者”）如何获得构建新形式的社会组织和社会关系的能力。尽管在历史进程中，人处于一种结构的牢笼中，但他在历史中的角色不能沦为一个盲目执行凌驾于他之上、并不依赖于他的力量所提出的要求的齿轮。人有相当大的可能性来利用压在他身上的结构的不一致性和不连贯性，他可以选择他周围的环境，从而不断塑造和重塑周边环境。① 结构化理论的支持者试图评估结构和社会行动对历史进程的贡献，通过将这些基本社会因素封闭在一种结构化的逻辑循环中来协调它们的互动。

瑞典学者戈兰·瑟伯恩在其历史和社会学研究报告《欧洲现

① Burke, P. (ed.). *New Perspectives on Historical Writing*. Cambridge, 1993. pp. 233-248; Гидденс Э. Устроение общества: Очерк теории структурации. М., 2003.

代性及其超越：欧洲社会的发展轨迹（1945～2000）》（伦敦，1995）中，试图通过结构化方法来扩大现代化分析的视野。① 在讨论欧洲“现代性”的特性时（将其与其他“现代性”以及“后现代性”相比较），戈兰·瑟伯恩在行动理论（结构论视角）和结构理论的基础上，提出了自己的分析模式（“为无数正在进行的社会进程提供导航的指南针”），可以相对地称之为结构化理论。

瑟伯恩认为，可以从两个有益的角度来看待社会世界，即突出人类作为行动者固有的成分——文化和结构。他对自己的视角解释道，人类社会是由在文化和结构背景下运作（同时又反过来对其产生影响）的个体和集体行动者组成的。

瑟伯恩将文化理解为被人们吸收和分享的东西，属于意义和符号的范畴，为社会行动提供内部指引。瑟伯恩认为，结构是对作为社会行动者的人们可接触的（或固有的）资源和制约类型化（结构化）的一种方式。人们以某种方式行事，正是因为他们属于一种特定的文化，以及/或者因为他们在资源和制约的结构中处于一个特定的位置。由于文化归属和结构位置被认为是社会学中对行动的主要解释模式，瑟伯恩也相当重视文化和结构特征。

他认为，结构和文化的最重要层面是以下几点。在他看来，结构主要包括以下两点：第一，社会系统的范围和管理其成员的机制；第二，社会系统中的位置模式。位置模式的决定因素有：资源和制约的制度化保证；以非制度化的、“非正式的”、可能是“离

① Therbom, G. *European Modernity and Beyond: The Trajectory of European Societies, 1945–2000*. London, New Delhi: Sage Publications, 1995.

经叛道的”，但还是具有一定结构形态的方式获取行动资源，或者反之，缺乏对行动资源的获取；未来可能出现的机会、风险或机遇组合的结构。资源和制约因素有一些具体的形式，根据瑟伯恩的说法，这些形式可以定义为任务、权利和手段。

瑟伯恩认为，文化包括以下三点：第一，认同感，“我”和“我们”的概念，其意味着与另一个人或另一些人之间的界限；第二，认知或认知能力，思考、获取知识和与周围世界建立沟通所需的语言；第三，由一些价值和规范组成的评估模板，可以确定什么是好的、什么是坏的，什么可以做、什么不能做。文化的功能是由符号系统通过交流过程实现的。

人类社会及其系统存在于时间和空间中，这就决定了社会进程的有限性。人类社会的结构和文化均具有空间和时间维度。社会结构和社会文化的空间性体现在资源及其制约、认同感、知识和价值观的地域传播、界限以及地域分布。而时间则具有长度、持续性、顺序性、协调性或不协调性及节奏性等特点。例如，资源和身份认同一样，具有持续性，有开始和结束的时间，以一定的顺序排列，受制于一定的节奏，有规律或无规律。

在研究欧洲和现代性的视角下，空间和时间有其特殊的意义。戈兰·瑟伯恩从时间的社会观及其在历史时期内可能发生的转变的角度，即在时间认知的文化语境中，对时间性进行了分析。瑟伯恩从两个角度来分析空间：第一，作为大陆的结构性组织，主要是经济组织；第二，作为地域上可变的文化区域。在第一种情况下，重点是整合、趋同或与之相反的趋异的问题；第二种情况是关于不同文化标志超出现有国界的传播和相互关系。

在抽象的理论层面，瑟伯恩利用各要素的不对称关系描述了社会系统的动态，其中关键要素的特点是自主的可变性和对其他要素的主要影响。关于结构化，瑟伯恩赋予决策时刻可用的手段以关键要素的作用，这些手段与任务和权利相比，制度化的程度较低，与面向未来的机遇不同。瑟伯恩认为，知识是社会系统中最有活力的元素。同时他提出，实际的社会动态在很大程度上是由外生的偶然因素决定的。

任务、权利、手段和风险的结构以及认同感、认知模式和价值观的文化复合体，被瑟伯恩视为社会系统的基本构成层面。他认为，结构化和文化化（enculturation，这个术语与文化的“惯性”概念不同，被用来强调社会文化过程的活跃性和流动性，）是最重要的系统过程。

社会行动者的结构地位（结构定位）和文化归属，反过来决定了其本身的权力潜力。任务的分工、权利的分配、手段的获得、认同感的加深、相关知识的体量，都对权力的分配有决定性的影响。戈兰·瑟伯恩将权力解释为一种总结社会行动者的社会关系或资源和限制的方式。

在戈兰·瑟伯恩的观念框架内，结构化和文化化决定了社会行动的方向和形式，无论是集体的还是个人的社会行动，其力量取决于行动者权力潜力的大小。反过来，社会行动通过复制或改造来影响社会系统，并相应地影响其结构化和文化化过程。社会行动的结构和文化影响可以保证社会系统的维持、扩张、收缩甚至消失。因此，戈兰·瑟伯恩的理论模式中的因果逻辑圆圈闭合，再次回到了一个通过结构化和文化化过程进行调节的社会系统。

瑟伯恩试图在其理论模式（适应研究目标的，在现代化和结构化方法的基础上创建的模式）、经验数据和系统论证的基础上，阐释欧洲在 20 世纪后半叶的发展特点，确定其在世界历史背景中的地位。戈兰·瑟伯恩的研究重点是战后欧洲居民的结构和文化背景以及生存模式（生活方式）的变化。瑟伯恩着眼于结构和文化条件、社会行动的形式，以及它对结构和文化的影响。瑟伯恩比较了最初（1945~1950 年，在某些情况下涉及更早的时期，特别是战前时期）和最后（20 世纪 90 年代初）两个时间段的社会行动结果的结构化和文化化模式。瑟伯恩关注现代结构化和文化化过程的分类问题，以及它们与后现代过程的区别。戈兰·瑟伯恩认为，面向未来的时间观念的消逝可以被看作现代性结束的标志之一。然而，瑟伯恩认为这还不够，还需要确定历史时代的主要结构和文化特征。

戈兰·瑟伯恩认为，当代结构化过程的特点是资源（包括那些旨在限制其他资源的资源）的快速增长不是线性的，而是包含暂时性波动。瑟伯恩确信，增长的停止可以被看作一个历史时代结束的证明。在现代性的条件下，任务结构化主要包括分化或专业化和去农业化（即食品保障任务的重要性下降）。从这个角度来看，欧洲的特殊性表现为特别强调工业任务在后农业社会中的重要性。就资金而言，它们在现代性社会表现出非同寻常的增加，比传统农业社会的分布更加均匀。然而，在不同的历史时期和不同的国家，这一指标的重大变化和差异一直存在。

现代性的特点是日益解放，反映在个人、公民、妇女、劳动者和种族群体权利的扩大上。戈兰·瑟伯恩认为，这一过程的停止和责任的减少可能标志着历史时代的变化。

瑟伯恩认为，与其他现代性地区相比，欧洲的任务、手段和权利在阶级术语（阶级由整体的经济任务定义，并由保证经济任务完成的众多手段和权利支持）中更加结构化。这种结构化模式与基于种族属性或亲属关系原则模式的区别比其与基于个体原则模式的区别更为明显。

风险的增加与“第二自然”即人工的、人造的环境的扩张直接相关。风险的重要性及其分布不均已成为城市化和工人阶级集中以来现代时期的重要特征，对人们的健康造成严重威胁。戈兰·瑟伯恩认为，这一领域的根本性变化也可以被视为现代性的重要转变。

在文化上，现代性首先包括了代际和群体之间认同感、认知模式和价值观的变化。根据戈兰·瑟伯恩的说法，确立一种稳定的模式，来替代无序的变化，可以被认定为现代性时期结束的一个标志。现代认同模式的形成，有助于保证个人和选定集体的同一性。同时，现代的认同观念承认在发现自我和认可自己生活的意义、实现个人利益的过程中寻找真正同一性的可能性。戈兰·瑟伯恩认为，真实性和非真实性之间界限的消除，意味着新的认同机制的出现，其与那些伴随着现代社会形成的机制不同。现代性时代的认知从属于持续的增长和积累过程。认知的长期停滞或对所积累知识的反驳，可能意味着现代性文化的认知断裂。就价值和规范而言，现代与过往时期不同，保证了它们的“开明”性质，即基于理性而不是基于神的宿命或继承的传统的合理性，也保证了价值与认知和不同类型规范的区分。因此，根据戈兰·瑟伯恩的说法，向当局发出的援助呼吁增加，以及价值与规范的去差异化，可能意味着现代性的典型过程的转变。①

结构化模式在理论层面比结构主义和行动者模式更富有内涵，

① Therbom, G. *European Modernity and Beyond: The Trajectory of European Societies, 1945-2000*. London, New Delhi: Sage Publications, 1995. pp. 7-15.

其特点是有更广泛的理论框架，使我们能够探索结构主义和行动者视角所分别希望认知的那些社会现实。结构化视角的问题在于研究的实践组织，整合对社会现实不同层次的分析，这往往仍然是以差异化的方式进行的。

上述理论创新迫使人们从新的角度来看待原先归属于现代化的特征，如不可逆转性、进步性、延伸性、进化性以及同质化效应。文献中指出，现代化进程的其他特征在理论上也是值得怀疑和争论的。例如，斯亚玛·查兰·杜比对赋予现代化进程以全球性参数的做法提出了批评。杜比正确地认为，尽管扩散很广，但世界上很大一部分人口仍然无法享受到现代化的好处。他质疑在全球范围内实现相同的现代化理想的可行性。他借用阿尔文·托夫勒的比喻写道，在一小部分人类正在从“第二次浪潮”走向“第三次浪潮”之时，2/3 的人仍然被迫留在“第一次浪潮”中。杜比认为，同质化方面也存在问题。他把民族主义的增长和文化意识的多样性与将现代世界作为一个“大村庄”这种习惯性的描述相对比，指出超级大国政治和发展中国家陷入紧张和冲突的旋涡是全球同质化的障碍。在杜比看来，宗教激进主义和反现代化意识形态在许多社会的兴起，使人们对现代化的不可逆转性这一特点产生了怀疑。个人疏离性的增强和社会反常现象的增加，许多社会制度的功能失调，暴力，以及社会规范结构的削弱，使得现代化的进步性这一特点也需要被探讨。①

使用现代化范式作为认知模式带来了一系列的两难处境，其中

① Dube, S. C. *Modernization and Development: The Search for Alternative Paradigms.* Tokyo, London, 1988. pp. 4-5.

之一可以表述为系统性 VS 片面性。经典现代化理论认为，现代化是人类思想、行为和社会制度的几乎所有领域的全面而系统的创新变革过程。系统性假定，现代化驱动力中一个因素的变化会与其他因素相关联。这一范式的支持者认为，现代化的属性形成了相互关联的整体，以集群而非孤立的方式出现；一旦在一个活动领域出现变化，就不可避免地会在其他领域引起相应的变化；相互关联的变化或多或少地同时发生；一个社会子系统的转变会刺激其他子系统相应的转变，这最终被归纳为社会演变的整体过程。在这一理论背景下，进化本身是由一些客观的、独立于人类的决定因素所操纵的，它们都是为了一个特殊的目的——更高的社会发展水平。

同时，未必有任何理由将现代化视为有目的的演变。历史进程是作为社会关系在空间和时间上的构建而发生的，是结构的限定性和个人的意志相互作用的结果。所解释的客观性并不能完全反映其内容。个体行动者能够改变社会结构，其受认知支配的意志表达也是历史进程的一个不可分割的组成部分。这一事实解释了有关社会、经济、人口、政治和其他变量之间的联系性质存在方法论方面的问题。例如，确定经济和社会变化与政治转变之间因果关系的性质的问题，前者在某种意义上是“客观的”，后者则通常是人类有意识的努力和自由意志的结果。宏观社会经济变化和宏观政治转变之间的关系是以个人目标、价值观和行为的微观转变的间接方式表现出来的。任意成分（活动）参与历史进程的组织大大增加了现代化转变的非系统性升级的风险。不同领域的转变“量”是矢量而不是标量，它们只有在作用方向一致时才会产生共鸣。

实际上，系统性的转变并不总是发生的（人们可能记得斯坦尼斯洛·耶日·勒克的箴言：“实际上一切并不是真的这样。”）。历史上的具体情境提供了无数的例子，一个社会领域的现代化变革未能给社会整体内部带来相应的变革，或者相应的反应发生延迟（时间滞后可能达几十年或几个世纪），以至于现代化的系统性问题变得毫无意义。所谓“赶超型”现代化国家的发展趋势是片面的、不均衡的转型或反应的持续进程，远不符合现代化的标准。我们可以回顾一下俄罗斯帝国和苏维埃俄国的人口动员机制，如农奴制、劳役制和被一些学者描述为“新封建主义”的社会主义下的强迫劳动。

研究教育在第三世界国家现代化中的作用可以发现许多事例，表明教育制度及其运作并不是现代化的推动因素，这种状况可能持续很长时间，最终导致现代化失败：有限的资源在教育部门和社会其他子系统之间分配不均；培训的质量和专业以及毕业生的数量与国民经济和社会整体的需求不匹配；教育系统的性质和价值观与社会需求之间存在矛盾（例如，学生倾向于认同另一个国家的并不符合当前国内发展实际的价值观）；教育对收入分配存在畸形影响，导致不平等和绝对贫困现象再现甚至增加；推动农村向城市移民，导致城市失业率上升；人才从穷国流向富国；教育制度的亚文化和意识形态与国家文化之间不一致和矛盾（例如，高等教育机构的世界主义 VS 作为许多发展中国家的现代化意识形态的民族主义）。①

下一个两难处境看起来是内生性 VS 外生性。从进化论中发展出来的现代化理论，传统上关注发展的内生因素。经典现代化范式几乎没有给国际秩序、社会间关系和“不同社会间比较的动态”等

---

① Тодаро М. П. Экономическое развитие. М., 1997. С. 348 - 353; Shils, E. "Modernization and Higher Education," *Modernization: The Dynamics of Growth*. New York, London: Basic Books Inc., 1966. pp. 83-97.

问题提供空间，其研究重点主要是现代化的内部的、内生的因素。国际视角下的民族主义和国家认同几乎不在早期现代化学派的关注范围内。少数学者试图弥补这一缺陷。①

同时，在讨论用新的、现代主义的制度和价值取代传统的制度和价值时，不能回避外在的方面，尽管事实证明传统的形式具有巨大的变革和适应潜力，能够灵活地适应新的现代主义与功能。具体的历史研究表明，工业化的广泛传播（技术、组织系统转移）在很大程度上正是归功于外在的方面，特别是扩散，而不是社会发明的内部独立过程。② 人们普遍承认扩散的作用是非常重要的，如俄国的彼得大帝和日本明治维新现代化过程中的制度引进。这两个案例都非常值得关注，是有意、明显和系统地复制及有选择地吸收从国外借鉴来的制度实践和思想的历史实例。

同时埃莉诺·魏思特尼认为，明治时期的日本只是历史上非常广泛的现象中一个显著的例子。她认为，几乎所有社会，至少是18世纪末和19世纪初所有民族国家，广泛复制了其他社会的“组织形式”。根据魏思特尼的说法，跨社会模仿（cross-societal emulation）在19世纪末就已经将西方社会紧密地联系在一起，并促使它们在一定程度上发展趋同：“模仿是重要的，由民族国家之间的竞争（特别是在军事领域）所推动，并由强调历史演变的单向性和‘进步’的意识形态所论证。”③

---

① Nettl, J. P., Robertson, R. *International Systems and the Modernization of Societies: The Formation of National Goals and Attitudes*. New York: Basic Books, 1968.

② Vago, S. *Social Change*. Englewood Cliffs, New Jersey: Prentice Hall, 1989. p. 134.

③ Westney, D. E. *Imitation and Innovation: The Transfer of Western Organizational Patterns to Meiji Japan*. Cambridge, M. A.: Harvard University Press, 1987.

现代化方案的执行（在第三世界国家）面临无法预料的困难。除了“内部”障碍外，还有“外部”障碍。事实是，在正式实施政治非殖民化后，前帝国主义国家以“多国公司”（后来演变为“跨国公司”）的形式保留了在前殖民地的经济利益。跨国公司集团作为原材料的主要消费者和加工者，能够控制国际市场，使“新兴国家”很难积累资本来投资发展自己的基础设施。现代化理论的代表们对这种国际外在环境的忽视，是赞同世界体系理论和依附理论的学者们对现代化理论提出尖锐批评的主要原因。

外部因素（社会主义阵营和资本主义阵营之间的尖锐竞争；苏联人民对社会主义国家和西方国家生活水平的比较；阿富汗战争；美国有目的地削弱苏联力量的政策；引入外国机制和政策经验；与外国的非等价资源交换）对于导致苏联解体的宏大变革和在俄罗斯形成新社会政治秩序的刺激作用是无可争议的。

20 世纪 90 年代冷战结束后，学者们开始充分意识到跨社会交流，跨地区、跨社会和跨公社借用的重要性。① 罗兰·罗伯森借鉴了“选择性反应”的概念（侧重于确定维持社会内部和外部文化模式平衡的方式），提出了“选择性纳入”的概念，他认为这是对埃莉诺·魏思特尼的“跨社会模仿”概念的补充。罗兰·罗伯森认为，模仿和/或纳入已经成为世界各地塑造和改造社会的进程中的核心组成部分。他在学术研究中引入了另一个概念，即“对比动力”，用来描述现实或潜在的精英们系统地参与对比自己社会的现实与其他社会的现实的过程。罗兰·罗伯森认为，正是“对比动

① Robertson, R. “Theory, Specificity, Change: Emulation, Selective Incorporation and Modernization,” B. Grancelli (ed.). *Social Change and Modernization: Lessons from Eastern Europe.* Berlin, New York: De Gruyter, 1995. p. 218.

力”给了一些地区以优势，促进了它们在某些时期的发展，使它们成为社会领袖和可供复制的样板。总的来说，根据罗兰·罗伯森的说法，20世纪末期社会思想家的主要任务是，尽可能系统地理解使对比成为民族国家建设和转型的自然方面的方式。他认为，只有完成这一任务，才能“将现代化理论带回”社会科学领域中。同时，这个问题的解决需要研究人员全面理解，与所谓的“参照社会”（莱因哈特·本迪克斯的术语）的对比实际上是如何进行的；社会上如何进行竞争，并在借用什么和借用到什么程度的问题上产生冲突；有影响力的行动者的体制地位是什么样的；知识分子扮演什么角色；等等。①

总的来说，现今的现代化学派比以前更重视外在的、国际的因素，学者们并不否认它们在改变发展进程中的重要作用。但在我们看来，外生变量应被赋予与内生变量同等的理论地位，并应被纳入理论模型，与其他变量相互关联。

第三种困境可以被表述为二分性 VS 连续性。经典现代化理论的代表们从“传统性”和“现代性”、传统社会和现代社会之间的僵硬对立出发。然而，历史学家、人类学家和经济学家的大量研究使我们相信，这种严格的二分法是毫无根据的。事实表明，一方面，许多现代的制度和价值观源自传统背景；另一方面，传统性在融入现代化进程时，能保证其稳定性和效率。现代学者不再将传统

① Robertson, R. *Globalization: Social Theory and Global Culture*. London: Sage Publications, 1992; Idem. “Theory, Specificity, Change: Emulation, Selective Incorporation and Modernization,” B. Grancelli (ed.). *Social Change and Modernization: Lessons from Eastern Europe*. Berlin, New York: De Gruyter, 1995. pp. 216-218, 226-231.

和现代视为相互排斥的概念；在最近的研究中，传统和现代不仅共存，而且相互渗透，可以相互交融；学者们发现了传统和现代之间复杂紊乱的关系网。研究人员尝试考虑传统在现代化过程中的建设性价值，而不是像过去那样把传统看作现代化的障碍。过往经验和比较研究表明，不同社会的现代化轨迹在大多数情况下与它们的传统社会文化和制度遗产是相协调的。在新制度经济理论框架内发展起来的“路径依赖”观念①，强调了历史进程的这一特点。综上所述，与把传统性和现代性二分对立相比较，把现代化的过程看作一个不间断的、连续联系的过程，在科学上似乎是合理的，也是有前景的。

① Норт Д. Институты, институциональные изменения и функционирование экономики. М., 1997; Кирдина С. Г. X-и Y-экономики: Институциональный анализ. М., 2004; Нуреев Р. М., Латов Ю. В. Институционализм в новой экономической истории // Институциональная экономика. М., 2005. С. 242–289.

第二章

现代化的时间

第一节 结构–功能分化模式

20世纪下半叶，在现代化理论框架内积累了研究从传统社会向现代工业社会过渡各个方面（包括历史方面）的重要的理论和方法论经验及事实经验。总的来说，现代化范式的特点是：将研究兴趣集中在从传统性向现代性转变的发展、因素和机制问题上；主要在国家、民族层面进行分析；将传统和现代性作为关键概念，运用社会制度和文化价值这样的内生变量；积极评价现代化进程本身，视之为进步的和富有前景的，大大扩展了人类的潜能。同时，深受进化论和功能主义影响的现代化范式，经历了一个漫长的完善过程。① 在现代化范

① Black，C. E. *The Dynamics of Modernization*：*A Study in Comparative History*. New York：Harper Colophon Books，1975；Levy，M. J. *Modernization and the Structure of Societies*. Princeton，1966；Rostow，W. W. *The Stages of Economic Growth. A Non-Communist Manifesto*. Cambridge，1960；Lemer，D. *The Passing of Traditional Society*：*Modernizing the Middle East*. New York，London，（转下页注）

式内已经发展了众多理论、方法论和学科方法来解释发展进程的不同方面。

结构-功能分化的经典版本（尼尔·斯梅尔塞）

结构-功能分化模式旨在解释从传统社会向现代社会转变的机制，在现代化理论中备受青睐。这种模式将结构和功能的分化过程视为不可避免的、“自然的”。这种模式的支持者承认，有可能出现一些减缓甚至暂时中止现代化的情况，但最终仍然会找到延续现代化的方式（为此需要识别抑制结构-功能分化的因素并尽量降低其影响）。

20 世纪中期提出的解释现代化进程的理论模式是基于二分法原则，即传统（“农业”）和现代（“工业”）社会的根本对立，其参数通常被描述成截然相反的（如弗兰克·萨顿和小马里恩·李维的研究）。① 根据这种理论模式，在现代化过程中社会进行了涉及其制度和社会文化基础的彻底重组。

这种二分法对在现代化过程中利用传统社会中存在的整合机制

（接上页注①）1965；Apter，D. *The Politics of Modernization*. Chicago，London，1965；Eisenstadt，S. N. *Modernization*：*Protest and Change*. Englewood Cliffs：Prentice Hall，1966；Huntington，S. P. "The Change to Change：Modernization，Development，and Politics，" *Comparative Modernization*：*A Reader*. C. E. Black（ed.）. New York，London，1976. pp. 30-31.

① Sutton，F. X. "Social Theory and Comparative Politics，" *Comparative Politics*：*A Reader*. H. Eckstein and D. Apter（eds.）. New York，1963. p. 67；Idem. "Analyzing Social Systems，" J. L. Finkle，R. W. Gable（eds.）. *Political Development and Social Change*. New York，London，Sydney，1966. pp. 24 - 25；Levy，M. J. "Social Patterns（Structures）and Problems of Modernization，" W. Moore and R. M. Cook（eds.）. *Readings on Social Change*. Englewood Cliffs，New Jersey：Prentice Hall，1967. pp. 196-201.

的前景的看法极为悲观。传统制度和价值观被视为障碍，在现代化过程中要被破坏、转变和被改造。现代化的障碍问题已经在文献中得到了大量阐述。也许美国社会学家乔治·福斯特对社会、文化和心理方面影响变革的障碍进行了最为详细的列举。他列举的社会障碍包括：属于群体团结方面的有家庭内部的相互义务、虚拟亲属关系（fictive kin）、友谊关系、小团体、公众舆论、宗族纠纷、地位利益；与稳定的地方权威人物相关的有家庭权威人物、政治权威人物、非凡人物的权威；种姓和阶级障碍；等等。他列举的文化障碍包括：属于价值观和取向方面的有传统、宿命论、文化民族中心主义、自豪感和尊严感、朴素的规范、地方价值观；属于文化结构方面的有文化特征的逻辑不相容性和计划创新的意外后果；运动模式和习惯的体姿。他列举的心理障碍包括：属于跨文化认知范畴的有对权力性质的看法、对礼物的态度、角色的区分等；属于沟通困难方面的有语言的、表露出的危险警告等；再教育问题；等等。①

现代化对传统社会的挑战被认为起到了破坏性的作用。现代化和随之而来的社会动员的加强和社会结构的转变被理解为“旧的社会、经济和心理方面的责任削弱和动摇，以及新的社会化和行为模式出现”的过程（什穆埃尔·艾森斯塔特、阿克沙伊·德赛）。

为了描述从传统社会向工业、现代社会转变的过程，学者们提出了结构-功能分化的观念模式。这一模式建立在埃米尔·涂尔干

① Foster, G. M. *Traditional Cultures, and the Impact of Technological Change*. New York, London, 1962; также см.: Пандей Р. Критика западноцентризма в теориях модернизации // Сравнительное изучение цивилизаций. Хрестоматия / Сост., ред. и вступ. ст. Б. С. Ерасов. М., 1999. С. 469; Vago, S. *Social Change*. Englewood Cliffs, New Jersey: Prentice Hall, 1989. pp. 255–277.

的劳动分工思想基础之上，在 20 世纪 50~60 年代塔尔科特·帕森斯的作品中，这一思想被赋予了全面的社会特征。帕森斯认为，社会的发展可以用人类对外部环境条件的“普遍适应性”的概念来衡量。他认为，通过促进社会系统或组织的功能分化，有可能实现更强的适应性。①

现代化背景下的结构-功能分化模式由尼尔·斯梅尔塞在其著作中最终形成。② 尼尔·斯梅尔塞将结构-功能分化定义为“一个社会角色或组织……分化为两个或多个在新的历史条件下更有效地发挥作用的角色或组织”的过程，“新的社会单位在结构上是不同的，但总的来说，它们在功能上等同于原来的（未分化的——И. В. 波别列日尼科夫）社会单位”，即根据尼尔·斯梅尔塞的观点，它是从一个多功能的角色结构转化成一套更专业的结构。③

斯梅尔塞认为，应该以更广阔的视角分析结构-功能分化，而不是将其限制在技术专业化上。根据他的说法，结构-功能分化与整个现代化的社会进程密切相关。这种关系体现在，对于每一种社会功能，都可以适配一套特定的结构条件，在这些条件下可以实现

① Parsons, T. “A Functional Theory of Change,” A. Etzioni and E. Etzioni (eds.). *Social Change: Sources, Patterns, and Consequences*. New York: Basic Books, 1973. pp. 78 - 86; Idem. *Societies-Evolutionary and Comparative Perspectives*. Englewood Cliffs, New Jersey, Prentice Hall, 1966.

② Smelser, N. “Toward a Theory of Modernization,” A. Etzioni and E. Etzioni (eds.). *Social Change*. pp. 268 - 284; Idem. “The Modernization of Social Relations,” *Modernization. The Dynamics of Growth*. New York, London, 1966. pp. 110-121.

③ Smelser, N. “Toward a Theory of Modernization,” A. Etzioni and E. Etzioni (eds.). *Social Change*. p. 271; Idem. *Social Change in the Industrial Revolution*. Chicago, 1959. p. 2.

最佳的服务。

因此，结构-功能分化模式允许将现代化视为社会功能获得结构独立性的过程。斯梅尔塞认为，传统的社会单位履行了许多不同的功能。然而，随着现代化进程的推进，出现了一些特殊的社会单位来单独行使社会功能。

结构-功能分化模式的使用使我们能够演示在现代化进程中传统的社会结构——家庭和公社是如何发生转变的。根据尼尔·斯梅尔塞的说法，传统家庭具有复杂的结构（规模大和多代人，包括生活在同一屋檐下的亲属），履行许多功能，是多功能的。它不仅负责繁衍和提供情感支持，还负责生产（家庭经济）、教育（非正式的父母社会化）、社会福利（照顾长辈）和满足宗教需求。

在现代化的过程中，家庭经历了结构的分化。其结构被大大简化：从大家庭转变为小的核心家庭，长辈和亲戚的影响和控制被削弱了。现代化家庭摆脱了许多以前在传统家庭中执行的社会功能，因此本身就成为一个更加专业化的社会单位。

现代化最重要的子进程之一可能与经济活动脱离家庭、亲属关系及依附关系有关。在传统社会中，生产功能主要在亲属集体——家庭中进行；消费型农业占主导地位；其他类型的生产，如手工业，起着辅助作用，通常被安置在家庭和村社内。后者也是交换（交互）和消费交易的主要场所，这些交易只是稍稍超越了家庭和村庄的界限（例如，根据种姓归属进行的分层再分配，在政治体系内进行的纳税、进贡、强迫劳动）。因此，在传统社会中，商品-货币关系发展缓慢，货币调节商品和服务流动、指挥经济发展的作用是微不足道的。

在现代化过程中，生产功能开始与家庭和公社分离。在农业中引入商品作物，促进了社会环境中生产和消费的分离；农业领域雇佣劳动力的激增破坏了传统社会的基本生产单位——家庭。

在工业领域，尼尔·斯梅尔塞借鉴了朱利叶斯·赫尔曼·博克的作品①，确定了分化的几个阶段（层次）：第一，家庭工业与消费型农业生产平行存在，以满足劳动者自身的消费需求；第二，手工业生产出现，这与生产（可能是订货）和消费（消费往往局限在一个农村公社内）的分离相关联；第三，分散的工业（工场手工业）出现，这与消费和居住地之间的分离相关联（产品是为市场上未知的消费者生产的；从生产者到消费者的路径由批发商人把持，商人在手中积累了制造最终产品所需的原材料）；第四，工场和工厂生产出现，实现了工人与资本，往往也是与家庭的最终分离。

将斯梅尔塞和博克的工业结构分化模式与在原工业化观念框架内提出的从封建社会向工业社会过渡的阶段进行比较，具有一定的意义。后者是寻找工业化进程的农业根源和探索工业革命之前的工业生产发展（通常在农村地区）的结果。原工业化的概念本身是由富兰克林·门德尔斯在20世纪70年代初提出的，他对佛兰德斯的农民经济和纺织业之间关系的研究成为许多后续作品的范本。原工业化观念发展的重要里程碑是哥廷根小组（彼得·克里尔得特、汉斯·梅狄克、尤尔根·施伦博姆）的集体作品《工业化之前的工业化》和由英国科学家（马克辛·伯格、帕特·哈德森、迈克尔·索南舍尔）完成的文集《城市和农村的生产》。1980~1990年，瑞典乌普萨拉大学的经济史学家为原工业化观念的发展做出了贡献。原工业化观念的支持者关注市场扩张、城乡互动、农业和工业部门互

① Boeke, J. H. *The Structure of the Netherlands Indian Economy*. New York, 1942. p. 90.

动以及人口行为和工人物质地位变化之间的互动问题。尤尔根·施伦博姆建议确定原工业化过程中的若干阶段，将资本渗透到生产中以获取利润作为标准。他们提出的模式也可以用结构-功能分化的术语来解释；在这种情况下资本是造成差异化的因素，逐渐占有生产过程的各个组成部分，并排挤了直接生产者（这一模式由瑞典学者安德斯·弗洛伦进一步阐述，他研究了生产者和非生产者控制生产要素的权力关系的变动）。根据尤尔根·施伦博姆的说法，原工业化的过程分成以下阶段：第一，简单的商品生产（生产者自行获取原材料，拥有生产工具和成品，完全支配自己的劳动和家庭的剩余劳动力；他在市场上出售自己的劳动成果，换取货币，用来购买新的原材料和消费品；生产的目的是消费价值）；第二，“委托制”［资本持有者与生产者互动，从他那里购买成品在遥远的市场上销售；这一阶段的特点是生产和流通（资本）之间发生初期接触；在这种情况下生产仍然起着决定性作用］；第三，“包出制”或“包工制”（在这个阶段，资本超越了流通，即贸易，它向生产领域的渗透逐渐加强；作为生产者原材料供应商的商人成为“雇主”；在某些情况下，“雇主”成为农村工匠使用的工具的所有者，后者从而逐渐成为工人，必须为一部分价值出售他们的劳动）；第四，集中工场（在这个阶段，生产集中在一个生产中心，即资本主义工场；资本所有者现在对生产者进行控制，他们不再能够独立出售商品，而必须出售他们的劳动力；这种模式使资本家有机会开始通过加强劳动分工改进生产过程，消除手工业的根源）。针对反对者对这种模式的目的论性质的批评，尤尔根·施伦博姆认为，应将其视为一种趋势，而不否认其他发展路线的可能性。尤尔根·施伦博姆的分期与斯梅尔塞和博克的结构-功能分化层次相当。例如，施伦博姆的简单商品生产与斯梅尔塞和博克的家庭和手工生产相对应；“委托制”和“包出制”与斯梅尔塞和博克的分散工业相对应；最后，两种模式的最后阶段（工场生产）几乎完美重合。①

因此，生产功能在很大程度上被委托给企业和机构，家庭成员离开家庭（通常也离开了他们的村社），在劳动力市场上寻找就业机会，家庭逐渐不再是一个生产单位。

分化的过程同时也涵盖了交换领域。商品和服务的交换越来越以市场为中介，经济发展的市场（货币）机制取代旧的传统主义（宗教、政治、家庭、等级规则），这有助于经济体系的相对自主化。

正规教育的职能转移到学校，家庭培养学徒的作用下降。政府承担了对老年人、残疾人、无劳动能力者等的社会保护职能。家庭则从以前的许多功能中解脱出来，集中提供情感支持和集中社会化。

每个社会机构（制度）在接管了以前由传统家庭（或公社）行使的某种职能后，便创建了自己的权力结构、自己的一套行为规范和奖惩制度。每个机构都专门履行一种功能，由它们执行这些功能比以前的家庭做得更好。因此，根据尼尔·斯梅尔塞的说法，与传统社会相比，现代社会的特点是更高的生产力、更高质的教育系

① 关于原工业化的概念参见：Mendels，F. “Protoindustrialization：The 1-st Part of the Industrialization Process,” *Journal of the Economic History*. 1972. Vol. XXXII. № I；Kriedte，P.，Medick，H.，Schlumbohm，J. *Industrialization before Industrialization*. Cambridge，1981；Berg，M.，Hudson，P.，Sonenscher，M. *Manufacture in Town and Country before the Factory*. Cambridge，1983；Металлургические заводы и крестьянство：проблемы социальной организации промышленности России и Швеции в раннеиндустриальный период. Екатеринбург，1992；*Ironmaking Societies*：*Early Industrial Development in Sweden and Russia*，*1600 – 1900*. A. Maria（ed.）. Berghahn Books：Providence，Oxford，1998.

统和更完善的社会保障系统。因此，根据尼尔·斯梅尔塞的模式，结构-功能分化破坏了传统的社会整合机制。

斯梅尔塞认为，虽然结构-功能分化提升了各种制度行使功能的能力，但同时也产生了整合问题，即各种新制度活动之间的协调。例如，传统的家庭制度在很大程度上没有融合的需要。许多功能，如经济生产和保护，都是在家庭内部进行的。儿童在家中工作，并依赖家庭，家庭为儿童提供保护。

然而，在现代社会协调问题变得尖锐。例如，家庭和经济制度之间需要协调，因为成年子女被迫在家庭之外寻找工作。还有家庭和保护（权利保护）制度之间存在协调问题，因为家庭不能再保护其成员免受工作场所的不公正待遇。根据斯梅尔塞的观点，在现代社会中，需要有新的机构和角色来协调新出现的问题。例如，为了帮助求职，需要诸如就业部门或报纸广告系统等，这将协调家庭和生产机构的活动。为了保护工人免受雇主的权力滥用，建立了工会等组织来履行权利保护职能。

然而，斯梅尔塞进一步论证，即使如此，整合问题仍然不能得到满意的解决。首先，存在着价值观冲突的问题，新的结构可能有一套与旧结构不同且与之冲突的价值观。新的机构，如劳务交易所，可能按照情感中立的原则运作，而家庭仍然坚持社会关系的情感原则。在家庭中长大的孩子可能难以适应就业或工作场所中普遍存在的不同价值体系。其次，存在着发展不平衡的问题。由于各种制度的发展速度不同，有可能会出现这样的情况，在急需一些必要的机构时它们却还没有出现。例如，一个可能的现象是没有工会来保护工人的利益，但雇主的虐待行为确实发生了。根据斯梅尔塞的说法，社会动荡恰恰是新的分化的结构缺乏整合的结果。

斯梅尔塞利用结构-功能分化、整合问题和社会冲突的观念框架，证明了现代化绝不一定是一个平稳和谐的过程。

早期的（经典）现代化学派对从传统社会向工业社会过渡的理解有些简化。现代化的目的被宣布为接近经济发达和相对稳定的国家（指美国和西欧发达国家）所具有的特征。因此，现代化的本质被简化为对西方模式、商品和技术的模仿并将其转移到欠发达国家。因此，现代化被看作社会的同质化过程，产生了趋同的趋势和动力。早期现代化范式的特点是传统和理性经济行为之间的僵化对立，并将传统的制度和习俗视为社会发展的障碍。现代化被解释为一个破坏和取代传统的转变过程，包括破坏和取代传统的共同生活形式（家庭、农村公社）。传统被看作古老的、即将消亡的现象，没有能力抵制现代生活形式并与之共生。这样一来，传统就被定性为冻结的、静态的形式，其变化只能由外部环境触发，与传统社会本身的性质相悖。

当代现代化研究对结构-功能分化经典观念的重新审视

早在 20 世纪 60 年代，早期现代化学派代表人物的理论建构就开始受到各种理论和意识形态立场的批判。人们对传统的态度发生了根本性的变化，它已被视为任何社会结构不可分割的组成部分，无论是社会组织整体（无论其属于传统社会还是现代社会），还是其每个单独元素（什穆埃尔·艾森斯塔特）。人们逐渐认识到，在现代化的社会中，社会、经济和政治领域内传统性和现代性之间存在着许多联系。传统与现代化不相容的论调一直是批评的对象。以前确信传统和创新之间的冲突是不可避免的，在新的数据面前，这种信念似乎变得很抽象，不能被事实证明。反对者试图对这些传统本身进行更仔细和更深入的分析。

所谓的过渡性制度（部分或局部的现代化模式）的观点得到发展，它别致地将传统和现代性因素结合起来，并且相当具有前景。人们认识到，过渡性制度的发展有其自身的逻辑，在很大程度上是由传统规定的，过渡型社会天生就有能力进行改组和延续，制定外部和内部政策来保障自身生存。

因此，总的来说，研究已经摆脱了过去的观点，不再将现代化视为正在经历现代化的社会西化（欧化）和同质化的线性过程。现代化的过程开始更多地被看作一场“没有预定最终目标的永久革命”（吉诺·杰尔玛尼）。人们认识到，从传统社会向现代社会转变可能存在多种路线；在现代化过程中保留了重要的民族特性，而且由于传统和创新之间的复杂互动，现代化社会的异质性甚至会增加。这些观点已经受到更多人的认同，传统和现代不再被看作相互排斥的概念。在 1970~1990 年的研究中，人们认为传统和现代不仅共存，而且相互渗透，可以相互交融。因此，社会领域的各种组织形式与现代的、现代化的社会是相容的观点得到传播，因为它们允许在人格类型、社会文化规范、社会关系和制度方面进行必要的改变。对传统在现代化进程中作用和地位的评价的变化，推动了一些新的研究课题的出现，以及对社会生活的传统方面（民间宗教、家庭生活）的更多关注。①

---

① Gusfield, J. R. “Tradition and Modernity: Misplaced Polarities in the Study of Social Change,” *Social Change: Sources, Patterns and Consequences.* A. Etzioni and E. Etzioni (eds.). pp. 333-341; Redfield, R. *Peasant Society and Culture.* Chicago, 1965; Редфилд Р. Большая и малая традиции // Великий незнакомец: Крестьяне и фермеры в современном мире. М., 1992. С. 200-201; Eisenstadt, S. N. *Tradition, Change, and Modernity.* New York, （转下页注）

在村上和关于日本从传统社会向工业社会转变的方式的文章中，结构-功能分化机制在现代化背景下的地位和作用得到了实质性的重新审视。① 这位学者认为，任何人类社会都是建立在两个主要原则——整合和分化原则之上。然而，村上和也指出，迄今为止，现代化的理论都集中在分化上，而忽视了整合的概念。村上和指出了分化作为进步指标的相对重要性。事实是，有必要考虑重新整合由于旧系统分化而产生的新社会系统的子系统的成本。正如村上和指出的那样，系统的功能效率通常会发生提升或下降，这具体取决于分化的益处是大于还是小于重新整合的代价。村上和引用了过度的、无益的分化的历史事例（印度无数的亚种姓；在英国劳工运动传统中发展起来的手工业工会式的劳工组织）。因此，村上和证明，一个系统的大规模分化并不总会增强其适应能力——更确切地说，只有通过分化和整合的适当结合，才能产生增强适应性的效果。

村上和强调了整合机制在现代化进程中的重要作用。例如，通过社会分化将经济和政治子系统分开是资本主义工业化早期阶段的一个重要过程，但所有这一切都伴随着——事实上是先于——政治

（接上页注①） 1973；Apter，D. E. *The Politics of Modernization*. Chicago，London，1965. p. 81；*Patterns of Modernity. Vol. I：The West*. S. N. Eisenstadt （ed. ）. London，1987；So，A. Y. *Social Change and Development：Modernization，Dependency，and World-System Theories*. Newbury Park，1990. pp. 60–87；Федотова В. Г. Модернизация «другой» Европы. М.，1997. С. 69 – 70；Об эволюции теоретических представлений о месте традиции в процессах модернизации также см.：Осипова О. А. Американская соци ология о традициях в странах Востока. М.，1985；Лурье С. В. Историче ская этнология. М.，1997. С. 170–207.

① Murakami Ya. "Modernization in Terms of Integration：The Case of Japan，" *Patterns of Modernity. Vol. II：Beyond the West*. S. N. Eisenstadt （ed. ）. London，1987. pp. 65–88.

整合、“民族国家”的形成和现代官僚机构的发展。因此，现代（或工业）社会应该以两种反作用的力量为特征：一方面是分化的趋势，经济与国家分离，劳动力日益分化；另一方面是整合民族国家的趋势，并伴随着官僚化。

此外，村上和认为，整体而言，人类社会的演变应该被看作由相互依存并不断互动的分化和整合的力量所推动的过程。他在人类历史上区分了分化或整合力量占主导地位的时代。例如，在他看来，从新石器时代到原始文明形成这段时间的特点是分化趋势占上风（这里首先指的是各种组织和管理单位的“分离”——从氏族结构到酋长制、君主制和神权政治）。历史文明时代或“轴心时代”（卡尔·雅斯贝尔斯的术语），包括希腊—罗马文明、印度文明和中国文明，被村上和看作整合趋势优于分化力量的时期，在他看来，这可以解释这些历史形态十分明显的停滞。16 世纪前后，欧洲在工业化进程中再次是分化的趋势占上风。然而，正如村上和所强调的那样，如果没有某种程度的持续整合努力，这个进程就无法进行。①

在工业化时代，分化趋势在经济体系中体现得最为明显，而整合的初始和最终推动力是政治体系。正是政治整合和工业腾飞的时间顺序将现代化社会彼此之间区分开来。在这一点上，村上和指出了现代化的两种区域类型。第一种类型主要体现在英国和许多前英国“白人殖民地”，特别是在美国，那里的政治整合先于工业腾飞。正如英国的例子所表明的那样，这种积极的同步性确保了以发达的

① Murakami Ya. “Modernization in Terms of Integration: The Case of Japan,” *Patterns of Modernity. Vol. II: Beyond the West.* S. N. Eisenstadt (ed.). London, 1987. p. 73.

市场关系为基础的工业化在与议会民主相对和谐的情况下实现最典型的、演化的、自主的增长。在这种英美模式下，社会发展的基本法则是自由放任政策，即国家不干预经济。

就欧洲后来的现代化国家，如德国、法国和意大利而言，政治整合落后于工业化，如果说不是形式上落后，那么也是在实质上落后。政治整合的进程与“赶超型”工业化的进程相吻合。因此，在这个大陆模式中，不仅国家直接干预经济以加速发展进程，而且政治制度本身的发展也一再被打断，在某些情况下以制度的改革而结束。① 村上和认为，在非西方社会中，政治整合和工业化之间的平衡甚至更差。

村上和相当重视所谓的中间层次的整合。事实是，任何工业社会本质上都是规模大和复杂的。民族国家创造了框架结构，而市场机制和议会制度则是协调这一结构中不同利益的常用工具。然而，这些机制往往不足以整合不同的利益和意见。因此，根据村上和的观点，任何规模大的社会都需要某种中间层次的整合系统（介于整个社会和像家庭这样的最小基本单位之间的组织）。

众所周知，在前工业社会中，各个农业公社作为中间组织，基本上都发挥着整合作用。然而，这些前现代的组织的主要特点是归属性（即它们基于亲属关系或对土地的依附）和“复合性”（缺少专业化）。因此，农业社会的这种中间组织没有能力将自己改造成为工业社会的关键组织，如在功能方面应该是理性的（即以成就为导向）和专业化的公司、官僚机构。换句话说，在大多数情况下，

① Murakami Ya. “Modernization in Terms of Integration: The Case of Japan,” *Patterns of Modernity. Vol. II: Beyond the West*. S. N. Eisenstadt (ed.). London, 1987. pp. 73-74.

组织传统在从传统社会向现代社会的转变中不得不被打断。

村上和认为，日本社会在这方面是一个例外。日本历史上形成了一种独特的中间组织——“家”（いえ），字面意思是分散的家庭，类似于其他社会的农村公社，但同时它的特点是以成就为导向。“家”原本是11世纪在日本东部出现的军事（武士）组织。当时的日本东部是中央政府控制不力的边境地区，大多数土地还没有被耕种。军事冲突经常发生，有时采取起义的形式反对京都的中央政府。只有凝聚力强的组织，有足够的自卫能力以及粮食生产能力，才能在这样的边境局势中生存。通过这种方式，一些武士把由亲戚、仆人和农民组成的群体聚集起来，建立他们的庄园。在这样的组织中，所有成员，包括武士和农民，都必须在灌溉和军事事务上进行合作：武士直接管理农业，特别是灌溉工作和水的分配，而农民则作为步兵参与军事行动。

“所有成员自上而下地密切合作，军事人员与农民不完全分离，以及强烈的群体内同质感，是这个日本公社的特征，与欧洲农业社会形成鲜明对比，那里的军事专业人士（骑士或封建领主）和农民到8世纪已经明显分离，封建领主形成了自身独特的生活方式。”村上和总结道。①

每个“家”组织的自治性或独立性比欧洲的农村公社要强得多。例如，每个“家”内的司法权完全集中在该组织的负责人手中。“家”发展了几个世纪，最初规模很小，随着时间的推移，它的规模不断扩大，直到被更大、更复杂的“大名”组织所取代。同

① Murakami Ya. “Modernization in Terms of Integration: The Case of Japan,” *Patterns of Modernity. Vol. II: Beyond the West.* S. N. Eisenstadt (ed.). London, 1987. pp. 80-81.

时，在进化过程中，正如村上和所强调的那样，“家”的主要模式是通过“复制扩张”来维持的。在总结这个过程中保存的“家”的特点时，村上和将其归纳为以下几点。

第一，集体目的：团体的延续和扩张，以团体领导人连续继承为标志。

第二，成员：“亲属-契约性”（“Kintractship”，结合亲属关系和契约的术语）。这意味着一旦选择了这个组织，就不应该离开。事实上，核心成员主要受亲属关系的约束。然而，除了亲属关系之外，还采取了其他方法来招募有能力的新成员工作。

第三，等级制度的平衡/同质性。所有成员都被组织在一个等级结构中，主要目标是进行军事效力。同时，强调成员之间的同质性，通过一系列措施保持群体的团结，如推动晋升、祖先崇拜（更具体地说，是对“家”的创始人的崇拜）仪式等。

第四，自治。团体履行保证生存的所有必要职能，即农业生产、军事、司法和其他职能。①

由于其军事性质，“家”的一个显著特征是其具有的成就取向。每个“家”都必须时刻准备好防止邻近势力的入侵。因此，在工业化的初期，日本人已经习惯于以成就为导向的组织。

同时，村上和指出，“家”型原则对现代经济组织的适应性只有在工业化的第二个阶段，即第一次世界大战之后才变得明显。在19世纪与20世纪之交，整个工业世界进入“组织化的资本主义”的时代。在19世纪的古典资本主义时期，组织原则不能发挥重要

① Murakami Ya. “Modernization in Terms of Integration: The Case of Japan,” *Patterns of Modernity. Vol. II: Beyond the West*. S. N. Eisenstadt (ed.). London, 1987. p. 81.

作用。

正是在20世纪，组织化的资本主义需要日本在早期发展起来的组织传统。20世纪20年代，日本的工业结构与以前的体系相比有了很大的转变。那时出现了一个“日本式管理系统”，其特点与“家”组织的特点相一致。

第一，永恒的延续和扩张：希望不惜一切代价避免公司停办并避免裁员。

第二，“亲属-契约性”：终身雇用，即工人在公司工作到规定的退休日期；倾向于雇用应届毕业生。

第三，等级制度的平衡/同质性：工资的递增取决于地位的递增；强调以小组为单位的在职培训；每个公司内部的高度职业流动性（由在职培训支持）；白领和蓝领之间转换的门槛低。

第四，自治：公司内部的福利制度；公司工会；股东的有限影响。①

在研究传统社会结构在现代化进程中的地位和作用方面使用新方法的一个例子是黄绍伦（1988）的作品，它首先批判了对传统中国家庭作用的经典现代化解释。关于现代化问题的经典文献认为，中国的家庭是一个强大的传统主义因素，它鼓励裙带关系，削弱了劳动（工作）纪律，干扰了劳动力的自由市场选择，消解了个人积蓄的动机，阻碍了合理化和现代化，并抑制了普遍性商业规范的出现。于是，经典现代化学者主张摒弃中国传统的家庭价值观，以促进中国的经济增长。

---

① Murakami Ya. “Modernization in Terms of Integration: The Case of Japan,” *Patterns of Modernity. Vol. II: Beyond the West*. S. N. Eisenstadt (ed.). London, 1987. p. 83.

然而，黄绍伦认为，中国传统家庭价值观对经济的负面影响被过分夸大了。通过研究家庭对中国香港企业内部组织的影响——特别是在家长制思想和管理实践、裙带关系式就业保障制度和家庭财产等方面，黄绍伦表明，传统家庭对经济发展有积极影响。

首先，黄绍伦研究了中国香港企业的家长式管理实践。对纺纱厂的研究表明，有一类“工业家长，他们实行严密的管理，避免使用暴力，对工人采用物质激励措施，并充当下属的道德监护人”。黄绍伦指出，家庭的隐喻提供了一种现成的文化修辞，使企业家和雇员之间保护人与被保护人的关系合法化。在经济层面，这种仁慈的（有益的）家长制有助于企业家在生产波动大的行业中吸引和留住工人。在政治层面，家长制的后果是，它抑制了工人阶级意识的增强。黄绍伦认为，当家长制发挥作用时，工人的不满更多的是以旷工和辞职等个人行为的形式表达，而不是以达成协议的集体行动和罢工的形式表达。

其次，黄绍伦认为，裙带关系——喜欢在企业中雇用亲属，也能促进中国香港企业的成功。他认为，一般来说，大多数中国人只是在不得已的情况下才邀请亲戚来工作。事实上，在“任人唯亲”的公司中，亲属只占员工的极小比例。另一方面，对于小企业来说，家庭成员可以提供可靠和廉价的劳动力。我们有理由相信，家人、亲属会愿意更积极地工作，不计较报酬低，这将加强公司在经济衰退期间的竞争力。如果家庭成员履行组织（管理）职能，中国企业家一般会注意给他们提供正规教育和在职培训。因此黄绍伦说，成为管理者的亲属很少是能力低下的平庸雇员。

最后，黄绍伦讨论了家庭财产问题。他特别指出，在1978年，香港几乎60%的小型工厂是由个人业主及其家庭拥有。他指出，父系继承的原则导致了家族企业的强大。即使发生了家族分裂，也是采取利润分成的形式，而不是对家族企业进行实际分割。在这方面，黄绍伦认为，中国家族企业的竞争实力是相当大的："与无亲属关系联结的商业伙伴相比，家族成员之间的信任程度要高得多，协议更容易达成，对相互控制的需求最小。这些因素给了家族企业在经营过程中很大的适应空间。它们可以在情况迅速变化的情况下快速做出决定，并保证更强的保密性，因为它们很少依赖书面报告。因此，它们特别适合在高风险的情况下生存和发展。"

黄绍伦没有将裙带关系视为经济发展的对立面，而是支持一种经济上充满活力的"企业家庭观念"。这种观念包括将家庭作为经济竞争的基本模块，为做出风险性决定和推行创新提供激励。此外，黄绍伦证明了这种观念不仅存在于企业家之间，而且存在于中国香港社会的各个角落。

黄绍伦认为，企业家庭观念有一些特点。首先是决策的高度集中化，但同时组织结构的正规化程度较低。其次是对自主权的高度评价和对自主就业的偏爱。据黄绍伦说，成为自己的老板，是中国香港行政人员和工人的典型理想。

如果家庭在中国香港发挥了如此积极的作用，为什么过去在中国内地却未能发挥其潜力？对黄绍伦来说，这个问题的答案在于家庭所处的外部社会政治环境。虽然家庭是经济上活跃的力量，但在他看来，过去它可能在很大程度上受到关注整合任务的国家的控制（和限制），也受到极端不平衡的特殊的生态和经济环境的控制（和限制）。然而，在香港，这些来自国家和环境的外部限制被消除。黄绍伦认为，正是因为如此，家庭才能够在香港范围内实现其作为经济发展引擎的潜力。综上所述，黄绍伦批评经典现代化理论家没有注意到中国家庭在推动经济进步方面的积极作用。他们倾向于只看到欧洲的普遍主义和中国的分立主义之间的尖锐对立，这使他们无法理解家庭的作用。

黄绍伦认为，欧洲的资本主义发展经验不可能在中国复制；相反，中国社会结构的模式与欧洲不同，必然会导致出现一种独特的现代化模式。黄绍伦继续提醒说，由于社会结构背景的不同，中国人的家庭观念也可能与韩国和日本人的家庭观念不同。①

社会学家对现代日本家庭关系进行了研究，日本于20世纪下半叶在现代化、工业化和城市化方面取得巨大进步，研究证实了传统和创新在现代化过程中的复杂互动性质。内森·格莱泽写道："日本的家庭无疑正在发生变化，但对于一个发达国家来说，它仍然保持着一种基于价值模式不变的极佳的稳定性。"美国社会学家西摩·马丁·李普塞特在比较战后美国和日本的家庭关系时，强调了这一时期日本家庭传统元素的延续性。特别是，离婚率很低；成年子女与老年父母之间有共同（或相邻）居住的传统，父母总是得到子女的尊重和支持；与北美等地相比，成长中的孩子和他们的父母之间的关系更加密切，前者希望在父母的屋檐下待更长的时间。②

总的来说，在现代化的背景下，学界对结构-功能分化的地位

---

① Wong Siu-Lun. "The Applicability of the Asian Family Values to Other Sociocultural Settings," *In Search of an East Asian Development Model*. P. L. Berger, Hsiao Hsin-Huang M. (eds.). New Brunswick, New Jersey: Transaction, 1988. pp. 134-154; So, A. Y. *Social Change and Development: Modernization, Dependency, and World-System Theories*. Newbury Park, 1990. pp. 63-65.

② Lipset, S. M. "Binary Comparisons. American Exceptionalism-Japanese Uniqueness," *Comparing Nations: Concepts, Strategies, Substance*. M. Dogan and A. Kazancigil (eds.). Oxford, Cambridge, 1994. pp. 184-186.

和作用的看法已经发生了一些变化。人们已经意识到，必须历史性地把结构-功能分化的原则作为现代化的源泉。现代化行为具有时空限制和特定特征。结构-功能的分化很难被解释为现代化的唯一、绝对的机制。将分化过程绝对化而牺牲整合过程的做法是不正确的。二元对立观点已转变为一种更温和、更具历史性的观点，前者认为在从传统性到现代性的转变中发生了完全的变革，以及新的社会结构取代了以前的社会结构，后者则认为传统结构可能逐渐地、多变量地嵌入到现代化的社会空间。

第二节　工业化与发展

工业化的概念

工业化是指用基于非生物能源的技术取代手工劳动来生产商品的过程。工业化的速率通常是根据从事农业的劳动力比例来判断的。一般认为，随着从事农业的劳动力比例的降低，农业社会就会逐步向工业社会转变。根据克拉克·克尔的说法，工业国家是指那些从事农业生产的劳动力比例不超过 25%（或更低）的国家。工业化背景下农业劳动力的减少与伴随工业发展而带来的技术、经济和组织的转变有关。①

工业化的经典模式通常被认为是英国模式，其在 19 世纪上半

① Kerr, C. *The Future of Industrial Societies*. Cambridge, Mass.: Harvard University Press, 1983; Lenski, G., Lenski, J. *Human Societies: An Introduction to Macrosociology*. New York: McGraw-Hill, 1987. pp. 233 – 245; Vago, S. *Social Change*. Englewood Cliffs, New Jersey: Prentice Hall, 1989. pp. 134–136.

叶已经形成了习惯于工厂条件并在空间和职业方面有足够流动性的工人阶级。到20世纪初，工业化已经蔓延到“大西洋文明”（西欧和北美）国家，也触及俄罗斯和日本。学者们认为，工业生产方式对新空间的“和平征服”① 更多的是工业技术和组织经验扩散的结果，而不是独立的内生性发明的结果。

在文献中很普遍的是根据社会在工业发展道路上的进步程度对社会进行分类——分为前工业社会、早期工业社会、成熟的工业社会。丹尼尔·贝尔在1962年提出的术语“后工业社会”被用于现代高度发达的国家（后工业社会或信息社会的特点是：包括理论知识在内的知识的重要性越来越大；经济结构转型，传统的资本密集型和劳动密集型产业被知识密集型、信息密集型、创新型产业所取代；服务生产取代商品生产作为经济活动的主要形式；智能技术和新知识体系阶层的影响越来越大；重点从满足物质需求转向满足文化和个人需求；商品、资本和劳动力国际市场高度发达）。②

工业化伴随着劳动分工的不断深化和职业结构的日益复杂化，劳动力从集中在农业经济领域转向工业领域并最终转向服务业。职业专业化的效能随着经济组织规模的扩大而提升。技术进步引发了对新职业的需求，这些职业需要更高的技能，并取代旧的、技能较低的职业。此外，工业化带来了以前没有的新商品和服务，这反过来也影响了就业结构。这些变化通常伴随着工人的团结和阶级意识的增强。

① Pollard, S. *Peaceful Conquest: The Industrialization of Europe 1760–1970*. Oxford: Oxford University Press, 1995.

② Белл Д. Грядущее постиндустриальное общество. Опыт социального прогнозирования. М., 1999; Рейман Л. Д. Информационное общество и роль телекоммуникаций в его становлении // ВФ. 2001. № 3. С. 6.

与工业化密切相关的是人口行为的许多变化，这些变化被统称为“人口转型”（由于营养改善、医疗保健水平提升、人口行为态度变化，出生率和死亡率从高向低转变）。同时值得注意的是，根据出生率和死亡率降低过程的同步程度，人口转型可能导致不同的结果。在早期工业化国家，这两个过程紧密同步，造成了长期的低人口增长率，为经济增长创造了有利条件，而在 20 世纪的发展中国家，人口结构的转型对发展前景来说具有不同的影响，带来了问题——死亡率相对快速下降，而出生率仍然很高，造成了人口的急剧增长。人们普遍认为，工业化也伴随着家庭模式的变化。传统社会内盛行扩展型家庭（塔尔科特·帕森斯），而核心家庭（丈夫、妻子和孩子）被视为工业发达社会的典型家庭。核心家庭通常被认为更适合与工业化相关的地理流动性和不断增长的城市化要求。在向工业化社会转型的过程中，在选择婚姻伴侣和亲子关系方面的传统取向正在被现代取向所取代。由于家庭失去了其作为经济单位的意义，妇女的社会角色正在发生转变。在工业发展的过程中，离婚率也在上升，亲属关系和家庭关系普遍减弱。然而，这不一定是工业化造成的“家庭的解体”——家庭只是不再像传统社会时期那样，它成为一个更加专业化的结构，丧失了一些以前的功能（如商品和服务的生产以及儿童教育），但能更有效地执行其他功能。①

工业化需要提高劳动力的受教育水平，全面发展教育系统和“扫盲”。正是教育和技能水平成为就业和社会流动的一个主要因素。媒体作为信息来源和打破传统社会的孤立主义的手段，其作用

① Smelser, N. J. “Toward a Theory of Modernization,” *Social Change: Sources, Patterns, and Consequences*. A. Etzioni and E. Etzioni (eds.). New York, 1973. pp. 268-284.

正在增加。工业化带来了大众文化，它取代了传统的休闲形式。在“工作”和“休闲”之间有明确的时间划分，这与传统社会的特点不同。随着社会生活各方面的商品化和合理化，以及日常生活节奏的加快，时间本身成为一种稀缺商品。参与志愿协会的人数有所增加，世俗的行为态度也得到了加强。行政、政治结构具有明显的差异化和专业化特征。

一般来说，工业化是根本变化的模式，但在具体的现实中，它可以采取各种形式，这取决于其中所涉及的过程的复杂程度和同步性，以及内部和外部因素的影响。

旨在解释变迁的性质和方向的不同理论和方法论，对工业化问题有明显不同的阐释。20 世纪，一些专注于研究社会动态的理论被引入学界。当今最权威的社会变迁理论出现在第二次世界大战之后，在很大程度上受到非殖民化和世界舞台上出现新国家的影响：它们是现代化理论、依附理论和世界体系理论。

现代化理论框架下的工业化

20 世纪 50~60 年代在进化论和功能主义的理论基础上提出的现代化范式，对工业化的问题给予了相当大的关注。尽管在现代化理论中，对发展的社会和经济方面的解释存在一些差异［这反映在现代化研究可分为两个方向：第一，现代化理论本身，植根于关于社会行为的社会科学，尽管它也考虑到经济因素是现代化进程的最重要方面之一；第二，发展理论（“发展主义”），以经济科学方法为基础，但也关注动态过程的制度和动机方面①］，但在现代化

① Dube, S. C. *Modernization and Development: The Search for Alternative Paradigms*. Tokyo, London, 1988. p. 35.

分析的总称下统一考虑这些解释并不是一个大的错误。现代化学派认为，现代化是一个长期的转型过程，将农业社会转变为现代的工业化社会。从传统性到现代性的转变需要发展先进的工业技术及与之相应的政治、文化和社会机制，需要扩展人类的知识和提升人们对环境的控制能力。现代化的过程被解释为一个全面而复杂的过程，涉及几乎所有社会领域的许多同时发生的变化。工业化、城市化、官僚化、职业化和社会流动性增强被视为现代化的子进程。阿米塔伊·埃茨昂尼和伊娃·埃茨昂尼-哈利维确信："一般来说，从传统社会向现代社会的转变包括：第一，人口革命，导致死亡率和出生率的急剧下降；第二，家庭规模缩小，功能减少，影响降低；第三，建立具有高度流动性的开放式分层系统；第四，从部落或封建结构转向民主或极权型的官僚体制；第五，宗教的影响降低；第六，教育功能从家庭和公社中分离出来，教育过程延长，教育内容丰富，中学和大学发展，以及教育大规模扩展，从被少数人垄断到成为多数人的财富；第七，大众教育孕育的'大众文化'与大众传媒发展；第八，'市场经济'形成，甚至更重要的是，工业化。"①

总的来说，现代化范式的特点是将研究兴趣集中在发展、从传统性到现代性的转变因素和机制等问题上；分析主要是在国家、民族层面进行；以传统与现代性为核心概念，运用社会制度、文化价值观等内生变量；积极评价现代化进程本身，视之为进步的、有前景的，大大增强了人的潜能。②

在现代化范式框架内，现代化进程被解释为普世性和全球性

---

① *Social Change: Sources, Patterns, and Consequences*. p. 177.

② So, A. Y. *Social Change and Development: Modernization, Dependency, and World-System Theories*. Newbury Park, 1990. p. 62.

的，逐步覆盖全球与整个人类社会。在 20 世纪 60 年代与 70 年代之交的一部文集中，持现代化视角的研究者写道：“尽管我们完全尊重不同社会之间的差异，但它们似乎都在由传统性向现代性转变。所有社会都曾经是‘传统的’；它们可能有一天都会成为‘现代化的’。”① 经典现代化学派认为，从传统性到现代性的运动是所有社会相继经历同一些发展阶段的线性过程。必须承认，这一观点在 20 世纪 80～90 年代得到了一定的修正，研究者承认了通往现代化道路的多样性，甚至有可能出现不同的现代化模式。②

可以看出，如果不把工业化简化为技术和经济方面，而是从广义上考虑，那么现代化和工业化的概念与其他社会领域的动态密切相关，若考虑到工业生产方式的建立所造成的各种社会后果，两者在很大程度上是重叠的。虽然承认往往是工业化推动了现代化，工业化是现代化的决定性因素（如 18～19 世纪的西欧），但现代化范式的支持者倾向于区分这两个概念，认为现代化概念的范围超过了工业化的范围，而且这两个术语所指的进程在历史空间和时间上并不总是吻合。工业化可以被看作现代化结构－功能分化的整体过程的一部分，即生产和再分配功能的结构独立性增强。

有文献指出，有一些类型的现代化并不总是伴随着工业化（至少在最初阶段）。在希曼·乔达克基于对非洲案例的研究而对发展过程所做的分类中，只有在工业型现代化中工业化进程本身是其主

---

① *Social Change*：*Sources*，*Patterns*，*and Consequences*. p. 177.

② Опыт российских модернизаций XVIII－XX века. М.：Наука，2000. С. 10－49；Алексеев В. В.，Побережников И. В. Школа модернизации：эволюция теоретических основ // Уральский исторический вестник. Екатеринбург，2000. № 5－6. Модернизация：факторы，модели развития，последствия изменений. С. 8－49.

要内容，它创造了新的物质条件和需求，并培养了新的态度和价值取向。另外两种类型现代化即文化适应型（有选择地移植文化元素）和强制型（有目的地按照西方路线改造组织结构、制度和价值取向）现代化并不要求工业化是其必需组成部分。① 研究者指出，一般来说，许多非洲和亚洲国家的现代化始于“组建”国家和发展现代政治制度的过程。在这种情况下，变革的目的是使社会结构“现代化”，通过教育系统传播新的规范和价值观，而工业的发展可能是在这些进程之后。

文献中提出了许多模式来描述工业化的进程。也许最广为人知的是沃尔特·罗斯托在现代化视角下提出的经济发展阶段观点，其深受约翰·梅纳德·凯恩斯思想的影响。② 沃尔特·罗斯托研究中的一个关键概念是“起飞”（这个概念对研究经济发展问题做出了重大贡献），它指的是在相对较短的二三十年间经济和社会经历了这样的转变，其能够保障经济随后或多或少地自动增长。根据沃尔特·罗斯托的观点，在“起飞”时期，投资率的提高会导致实际人均收入的大幅增加，这反过来又会使工业技术和资本流动配置发生根本性变化，从而使新的投资规模和人均国民生产总值的增长得以延续。如果社会上存在一群具有发展和传播新工业技术的意愿和权力资源的领导人，“起飞”就有可能实现。实现经济增长进程稳定的前提条件是，领导集团有能力扩大其权力，并且整个社会会对最初转变产生的冲击做出积极的反应。沃尔特·罗斯托指出，将社会

---

① Chodak, S. *Societal Development*. New York, 1973. pp. 263-271.

② Rostow, W. W. *The Stages of Economic Growth. A Non-Communist Manifesto*. Cambridge, 1960; Rostow, W. W. “The Takeoff into Self-sustained Growth,” *Social Change: Sources, Patterns, and Consequences*. pp. 285-300.

实际收入增长的很大一部分回归到生产性投资，是“起飞”时期稳定经济增长的一个条件。这就是为什么社会应该积极创造保障经济增长的机会。在罗斯托看来，政治、社会和制度的转变也是必要的，以稳定最初的投资规模增长，并建立允许定期采用和掌握创新的条件。①“起飞”的概念被认为是沃尔特·罗斯托从航空领域借来的：一架飞机必须首先达到足够的速度才能离开地面（实现“起飞”），然后继续以更高的高度和更快的速度飞行。

根据沃尔特·罗斯托的模型，发展（工业化）过程依次经历五个阶段：第一，传统社会阶段；第二，准备“起飞”阶段；第三，“起飞”或“跃进”阶段；第四，走向成熟阶段；第五，大众消费阶段。与“起飞”阶段同样最重要的是，时间上与其交界的阶段——为“起飞”创造先决条件的漫长时期（长达一个世纪乃至更长），以及“起飞”阶段之后的时期，增长变得正常和相对自主。

罗斯托区分了两类社会，在这些社会中，经济增长（为“起飞”准备前提条件）采取了不同的路径：第一，在第一种情况下（罗斯托认为这种情况更常见），为“起飞”创造先决条件需要在政治、社会结构甚至文化价值观方面进行重大变革；第二，在第二种情况下，“起飞”不是因为政治、社会或文化方面的障碍被推迟，而是因为可以通过开发土地和其他自然资源实现高（甚至是超高）水平的生活福利而被推迟。沃尔特·罗斯托认为，第二种类型的发展可以通过美国、澳大利亚（也许还有瑞典）的例子来说明，在这些国家，为“起飞”创造先决条件是由较狭义的经济需求引起的。

① Rostow, W. W. “The Takeoff into Self-sustained Growth,” *Social Change: Sources, Patterns, and Consequences*. p. 285.

第一种发展始于以农业经济为基础的传统社会，使用传统技术，进行稍微超过折旧需求的低水平积累。沃尔特·罗斯托认为，进步的理念通常从外部引入这样的社会，尽管它也可能源于社会本身，即源于其自身的发展。进步的理念在制度化的精英中传播，或者更经常地在无特权的群体中传播。根据沃尔特·罗斯托的观点，推动进步的经济动力往往被平行的非经济动力（社会权力和威望的扩大、民族自豪感、政治野心等）所强化。教育加强了扩大经济活动的愿望。新的进取者出现，他们准备运用储蓄并承担风险，在商业领域追求利润。农产品和手工艺品市场逐步扩大；资本动员体制首次出现，或是从传统、原始的规模开始发展。通过出口原材料，加上外国资本流入，固定资本得以扩大。现代类型的企业出现，通常是进口替代企业。随着医疗保健的发展，特别是如果创新没有受到社会的强烈反对，死亡率会急剧下降，导致人口和食物需求迅速增加。根据沃尔特·罗斯托的观点，在这种发展模式下，资本积累可以达到国民收入的5%，但不太可能更高，因为快速增长的人口和不断扩大的消费在很大程度上吸收了不断增长的经济盈余。此外，在为“起飞”准备条件的阶段，经济发展仍然建立在有限的基础上，其特点主要是低生产率的技术、传统的价值观和制度以及传统的人口结构（农村人口至少占75%）。

沃尔特·罗斯托提出的为“起飞”创造条件的第二种类型，在许多参数上与第一种类型有很大区别。自然资源丰富的国家的例子说明了这一点，其特点是人口需求和自然资源供应之间具有良好的平衡。这是具有适应性、流动性和接受创新的社会，其人口主要是来自西北欧的移民。在这样的社会中为“起飞”创造先决条件，通常不会遇到来自传统价值观和制度的阻力，在将愿意参与投资过程的精英制度化方面没有什么困难。这种发展模式下的“起飞”被延迟，主要是受到开发土地和其他高收益的自然资源的比较优势的影响。

沃尔特·罗斯托认为，“起飞”阶段的开始与以下强烈的刺激因素相关联：第一，政治革命，这种革命直接影响社会权力和有效价值观念之间的平衡、经济制度的性质、收入分配方式、积累模式和创新实际采用的速度；第二，技术进步（重大的技术创新），在现代经济部门中引发一连串的扩张活动，并对外部经济活动产生积极影响；第三，有利的国际环境（例如，19 世纪 60 年代英国和法国向瑞典开放木材市场；出口价格相对提高或资本输入大幅增加，如 19 世纪 40 年代末期以后的美国、19 世纪 90 年代中期以后的加拿大和俄罗斯）；第四，不利的国际环境，如对外贸易的急剧下降、封锁，导致需要发展进口替代经济（如 20 世纪 30 年代和二战期间的阿根廷、澳大利亚）。

“起飞”阶段的结果，是转变为定期创新和较高积累水平基础上的可持续的、自我维持的经济增长模式。在“起飞”阶段，新产业大幅扩张；产生的利润主要用于再投资以扩大生产；新产业的发展总体上刺激了高利润率的现代经济部门的增长；调动储蓄的制度（包括国家财政工具）规模扩大，效率得到提升；新的、更完善的技术在农业和工业中推广；愿意接受这些创新及它们引起的生活方式的深刻变化的人数增加；新的企业家阶层（私人，有时也包括公职人员）出现，并控制了有关资本使用的关键决策过程；出现了开发和利用出口机会的新机遇。生产性投资从占国民收入的 5%上升到 10%或以上，从而超过了人口增长。因此，按照罗斯托的说法，“起飞”阶段有三个特点：第一，生产性投资达到国民收入的 10%或以上；第二，一个或多个具有高增长率的基础产业得到发展（罗斯托认为，这包括使用现代方法生产农产品和加工原材料，如瑞典的木材生产、澳大利亚的肉类生产、丹麦的乳制品生产，这就要求生产部门启动现代产业链，并实现外部经济效应）；第三，建立政治、社会和体制结构，以利用现代经济部门扩张的动力和潜在的外部经济“起飞”效应，并保障经济增长的可持续性。①

沃尔特·罗斯托同时强调，在历史现实中实现“起飞”可以有很多不同的形式：“没有统一的模式。投资率和投资生产率可以提高，而提高的结果能够带来持续性发展，这可以在不同的政治、社会和文化结构中，在人类各种各样动机的驱动下，通过不同的技术和经济途径实现。”② 因此，在讨论“起飞”的财政支持问题时，沃尔特·罗斯托区分了两种类型的资本动员：第一，控制和重新分配资本流动（即通过将收入转移给那些有能力以更高效的方式进行投资的行动者来确保经济发展）；第二，将在快速增长的经济行业获取的利润进行再投资。同时，罗斯托注意到，实现这些积累的形式存在历史差异。根据沃尔特·罗斯托的观点，俄国 19 世纪 60 年代的农民改革（将农民从农奴制中解放出来）涉及分配机制：国家利用农民赎买土地的资金来刺激经济增长；反过来，一些更有进取心的前土地所有者，由于改革而从国家获得了补偿，他们将其投资于工业和商业。罗斯托认为，通货膨胀（17 世纪 90 年代末的英国、19 世纪 50 年代的美国、19 世纪 70 年代的日本）也可以作为积累的工具，它促进了资源从消费领域向资本的流动。银行和股票

① Rostow, W. W. “The Takeoff into Self-sustained Growth”, *Social Change: Sources, Patterns, and Consequences*. p. 291.

② Rostow, W. W. “The Takeoff into Self-sustained Growth”, *Social Change: Sources, Patterns, and Consequences*. pp. 292–293.

市场也使收入流向生产力更高的人。事实上，正如罗斯托所指出的，所有的“起飞”时期无一例外都伴随着银行机构的发展。罗斯托认为，我们也不应该低估生产性投资需求的必要性——“存在一个或多个快速增长的经济部门，企业家（私人或官方）将资本投入新的机遇中，以获得高回报”。沃尔特·罗斯托将对外贸易称为资本积累的另一个重要机制（农产品、原材料的出口在历史上曾多次被用于为“起飞”期间的工业设备进口和偿还外债提供资金——它可能是美国、俄罗斯、加拿大的谷物，瑞典的木材，日本的丝绸等）。资本输入也可以在“起飞”时期发挥重要作用（如在美国、俄罗斯、瑞典、加拿大），特别是在建造投资回报期较长的昂贵设施时。不过罗斯托认为，在“起飞”阶段，内部积累通常发挥着主导作用。

沃尔特·罗斯托认为，促进积累的最重要条件之一是企业家的经营活动。企业家应该有能力进行生产性投资，最终理性选择自己的业务发展方向，这样才能在经营上获得成功。同时，罗斯托反对夸大新教伦理作为商业活动因素的重要性（他在一定程度上承认这一点。马克斯·韦伯所描述的这个因素经常被列入经济学家的解释中，以便“照亮形式主义的增长模型的灰色视野”）。他正确地指出了各国活跃的企业家民族社会群体——日本武士、波斯人、犹太人、北意大利人等，他们虽然在经济增长过程中充当了领导者，但其活动绝不是受到新教的启发。根据沃尔特·罗斯托的说法，那种认定宗教或其他价值观会积极促成寻求利润最大化的活动的观点，很难说是一种理据充分的社会学阐释。在他看来，对于企业精英的出现，更重要的是以下两个条件：第一，新的精英阶层必须意识到，在传统社会中获得声望和权力的常规途径对他们来说是不可及的；第二，传统社会应该有足够灵活性（或许也很衰弱），以允许其成员追求物质利益或政治权力，以此来对抗传统主义的盲从思想。

在工业化进程中，愿意承担风险和接受创新的企业家群体的形成因社会而异，积累的过程也是如此。如前所述，沃尔特·罗斯托指出了数量有限的一类富裕的农业国家，这些国家的人口是由移民组成的，这些国家的企业家精英的凝聚力相对容易实现——在工业化的经济激励下，商业和金融团体相对容易被纳入工业企业家的行列。但在大多数国家，企业家开展经营活动是困难的，要克服许多障碍。沃尔特·罗斯托写道："无论进一步的经验分析如何揭示在'起飞'期间引导人们进行建设性经营活动的动机，有一点是肯定的：这些动机在不同的社会有很大的不同；而且，它们不可能是纯粹的经济动机。"①

总体经济增长可以被看作各个经济部门的不同增长汇总的结果。部门的增长部分由一般需求参数（如人口数量、消费需求、消费偏好等）造成，部分由供给因素造成。因此，沃尔特·罗斯托将经济部门分为以下三类。第一，主要增长部门。在这些部门中，创新和开发有利可图的或迄今尚未开发的资源能够产生高额回报，并推动整个经济的发展。在历史上，经济的主要增长部门可能是纺织业、重工业、林业、食品加工业或整个轻工业。在这方面，正如沃尔特·罗斯托所表示的那样，不太可能将某个部门单独挑出来作为"起飞"的通用"魔法钥匙"，发展中国家照搬英国、美国或俄罗斯主要增长部门的历史发展顺序也是没有意义的。第二，补充性增

① Rostow, W. W. "The Takeoff into Self - sustained Growth," *Social Change: Sources, Patterns, and Consequences*. p. 297.

长部门。这些部门的加速发展是由主要增长部门的需求直接引起的(例如，作为对铁路建设的回应，煤矿开采、钢铁生产和机械制造也有相应发展)。第三，衍生的增长部门。这些部门的发展与实际总收入、人口数量、生产力和其他一些参数（食品工业、住房建设等）的增长有相当密切的联系。罗斯托将第一类和第二类部门的进步主要归因于供给的变化，将第三类归因于需求的变化。他强调，这种区别不是绝对的。就部门动态而言，沃尔特·罗斯托认为："经济增长是通过无休止地重复'起飞'试验来实现的，在不同的变异中，伴随着主要增长部门的更替。就像'起飞'一样，长期的经济增长要求社会不仅要将资本大量用于折旧和运营、住房、公用设施和其他方面，而且还要有一系列高生产力的主要部门，其特点是快速增长并以新的工业功能为基础。"①

沃尔特·罗斯托在总结他对"起飞"结构的分析时，注意到其成功实施的必要条件：第一，为那些能为快速增长提供基础的行业创造更多的有效需求（从历史上看，组织实施方式有：将收入从消费或非生产性积累转移到生产性投资；资本输入；大量增加当前的生产力投资，扩大消费者可用于购买国内产品的实际收入；以上方式的组合)；第二，引入新的生产功能或提高主要增长部门的能力；第三，培育增加推动关键经济部门"起飞"所需资本的能力；第四，加速发展其扩张和技术改造能够推动整个经济发展的部门。②

---

① Rostow, W. W. "The Takeoff into Self-sustained Growth," *Social Change: Sources, Patterns, and Consequences*. p. 298.

② Rostow, W. W. "The Takeoff into Self-sustained Growth," *Social Change: Sources, Patterns, and Consequences*. pp. 298–299.

根据沃尔特·罗斯托的说法，英国的“起飞”阶段大致在1783~1802年，法国为1830~1860年，德国为1850~1873年。对于美国，这一时期为1843~1860年（罗斯托将其细分为以下两个时期：19世纪40年代，积极的铁路和工业发展主要发生在国家东部，而西部和南部在“消化”前十年农业扩张的成果；19世纪50年代，伴随着外国资本的大量流入，铁路对中西部产生了巨大的冲击，到内战开始时，美国北部和西部的经济，特别是重工业部门，可以说是经历了一次“起飞”）。沃尔特·罗斯托认为，日本在1878~1900年经历了“起飞”阶段。他强调，由于缺乏足够的数据，只能确定大概的年代。他特别指出，在1868年之后的一段时间，肯定是致力于为“起飞”创造先决条件。罗斯托认为，到1914年，日本经济已经过了“起飞”阶段。但对罗斯托来说，从1878年前后到19世纪90年代中期这段时间的定性问题仍有疑问：这究竟是创造先决条件的完成时期还是“起飞”时期本身？沃尔特·罗斯托认为，俄国在1890~1914年通过了“起飞”阶段。①

沃尔特·罗斯托的“起飞”论与“工业革命”的概念有某种相似之处，因为它强调在相对较短的时间内生产方式发生彻底的改变。然而，与“工业革命”论不同，罗斯托的模式并没有将“起飞”的问题简化为经济中刹那间的、历史上迅速的转变。相反，它认识到经济增长过程中长期、缓慢变化的重要性，尤其是“起飞”前为经济突破创造一系列先决条件的漫长时期，以及“起飞”后其影响在经济和社会中生根和广泛传播的阶段。

① Rostow, W. W. "The Takeoff into Self-sustained Growth," *Social Change: Sources, Patterns, and Consequences*. p. 290.

如果说在“起飞”阶段，工业化刚刚开始，那么在下一个阶段，它就变得规模庞大。超过消费增长的生产力发展，为“在其自身基础上”的持续经济发展创造了条件，无须从外部强制吸收资本，也无须额外改变消费、储蓄和积累的行为模式。沃尔特·罗斯托描述了“起飞”后可持续的、自我维持的经济增长阶段，指出以下特征：人均国民总收入显著增加；经济结构转变；曾经推动“起飞”的行业发展有所放缓，而新的经济部门则保持了稳定的高经济增长率；通过将人口从农业领域转移到工业领域来改变人口结构。

总的来说，沃尔特·罗斯托在现代化范式背景下创造的经济增长阶段观点被定性为进化的和线性的：工业化在其框架中被描绘成一个（所有社会）逐步运动的过程——通过整体方向上相同的阶段顺序，从较低的社会阶段到较高的社会阶段，以实现更高的生产力。现代化视角下的发展理念，将发展看成一个系统的、内在的过程（一个部门的变化会导致其他部门的相应变化），这也是罗斯托观点的特征（例如，主导产业的转变会导致整个经济和社会的一系列进步、变革）。罗斯托的模型强调资本积累、技术进步和劳动力发展是经济发展的重要组成部分。作为马克思主义的自由主义替代品而提出的沃尔特·罗斯托的观点，把再分配机制作为经济增长的正常结果和条件（财政、没收和其他将盈余转移到更具生产力的经济部门的手段；将农业领域产生的收入投入工业部门）。尽管沃尔特·罗斯托专注于现代化的社会文化和制度政治层面，但对经济变量的研究是其观点的核心。罗斯托观点的学科狭隘性（以经济学为中心）在文献中多次受到批评。反对者还指出，罗斯托忽略了外在因素（国际关系、殖民主义）对国家工业化模式的影响。罗斯托观点的反对者利用长期存在的不发达问题作为论据，指责他毫无根据的乐观主义。

依附理论背景下的工业化

如果如许多人认为的那样，现代化学派从美国和其他西方国家的角度探讨发展问题，那么依附（依附发展或欠发达）理论，可以说是从第三世界的角度分析发展，代表“来自外围的声音”。

一般来说，依附理论的实质可以概括为以下观点。① 它的基本立场是，不发达不是通往资本主义社会所经历的一个阶段，而是发达资本主义国家在世界上占主导地位的结果。依附理论的支持者强调，不发达是人为创造的情况，而不是进化过程的原始阶段。因此，该学派认为，工业发达社会对发展中国家的经济和政治不发达负有责任。这种观点的基础是，承认资本主义制度已经改变了世

① Dube, S. C. *Modernization and Development: The Search for Alternative Paradigms*. Tokyo, London, 1988. pp. 42 - 44; Hettne, B. *Current Issues in Development Theory*. Stockholm, 1978; So, A. Y. *Social Change and Development: Modernization, Dependency, and World-System Theories*. Newbury Park, 1990. pp. 91 - 165; Никитченко А. Н. Транснационализация демок ратии (II). «Третья волна» демократизации в свете теорий мировой экономики) // ПОЛИС. 1999. № 2. С. 45 - 48; Шестопал А. В. Миражи Эльдорадо в XX веке. Критические очерки буржуазной социологии в Латинской Америке. М., 1974; Его же. Леворадикальная социология в Латинской Америке. Критика основных концепций. М., 1981; Его же. Пол итические модели и исторические судьбы (Опыт современной Бразилии) // ПОЛИС. 1995. № 4. С. 170 - 175; Посконина Л. С. Латинская Америка: пути и судьбы «мятежной социологии» // Рабочий класс и современный мир. 1983. № 2. С. 186-189; Ее же. Латинская Америка: критика леворадикальных концепций. М., 1988; Окунева Л. С. Политическая мысль современной Бразилии: теории развития, модернизации, демократии. Феномен поставторитарного развития: опыт Бразилии и его значение для России. М., 1994. Кн. 1-2.

界，并在很大程度上主导了世界经济。多斯·桑托斯是依附理论的著名代表人物之一，他对“不发达”的概念定义如下：“不发达与其说是资本主义发展阶段之前的不发达状态，不如说是资本主义发展的后果和特定形式，即依附资本主义。依附性是一种有条件的情况，即一组国家的经济受到其他国家的发展和扩张的制约。两个或多个经济体之间，或这些经济体与国际贸易体系之间的相互依存关系，具有依附关系的特征。一些国家可能在国内刺激下发展，而其他处于依附地位的国家的发展，则受到了主导国家扩张的影响。在任何情况下，依附情况都使这些国家变得落后并被剥削。主导国获得了对依附国的技术、商业、金融和社会政治的支配权——这种支配的形式在历史上可能有所不同——因此可以剥削依附国，并从其生产盈余中提取一定份额。因此，依附的基础是国际分工，它为一些国家的工业发展创造了机会，同时限制了其他国家的工业发展，这些国家的增长依赖并服从于强大的世界中心。”① 多斯·桑托斯确定了依附的以下三个阶段。第一，殖民型依附：殖民当局垄断贸易、土地和劳动力资源；第二，金融-工业型依附：资本主义社会投资于不发达社会的采掘业和农业，以支持自身的工业发展；第三，新型依附：不发达社会成为资本主义社会的市场。

依附理论的特点是核心国家（发达社会或宗主国）和世界上不发达的外围国家之间的僵化对立，称为中心-外围理论，这些外围国家是发达国家的经济附庸（安德烈·冈德·弗兰克）。中心-外围理论的实质是中心的发达资本主义社会对外围（“第三世界”）

---

① Santos, D. “The Crisis of Development Theory and the Problem of Dependence in Latin America,” *Siglo*. 1969. Vol. 21。转引自 Dube, S. C. *Modernization and Development: The Search for Alternative Paradigms*. Tokyo, London, 1988. pp. 42–43。

的支配。依附理论的代表人物萨米尔·阿明认为，中心与外围的对立是基于国际劳动分工：中心是世界资产阶级，外围是世界无产阶级；中心与外围的关系与中心从外围国家榨取剩余产品相关联。处于依附地位或不发达的社会在经济上与初级产品、各种原材料和农产品的出口联系在一起，其市场由资本主义（加工）经济控制。任何发展中的产业都要受到资本主义的控制。

因此，工业发达国家的中心（核心）和外围的关系是不对称的，在这种情况下，外围的不发达是中心发展的结果。对依附理论的代表人物来说，发展和不发达是一枚硬币的两面。依附理论学者认为，资本主义发展在国际和国家层面创造了一种二元论：一种在若干因素影响下长期存在的支配和从属关系。那些发展水平较高的国家控制着世界资源、商品市场、原料市场，它们有能力破坏欠发达国家的政治结构和经济计划。统治世界的精英不仅在内部相互联系，而且与某些第三世界国家的特权精英联系在一起，从而使这些第三世界国家因内部的二元性在外围贫困的背景下创造了小型的财富和权力绿洲。在某种程度上说，发展实际上对外围国家的大多数人口没有任何帮助：随着时间的推移，外围社会的两极分化只会加剧。传统的封建结构几乎保持不变，寄生的资产阶级无法履行其解放生产力的历史使命，权力集中在与强大的国际庇护者结盟的薄弱的“上层阶级”，这使得实现必要的结构转型非常困难。发达国家的剥削政策（转让不适当的技术，向错误选择的地方提供援助，不平等的贸易等）导致了不发达状况的长期存在。依附理论的支持者认为，依附性还导致了知识殖民主义，即建立不完善的教育体系，以及吸引外围社会的精英转移至更发达的国家。依附理论的支持者注意到“示范效应”的消极后果，即在世界上最贫穷国家的精英（后来在更广泛的人口中）推行工业发达国家人口的消费模式，这降低了外围地区本来就不高的生产性投资水平，并鼓励奢华浪费。

虽然现代化理论和依附理论之间有一些相似之处［注重发展问题，揭示发展的决定因素，主要研究发展中国家；方法论具有高度的抽象性，解释最普遍的发展过程；使用二分法理论模式，现代化理论采用“传统 VS 现代”模式，依附理论采用“核心（中心、宗主国）VS 外围（卫星国）模式”］，但二者的理论取向截然不同。第一，两者有不同的理论基础［现代化理论的理论基础是进化论和功能主义；依附理论的理论基础是 ECLA（联合国拉丁美洲经济委员会）的自由主义方案］。第二，现代化理论强调对发展中国家的问题进行内部的、内生的解释（传统文化和精神的支配，生产性投资缺乏，成就动力缺乏）；依附理论则注重从“外在”角度解释这些问题（殖民主义和新殖民主义在导致第三世界不发达中的作用）。第三，现代化理论的支持者将第三世界和工业发达国家之间的互动评价为对第三世界有利（西方国家为第三世界国家的成功发展做出了贡献）；依附理论的支持者对这种互动进行了负面的解释（发达国家为了自己的利益剥削外围国家）。第四，现代化理论对未来持乐观的看法（发展中国家可以实现自身的现代化并赶上发达国家）；依附理论对第三世界未来的预测相当悲观（他们认为，如果现有的剥削关系继续存在，发展中国家对西方的依赖性只会进一步加深）。第五，在解决第三世界国家的落后问题方面，现代化理论坚持加强发展中国家和发达国家之间的合作（财政援助、文化和技术互动）；依附理论的支持者倾向于认为，解决方案是尽量减少发达国家和发展中国家之间的互动，以便后者能够实现自主、独立的发展，也有一些人主张通过激进的社会主义革命来实现这一目标。①

依附理论的反对者指出这个理论主题的局限性，指出它未能解释核心内部工业最发达国家彼此之间经济关系的性质。此外，批评者还指出了外围地区本身的异质性及其成员与中心国家关系的多样性。除日本外，环太平洋地区所有快速增长的工业化经济体（马来西亚、新加坡、中国台湾、韩国）在几十年前还作为第三世界的一部分处于外围地位，但它们现在正在挑战旧工业化社会的经济优势，这在某种程度上动摇了依附理论的观点。因此，这一理论在解释不同发展中社会的发展相对不充分时，忽略了这些社会的内在特征。

第三世界国家的工业化问题反映在依附理论支持者之一劳尔·普雷维什的作品中。② 劳尔·普雷维什和其他代表人物一样，把外围资本主义看成世界各国经济体系的一部分，是依附和从属的资本主义，从属于发达国家的利益，"在它们的霸权和市场规律的支配下"存在。在他的理论框架中，经济发展的基础是资本积累过程，这个过程与技术变革密切相关，目的是提高劳动的资本密集度、生产力和生活水平。普雷维什的观点与古典凯恩斯主义、新凯恩斯主义和马克思主义理论的不同之处在于，其认为"外围"发展具有纯粹的派生性，因为其驱动力（技术进步）不是内生的，而是核心国家资本积累中所创造的资本主义技术扩散的结果。

---

① So, A. Y. *Social Change and Development: Modernization, Dependency and World-System Theories*. Newbury Park, 1990. pp. 106-109.

② Пребиш Р. Периферийный капитализм: есть ли ему альтернатива? М., 1992; Lira, M. "Prebisch's Long March towards the Criticism of 'Peripheral Capitalism' and its Transformation. A Comment," *Regional Dynamics of Socioeconomic Change*. Warszawa, 1988. pp. 21-42.

劳尔·普雷维什认为，外围国家是在全球“中心-外围”（实际上是世界）体系的背景下发展的。在后者发展的某个阶段，出现了客观上有助于“外围工业化”的条件。根据普雷维什的说法，这个自发过程的开始可以通过全球体系中发生的结构趋势和随时变化的事件的巧合来追踪。关于拉丁美洲，劳尔·普雷维什将两次世界大战和20世纪30年代的大危机定义为此类局势事件。在这一背景下，全球层面发生了主要的结构转变，即美国取代英国成为世界体系的领导者。在劳尔·普雷维什的理论框架中，“外围工业化”不仅是对具体事件和挑战的自发反应，而且是一个由结构决定的过程，是在国际劳动力固定性、人口压力增大以及由初级出口产业的技术进步导致的劳动力节约趋势增强的条件下，有可能替代“外围发展”的唯一选择。根据劳尔·普雷维什的说法，在“外围”发展中以消耗国民经济为特征的出口模式的最后阶段，已经出现了作为其替代道路的工业化趋势；随后，这一出口模式被注重实现进口替代的工业化的“内向型”发展模式所取代。

劳尔·普雷维什指出了拉丁美洲资本主义固有的深刻矛盾，在他看来，这些矛盾在现有体制内是无法克服的，最终必须进行改革。他指出了社会两极化：“一极是繁荣或有时的奢华，另一极是无望的贫穷。这是互相排斥的制度。”普雷维什认为，“外围工业化”下的经济发展“没有解决社会问题，系统的生命能量没有被用来提高集体福利”。这位拉丁美洲经济学家宣布，植根于自由主义、现代化学说的观点，即模仿性的发展模式是有效的、有希望的，“我们可以按照中心的样板进行发展”，只是一个神话。他还认为，资本主义自发扩散的观点也是一个神话：“发达的资本主义清楚地表明了它的向心性，以及它的占有欲和支配欲。它的扩展是为了利用外围，而不是为了促进外围的发展。这体现了资本主义世界体系的深刻矛盾。同样，这也体现了外围地区内部发展的深刻矛盾，经济进程和民主进程的矛盾。因为，前者趋向于使发展成果局限在社会有限的一部分人中，而民主进程则趋向于为更多阶层的人提供接触发展成果的机会。而这种矛盾，这种系统的冲突趋势不可避免地导致危机，导致通货膨胀，并带来各方面的严重后果。”①

在外围资本主义制度的深刻矛盾中，劳尔·普雷维什提到了“发展成果的不公平分配”，这主要是“由于社会上层以经济剩余的形式占有了技术进步成果的一大部分。剩余持续增长是系统的一种动力要求，因为它是生产资本积累的主要来源，可以用来增加生产和就业”。在外围资本主义和外围工业化的情况下，“相当一部分剩余被社会上层用来模仿中心地区的消费，这是指有特权的消费阶层大规模地浪费资本积累。同时，中心地区榨取外围地区的大部分收入。国家过分膨胀也造成这种浪费，而国家的膨胀也主要是由制度本身的缺陷造成的。相对于劳动力的快速增长而言，资本的积累是不够的。因此，系统将更广大人口排除在外，他们注定要在社会结构的底层苟且度日”。劳尔·普雷维什认为：“外围资本主义的游戏规则终究不能消除它的两个最大缺陷：首先，它的排斥性不能克服，除非减少特权阶层的消费和减少转移到中心地区的收入，从而实现更高程度的资本积累；其次，它的冲突性也克服不了，而且在主要社会阶层之间权力斗争的力量对比关

① Пребиш Р. Периферийный капитализм... С. 21-22.

系变化日益加剧。”①

因此，依附理论家笔下的工业化进程具有非独立的、从属的性质。在依附理论下，工业化本身并不能提供克服外围社会不发达的机会。劳尔·普雷维什认为，最终摆脱这种局面的出路在于外围资本主义的根本结构转型（简而言之，其本质可以简化为保护财产的私有性，同时赋予分配系统以社会性质）。

世界体系理论中的工业化

在研究发展的主要理论中，伊曼纽尔·沃勒斯坦的世界体系理论是唯一不是以国家（民族），而是以整个世界社会为研究单位的理论。世界体系分析理论的创始人伊曼纽尔·沃勒斯坦认为，整个世界构成了统一的（资本主义）体系，现代资本主义经济组织的基础是全球的而非国家的（伊曼纽尔·沃勒斯坦认为，这种世界经济秩序大约从15~16世纪开始发展），因此民族国家不是重要的分析变量，因为任何国家规模的社会的“内部”经济进程在很大程度上取决于它在世界体系等级秩序中的地位。

如果说传统社会科学认为人类历史是一个进步的过程（正是这一理论假设支撑着自由主义的进化模式，包括现代化的以及历史唯物主义的马克思主义建构），共同使用这个关于进步的基本假设，那么伊曼纽尔·沃勒斯坦的世界体系理论则是试图消除将进步作为历史发展决定因素的想法，只保留其作为一个分析变量的意义。伊曼纽尔·沃勒斯坦写道：“……可能存在更好和更坏的历史系统（我们可以讨论评价它们的标准）。无法肯定地说，存在着上升、下

① Там же. С. 22，50.

降或稳定的线性趋势。或许，动态路线是不相同的，或在本质上是不确定的。如果认识到这一点，那么便立即为知识分析开辟了一个具有全新可能性的广阔舞台。如果说存在许多历史系统的例子和类型，如果所有的历史系统都有开始和结束，那么我们就想知道一些关于历史系统的动态在空间和时间上展开的过程。”①

根据沃勒斯坦的观点，世界体系可以按照全球分工划分为三组国家：工业发达的中心国家；经济主要以初级部门生产为基础的外围国家；部分工业化，既进行剥削又被剥削的半外围国家。

从经济过程是在全球资本主义体系中实现的这一事实出发，伊曼纽尔·沃勒斯坦认为，对于任何特定的地域单位，如果不是在整个世界经济的周期性节律和长期性趋势中考虑其动态，就不能适当地分析其发展或欠发展。沃勒斯坦认为，有两种不同类型的周期性节律：康德拉季耶夫周期（包括扩张的 A 阶段和收缩的 B 阶段；每个周期大约持续 40～55 年）和更长的逻辑斯蒂周期（估计为 150～300 年）。在逻辑斯蒂周期中，也有两个阶段：A 阶段如同康德拉季耶夫周期一样，表示扩张，而 B 阶段则表示停滞。在研究 1450～1750 年逻辑斯蒂周期的影响时，沃勒斯坦注意到它与发生在中世纪晚期（1100～1450 年）的前一个周期有本质区别。如果按照伊曼纽尔·沃勒斯坦的说法，1100～1450 年的周期对所有欧洲地区都有或多或少的影响，那么 1450～1750 年的周期则显示了欧洲各地区发展的不对称模式（按照伊曼纽尔·沃勒斯坦的说法，这正是表明这一时期出现了世界体系）。因此，沃勒斯坦认为，政治组织在

① Wallerstein, I. "World-System Analysis," *Social Theory Today*. A. Giddens and J. H. Turner (eds.). Stanford: Stanford University Press, 1987. pp. 322-323.

西欧变得更强、在东欧变得更弱；另一方面，“封建”义务在东欧得到了强化（“再版农奴制”），但在西北欧则更加弱化。在沃勒斯坦看来，发展的不对称性（在对核心国家、半外围国家和外围国家进行比较时显示出来）恰恰具有重要的研究意义。①

世界体系理论与其他研究发展问题的理论有很大不同，主要的区别可能在于研究范围。现代化理论和依附理论关注的分析范围是具体的国家，而世界体系理论的支持者则考虑世界体系内的历史进程。世界体系理论和依附理论更关注外生（国家外部）变量的作用，而对现代化理论来说，如前所述，内生变量是关键。世界体系理论的研究重点无疑比其他发展理论更加广泛。现代化理论的代表人物们将他们的分析手段广泛应用于所有国家，这为深化研究发展问题提供了基础。依附理论的支持者主要关注的是外围国家。从世界体系视角开展工作的学者，既对世界体系范围内的全球进程感兴趣，也对核心、半外围和外围国家的发展感兴趣，在他们看来，这些国家的发展是由世界经济结构决定的。现代化理论和依附理论都使用二分法理论模式，前者是传统 VS 现代，后者是核心 VS 外围，而世界体系理论则采用一种更灵活的，扩大认知范围的，包括核心、半外围、外围的模式。现代化理论和依附理论总体上对发展问题持一种决定论的观点：现代化理论是基于进化论、进步论的决定论；对于依附理论来说，依附本身是核心国家和外围国家之间不平等关系的硬性的、决定性的结果。世界

① Idem. “Underdevelopment Phase-B：Effect of the Seventeenth-Century Stagnation on Core and Periphery of the European World-Economy,” *The World-System of Capitalism*：*Past and Present*. W. L. Goldfrank（ed.）. Beverly Hills，C. A.：Sage，1979. pp. 73-84.

体系理论的特点在于对历史动态持非决定论的观点：它的支持者认识到周期性节律和长期性趋势的存在，以及世界体系内向上和向下流动的可能性。

世界体系理论的反对者注意到，外围社会的发展依赖于体系中心这一事实并不明显，因为大多数贸易和投资交易都是在已经发达的和工业化的社会之间进行的。对许多人来说，世界经济的外部力量对一个具体社会的变革前景比对其内部进程具有更重要意义的假设是值得怀疑的。伊曼纽尔·沃勒斯坦也被批评忽视了社会文化的变化。

世界体系理论的特性影响了在其框架内进行的工业化进程分析的特点。这可以从世界体系理论的代表人物苏耀昌所进行的关于20世纪下半叶中国香港外围工业化的个例研究中看出。①

中国香港的经济成就众所周知，它从19世纪的一个渔村发展成为20世纪下半叶世界上工业发达程度最高的地区之一，并成为主要的全球金融中心之一。苏耀昌认为，现代化学派和新马克思主义学派对香港经济增长的解释是不充分的。前者强调香港经济动态中的社会文化（“新儒家思想”的作用，它鼓励工作伦理和个人对公司的忠诚；“家庭主义”的重要性，它有助于通过亲属关系渠道转移资源和资本）和制度因素（香港是资本的天堂；自由市场是经济快速发展的因素），后者试图从国家监管的角度来解释东南亚的快速工业化。

---

① So, A. Y. *Social Change and Development*: *Modernization*, *Dependency*, *and World-System Theories*. Newbury Park, 1990. pp. 230 - 238; Idem. “The Economic Success of Hong Kong: Insights from a World-System Perspective,” *Sociological Perspectives*. 1986. № 29. pp. 241-258.

对于现代化学派的观点，苏耀昌虽然承认增长的精神因素和市场制度因素具有高度重要性，但认为它们无法解释为什么以“出口型工业化”的形式出现的香港工业化恰恰是在二战后开始的。苏耀昌认为，新马克思主义的解释模式不能适用于香港的情况，因为香港是自由港，国家对经济领域的干预较少。苏耀昌认为，正是世界体系理论为研究香港的工业化提供了一个合适的认知工具。在这方面，苏耀昌确定了经济起飞的三个阶段：第一，工业革命（20世纪50年代）；第二，20世纪60年代末的经济经营多样化；第三，20世纪70年代末金融部门的扩张。

苏耀昌在全球资本主义体系转变的背景下研究了香港在三个阶段的经济发展特点，特别是在分析香港工业化的第一阶段（“工业革命”阶段）时，苏耀昌注意到20世纪50年代中心国家战后经济复苏时世界体系情况的变化：对消费品和廉价原材料的需求大幅增加；劳动力成本上升。苏耀昌指出，不断上升的劳动力成本刺激了一些劳动密集型产业向外围地区转移。此时，英国纺织品收购商在客观上促进了香港企业的发展。此外，苏耀昌认为，香港工业化的一个隐含因素是社会主义中国和资本主义国家之间的关系所产生的推动力。据苏耀昌称，香港的经济发展加快在很大程度上是因为上海的资本投到了这里，资本同时带来了技术和先进的管理手段。于是，资本和劳动力被转移到香港。苏耀昌说，冷战炽热期国际形势复杂，香港几乎是内地获得购买进口设备所需外汇的唯一港口。因此，内地更愿意向香港提供食品、原材料甚至饮用水，以换取外汇。廉价的内地产品与香港外汇的交换，有效地补贴了后者的经济，有助于降低生活成本，并加强了香港在世界市场上的竞争力。

20 世纪 60 年代末，世界资本主义体系内的情况发生了变化，美国的经济优势被日本和联邦德国的快速经济增长所削弱。自由贸易思想已经被保护关税政策所取代。进口限制和贸易限额的实施，威胁着香港不断扩大的出口经济。此外，外围经济体之间的竞争也加剧。20 世纪 60 年代，香港经济面临劳动力短缺。企业间激烈的劳动力竞争有助于提高香港工人的工资，结果是香港的劳动力失去了相对于其他外围国家的低成本优势。苏耀昌认为，这些情况解释了香港经济发展向第二阶段的过渡，其特点是生产经营日益多样化，以此来适应不断变化的外部和内部环境。“通过在技术、设计和广告方面的不断创新，香港服装业已经摆脱了生产‘廉价但低劣的产品’的不良声誉。此外，还出现了其他行业的多样化，如电子业和制表业、旅游业、造船业和过境贸易。”①

苏耀昌认为，香港经济发展的第三阶段（转变为全球金融中心）的特殊性，也只能通过将其置于全球体系更广泛的动态背景中来解释。20 世纪 70 年代末，香港的金融业迅速扩张，核心国家的每家巨型银行都在香港设立了分支机构，香港成为亚洲的金融之都和世界第三大金融中心。在揭示这一时期世界资本主义体系的转变时，苏耀昌指出，拉丁美洲的外债增加，中东的政治不稳定——在这种情况下，亚洲变成了对日本和美国的金融巨头最有吸引力的投资地区。核心国家利润增长率的下降和一些产业向外围地区的转移也促进了香港作为金融中心的兴起，从而产生了对纽约或伦敦以外的新金融中心的需求。中国的改革开放也有利于香港的经济增长。

① So, A. Y. *Social Change and Development: Modernization, Dependency, and World-System Theories*. Newbury Park, 1990. p. 234.

例如，选择香港而不是台湾作为世界资本分布中心，苏耀昌认为，这可以解释为香港政府对自由主义的坚持。根据苏耀昌的观点，当世界体系理论被应用于解释核心、半外围和整个世界体系的发展过程时，其有效性也得到了证实。

总的来说，各个理论流派都对发展问题做出了重大贡献。同时很明显的是，上述分析的理论投射侧重于社会动态的不同方面。对现代化理论的代表人物来说，内部变量似乎更重要，而对依附理论和世界体系理论的支持者来说，重要的是外部的、外生的参数，特别是世界秩序和外部统治。总的来说，从不同理论视角进行的观察，似乎可以相互补充。各种理论视角本身在演变过程中经过了某些调整，包括从其他理论那里借用一些观点——尽管还是设法保留了自己的“面貌”，但有理由将这一过程评估为趋同性的。在研究一个历史对象（这里是指工业化）时使用不同的理论方法，在我们看来，这表明了单一方法的不完整性，以及在历史研究过程中转变分析视角的有益性。虽然现代化范式的应用证实了工业化内部驱动力的重要性，但其他理论（依附理论和世界体系理论）的运用使我们相信，必须要考虑外生因素，否则研究者所创造的图景看起来不会令人信服或准确。

第三节　后现代性或晚期现代性

现状：两种社会学立场

在当代社会科学中，现在所处的阶段被广泛地解释为后现代性或晚期现代性（后工业化、信息社会的概念与这些概念相关①）。根据这种解释，当今时代与现代性（工业社会）时代形成对比，后者在20世纪中叶前后就不复存在。这种观点的支持者认为，后现代性已经取代了现代性，两个时代之间存在着根本性的差距，它们在一些参数上完全不同。②

在社会关系领域，现代性被赋予的基本特征是作为工业化结果的社会阶级体系，而后现代性被赋予的特征是社会结构的碎片化和复杂化，服务阶层大幅增长，知识创造者和传播者转变为主要社会群体，在这方面取代了工业体系中的工业家和企业家，分化的基础扩大（性别、种族、年龄以及阶级）。在文化领域，现代性的特点是社会生活的所有方面被商品化和合理化，日常生活节奏加快，"热爱工作伦理"和工作具有培养员工遵守纪律的意识的功能，而后现代性的特点是：工业文化的重要性越来越大；"上层"和"下层"文化之间的界限模糊不清；日常生活的美化；自由和享乐的生活方式占主导地位；在职业和私人领域有更大的创新自由；身份认同的形成基于个人选择；根据生活和社会环境的变化，个人身份认同碎片化。在经济领域，现代性时代的特点是与机器和机床挂钩的福特式的物质生产方式以及营销（为大众市场进行大规模生产）占

① Белл Д. Грядущее постиндустриальное общество. Опыт социального прогнозирования. М.，1999；Тоффлер А. Шок будущего. М.，2001；Он же. Третья волна. М.，1999；Кастельс М. Информационная эпоха：экономика，общество и культура. М.，2000；Новая постиндустриальная волна на Западе. Антология / Под ред. В. Л. Иноземцева. М.，1999.

② Иноземцев В. Л. Современное постиндустриальное общество：природа，противоречия，перспективы. М.，2000. С. 22-27；Лиотар Ж. -Ф. Состояние постмодерна. М.；СПб.，1998.

主导地位，而后现代性的特点是后福特式经济体系的传播（对产品进行有限批次的专业化生产），以信息为基础。在政治领域，现代性的特点是存在大型政府结构、高福利国家的发展、对基本的公共事业和服务实行公有制并对经济进行重大干预，而后现代性的特点是自主性、竞争力、市场和私营企业。在认知领域，现代性对理性和对真理与科学必将胜利的信念，与没有绝对价值的后现代世界形成了对比。在后现代性话语中，有的是相对的、协商一致的和背景性的真理；它与对“科学”理性的信仰和单一的进步理论分道扬镳，抹去了表象和“现实”之间的区别；它强调潜意识、自由漂浮的符号和映像以及认识论的多元性。

В. Л. 伊诺泽姆采夫在总结对后现代性观念的分析时写道：“后现代性作为取代现代性的历史时期，是通过呼吁人性的改变以及人在社会结构中地位的变化来定义的。像后工业主义理论家一样，后现代主义者主要关注的不是这个时代的基本特征，而是那些与前几个时期最重要的特征最明显对立的特征。相对表面化的分众现象和非标准化现象，对福特式原则的克服，对以往工业生产形式的背离，社会进程主观化达到质的新水平，社会的日益多元化和对大众社会行动的背离，都是从类似的角度来分析的。然而，根据大多数后现代主义者的观点，新生的新社会保留了以前社会的一些特征，是‘无组织的’或‘衰亡的’资本主义。”①

根据第二种观点，当代还没有超过现代性的时间框架，只是一种变体，是现代性时期的一个阶段。例如，安东尼·吉登斯提出了“激进的现代性”的概念，以对当代进行定位。吉登斯将他对当代

① Иноземцев В. Л. Современное постиндустриальное общество. С. 24.

的理解与对后现代主义的理解进行了对比，他强调：晚期现代性的碎片化意义更着重解释的是制度的进步而不是认识论的多元化；在文化全球化的过程中，有明显的整合趋势也有明显的分化趋势；“自我”并没有被消解或肢解，相反，反思自我认同的可能性增加；对真理的需要增加；现代社会的特征是强权和占有，而不只是简单的权力软弱；后现代性可以被用于与现代秩序之外的运动有关的地方。[①] 巴里·斯马特认为，后现代性是对现代性的重构，而不是对现代性的替代。齐格蒙特·鲍曼将现代社会定义为具有自身价值的现代性，是为了“本我”的现代性，而不是后现代性。

对于后现代主义中后工业社会取代工业世界秩序的观点，反对者产生了严重怀疑。例如，安东尼·吉登斯指出了关于后现代主义的一些有争议的地方。[②]

第一，在关注到信息成为现代社会经济体系的基础，以及服务业在就业结构中越来越重要的时候，后现代主义者没有注意到，后一种趋势几乎从工业时代开始就已经出现了。自 19 世纪初以来，工业和服务业的发展以牺牲农业为代价，服务业的增长速度逐渐超过工业的增长速度。因此，主要的社会变化是从农业部门向其他就业部门的转移，而不是从工业向服务业转移。

第二，服务行业内有着极强的非同一性，因此很难将该行业的活动与“白领”职业相提并论。许多服务行业的工作涉及体力劳动，而大多数“白领”工作实际上不需要特别的培训，而且在很大程度上是机械化的。

---

① Большой толковый социологический словарь (Collins). М., 1999. Т. 2. С. 124.

② Гидденс Э Социология. М., 1999. С. 603–604.

第三，许多“服务”业务与物质生产联系在一起。

第四，在不同的国家和地区，服务和生产行业的比例有明显差异。

第五，现在的趋势是将电子技术融入工业生产，而不是用电子技术排挤工业生产。

约翰·福纽斯的现代性观念

瑞典社会学家和文化学家约翰·福纽斯提出的现代性观点，属于上述对现代性时期进行解释的第二种立场，他是斯德哥尔摩大学的教授，也是关于大众传媒、当代大众与青年文化问题的若干出版物的作者。[①] 约翰·福纽斯在其专著《文化理论与晚期现代性》中详细阐述了现代性和晚期现代性的观点。[②]

在这方面，约翰·福纽斯从这样一个事实出发，即这个观点对于分析文化进程、现代性的文化发展是有成效的。此外，他认为，对文化动态的深入理解只有在现代性观念的框架下才有可能。约翰·福纽斯强调：“现代化思想以某些方式将时间与空间、过程与结构、变化与延续之间的辩证关系主题化。”同时，他继续说：“文化在时间和现代性中发展，并与之一起发展——它们（即时间和现代性——И. В. 波别列日尼科夫）是运动本身的样态，推出符号流，将人们带进相互联系的领域。”[③]

---

① Fornas, J. and Bolin, G. (eds.). *Moves in Modernity*. Stockholm, 1992; Fornas, J. and Bolin, G. (eds.). *Youth Culture in Late Modernity*. London, 1995; Fornas, J., Lindberg, U. and Semhede, O. *In Garageland: Rock, Youth and Modernity*. London, 1995.

② Fornas, J. *Cultural Theory and Late Modernity*. London, 1995.

③ Fornas, J. *Cultural Theory and Late Modernity*. London, 1995. p. 18.

约翰·福纽斯在描述现代化进程的特点时，首先提出了一系列可整体上概括其主要特征的观念。他认为，现代化是一个复杂的、多维的流动，与从经济、政治到文化等各个层面的许多历史进程有关。约翰·福纽斯认为，资本主义的发展、工业化、城市化、民主化、世俗化和文明只是它的一些表现形式，已被一些思想家发现并描述，如伊曼努尔·康德、格奥尔格·威廉·弗里德里希·黑格尔、马克斯·韦伯、卡尔·马克思、弗里德里希·威廉·尼采，以及后来的米歇尔·福柯、诺贝特·埃利亚斯和尤尔根·哈贝马斯等。约翰·福纽斯强调说，不同的理论集中于全面而复杂的历史进程的不同方面，揭示了我们时代的不同基础、驱动力和特征。同时他认为，最概括的和多维的恰恰是现代化理论。

在试图从认知方面回答什么是现代性的问题时，约翰·福纽斯划分了三个视角。首先，他指出，现代性的概念可以集中在不远的过去或者就是当前，在这种情形下与历史学家研究的更遥远的时代进行对比。这样的视角与概念的起源相适应。事实是，晚期拉丁语“modemus”与“现在”（the present）的术语有关，即“今天”发生的事情。“modemus”来自拉丁文“modo”，意思是“当下”，但是通过“适当偏远”（moderately remote）的概念，其与“modus”一词有关，即方法、措施（мера）、方式。对现代性的这种理解是以对当今时代的特点感兴趣为前提的。然而，约翰·福纽斯警告不要进行直线型的解释。事实是，约翰·福纽斯指出，有许多关于现在的研究，但它们不能被认为是面向现代性的。此外，相对于过去，对现在的兴趣也意味着对过去与现在关系的探索，也就是说，现代性的主题包括历史维度。约翰·福纽斯正确地指出：“现代性毕竟不是全新的，它有自己的历史，且相当于现在来说相当长的历史。对现代性的研究可以仔细分析不久前时代的实际问题，但不把其看作失去过去的根基。”

现代性研究的第二个方面是转向考察当下的现象学，当下是处于自然过渡之中而难以察觉的，不管它是现在的“昨天”还是“今天”。这里的重点是对所经过的独特时刻的现象学体验，而不是客观的结构。

现代性研究的第三个方面侧重于新颖性，鼓励将不同的概念历史化，以寻找社会和文化中变化的东西。在这方面，现代性理论反对传统、原始模型和社会生活中其他稳定结构的再生产理论。约翰·福纽斯指出，现代生活和现代思维的动态性、过渡性意味着所有社会、文化和心理理论必要的和彻底的历史化，强调历史的前景和转变。“制度的、对话的、象征的和主观的形式随着时间的推移而变化，有时是持续性的，有时是跃进性的。为了不使这些模式完全自然化，必须注意其基本的动态性质。”

同时，福纽斯指出，并非所有的变化和创新都与现代性直接相关。他认为，现代性理论涉及某些具有一系列特征的较长期的转型过程。约翰·福纽斯指出了他所认为的现代化进程的三个普遍特征：第一，不可逆转的发展趋势（这意味着过程的强烈性，它们无法停止，尽管它们可以采取多种形式）；第二，矛盾的合理性（同时具有积极的即创造性和解放性的潜力，以及消极的即破坏性和抑制性的潜力）；第三，分化①的普遍化（也就是说，这些进程变得

① 由塔尔科特·帕森斯和尼尔·斯梅尔塞提出的结构-功能分化的概念，是经典现代化理论的关键概念。它被用来指社会功能获得结构独立性的过程，从多功能角色结构转变为一套更专业化的结构，这些结构在功能上加起来相当于原来的（未划分的——И. В. 波别列日尼科夫）社会单位的 （转下页注）

具有全面性和全球性，因为它们能够通过分离社会的和个人的生活领域来创造新的集合）①。因此，具有上述特点的现代化，在约翰·福纽斯的观点中，“以系统和生活世界②合理化的矛盾过程的形式出现，通过不断发展的通信到处传播新型分化，不可逆转地、强烈地改变整个世界”③。

在讨论现代性的问题时，约翰·福纽斯提出了一个非常重要的问题，即连续性、继承性和变化之间的相互作用，他认为这非常复

（接上页注①）功能，但运作更有效。参见：Smelser, N. “Toward a Theory of Modernization,” A. Etzioni and E. Etzioni (eds.). *Social Change: Sources, Patterns, and Consequences*. New York: Basic Books, 1973. pp. 268–284; Idem. “The Modernization of Social Relations,” *Modernization. The Dynamics of Growth*. New York, London, 1966. pp. 110–121; также см.: Parsons, T. “A Functional Theory of Change”, *Modernization. The Dynamics of Growth*. New York, London. 1966. pp. 78–86。

① Fornas, J. *Cultural Theory and Late Modernity*. pp. 20–31.

② “生活世界”（lifeworld）的概念是在阿尔弗雷德·舒茨和托马斯·卢克曼的现象学社会学概念下丰富发展的，用以表示普通人眼中的日常生活世界，在自然态度表现下存在的社会文化世界，人们通过这种态度面向这种态度的真实性（История теоретической социологии. В 4-х т. М., 2002. Т. 4. С. 241-257; Монсон П. Современная западная социология: теории, традиции, перспективы. СПб., 1992. С. 78–85; Коркюф Ф. Новые социологии. М.; СПб., 2002. С. 80–84）。“生活世界”与“系统”（现代社会中由市场经济和国家体现的从外部最初强加给人类的秩序；匿名关系和商业关系的世界有可能会“殖民”生活世界）的对立可以追溯到尤尔根·哈贝马斯的社会学理论。参见：Хабермас Ю. Отношения между системой и жизненным миром // THESIS: Теория и история экономических и социальных институтов и систем. Альманах. Весна 1993. Т. I. Вып. 1. М., 1993; Он же. Отношения между системой и жизненным миром в условиях позднего капитализма // Теоретическая социология: Антология: В 2 ч. М., 2002. Ч. 2. С. 353–372; Резник Ю. М. Введение в социальную теорию: Социальная системология. М., 2003. С. 154–159; История теоретической социологии. С. 597–624; Монсон П. Современная западная социол огия. С. 330–339。

③ Fornas, J. *Cultural Theory and Late Modernity*. p. 32.

杂。在他看来，现代化进程只是有时表现为清晰可见的、明显的转变，但更多的时候，它表现为对传统结构缓慢的、几乎察觉不到的侵蚀。

在描述现代化进程时，经常使用表面上的、快速的、可见的变化和顽固的、不显眼的、深层次的结构的二分法。现代化往往正是被等同于可见的变化。这种二分法引起了约翰·福纽斯的怀疑，因为它将分析与极有问题的隐喻内涵联系在一起，掩盖了其他（除了上述两种）类型的时间过程，过度简化了现代化的进程。

这方面出现的第一个问题，约翰·福纽斯称之为“围绕这对二分法式对立循环的隐喻无法控制的光环”。“作为变化的隐喻，现代性的进程可以与稳定的结构进行对比……”“在我们脚下深处的东西往往被认为是稳定的，而与此同时表层的东西却处在变化之中。表面通常被认为是流动的、可见的和浅层的（外部的），而深层次则被认为是静止的、隐秘的和更重要的。这样，表面/深层的隐喻便使得，一方面在可见而表层的变化之间，另一方面在隐秘的和重要的再生之间产生一条虚假的等价链。”

约翰·福纽斯为变化和稳定性问题提供了一种批判性的方法。他质疑源自隐喻的观点，即变化的地位不如结构要素重要，他认为，相反，“也有非常重要的变化，有时缓慢而渐进，有时迅速而突然。许多这样的转变最初都被忽视，只能通过对时间灵敏的文化实践所提供的‘地震仪’的反射来追踪。明显可见的现象——无论是变化还是传统，并不一定不如隐藏的现象重要，即使许多基本现象被深深隐藏。变化也可能是难以追踪的，与稳定性同样重要。不是所有的传统都比变化对人类生活更重要。可见的东西可能有时和隐藏的东西一样重要，可变的东西也可以是看不见的，并和某种稳定持久的东西一样重要。如果一些文化模式，如同艺术风格、年龄、性别或阶级关系一样，发生了变化，而其他文化模式则保持不变，那么哪些文化模式具有最高的恰当性（适当性）仍然是一个悬而未决的问题，无论它们是否未被人类承认或获得确认。一些明显可见的时尚或思潮的变化与一些公正的传统一样，对人类生活至关重要”。

根据约翰·福纽斯的说法，现代性理论感兴趣的是“那些隐蔽的但地位极其重要的变化，哪怕传统在日常生活中明显重现，变化过程有时是隐蔽的，有时是明显的，其重要性不亚于保留下来的传统。所有这些固化的等价物必须被分离出来，以便将灵活性、可见性和重要性的程度理解为独立的维度，尽管它们都可能以不同的方式同时与表面和深处相关”。

约翰·福纽斯认为，与变化和连续性的二分法相关的还有一个问题，即这种二分法掩盖了实际历史进程中更复杂的结构。约翰·福纽斯正确地指出，将变革等同于现代化是不够的。他提出的现代性的三个初步近似概念——不久前、当下和变化中的新事物，是不够的。现代性时代的时间已经不短，作为一个深刻的时间结构过程，它本身可以与偶然事件以及静态传统形成对比。

约翰·福纽斯认为，稳定与变化的整体上的二分法需要被分解。他坚持认为，仅凭两个极点不足以理解历史进程。现代性时代不能只由坚实、稳定的结构组成，也不能只由快速、偶然的变化组成。根据他的说法，至少可以区分四种不同的历史进程：第一，稳定的结构；第二，快速的、不可预测的偶然事件；第三，波浪形的周期性循环，例如由定期的代际变化或资本主义经济的周期性曲线造成的；第四，现代化本身的方向性、矢量性过程。所有这四种类型都在现代性时代的框架内共存，尽管现代化可能会影响其他三种类型，但根据约翰·福纽斯的观点，所有这些类型都应该被单独考虑，以便进行分析。

在经典现代化理论中，传统问题主要是在从传统社会向现代社会转变的背景下被看待的，在这方面经历了一定的演化，从对传统持消极态度，将之作为现代化转型的障碍，发展到一种更复杂的态度，即允许传统作为一种额外的激励或稳定机制参与转型过程。① 约翰·福纽斯通过探讨传统在现代性本身中的作用和地位来发展现代化的观念。

他注意到现代性获得自身的传统，以及大多数传统变化的事实，尽管变化缓慢且不易察觉。他谈到了现代性的长期历史传统，以及当今社会中传统的现代性。

在这种情况下，现代性仅与新的和变化的现象相关的想法，对福纽斯来说似是而非。现代化指的是相对持续的变化。约翰·福纽斯认为，这是一组历史进程，共同构成了社会、文化和心理模式的基本转变的特定时间逻辑。福纽斯写道："现代性刺激了时间上快速转变的持久体验，但当这些转变在结构上从属于某种发展逻辑时，这种对转变的概括性理解确实符合现代性的要求。许多历史上

① Gusfield, J. R. "Tradition and Modernity: Misplaced Polarities in the Study of Social Change," A. Etzioni and E. Etzioni (eds.). *Social Change: Sources, Patterns, and Consequences*. New York: Basic Books, 1973. pp. 333 - 341; Eisenstadt, S. N. *Tradition, Change, and Modernity*. New York, 1973; So, A. Y. *Social Change and Development: Modernization, Dependency, and World-System Theories*. Newbury Park, 1990. pp. 60 - 87; Федотова В. Г. Модернизация «другой» Европы. М., 1997. С. 69–70; Осипова О. А. Американская социология о традициях в странах Востока. М., 1985; Лурье С. В. Историческая этнология. М., 1997. С. 170–207.

的断裂时期都产生了类似的开放性、无防御性和自我反思的文化迹象。这可能是由偶然事件、周期性波动或其他结构变化引发的，而不一定与现代性有关。现代化只是加强了这些特征，使其固定化，并在不断扩大的范围内传播它们。”

与变化和稳定性的二分法相关的另一个问题是对现代化进程本身的过度简化。在这里，约翰·福纽斯涉及了现代化进程的不可逆转性问题。他坚信，现代性只意味着那种有方向的、不能被打断、不能轻易取消或完全改变的历史变化。约翰·福纽斯认为，没有办法倒退，回到前现代状态。约翰·福纽斯以分化的过程为例说明，“如果人们已经接受了艺术中的审美表达形式和法律中的规范细则之间的区分，那么反动的宗教激进主义者或怀旧的浪漫主义者可能会试图再次混合这两者，但这些领域不太可能再次在稳定的基础上变成某种无区分的整体。每个人都会认为美和正义是两个独立的维度，尽管试图将它们重新结合起来可能会很吸引人”。

约翰·福纽斯意识到，某些现代性的成就可能会随着时间的推移而消失。例如，福利国家的增长是现代化特定阶段的结果，约翰·福纽斯认为，新自由主义在20世纪80年代对此的冲击不应该被解释为非现代化，而是对不久前的现代性危机现象的破坏性反应。约翰·福纽斯还列举了在基督教和伊斯兰教内部针对现代文化趋势的宗教激进主义潮流的例子。同时约翰·福纽斯认为，它们自己也无法摆脱现代进程的深刻影响，甚至不由自主地加强和促进了这种影响。约翰·福纽斯认为，在现实中，这些宗教激进主义倾向绝对不会推动重回前现代的生活形式，尽管他们积极努力恢复传统。

约翰·福纽斯指出，如果现代化可以在一个层面被阻止（如新保守主义者试图让文化时钟倒流），那么它在其他层面的继续前进（不断扩张的资本主义经济）将有效地阻止任何回归到前现代的状态。因此，约翰·福纽斯的观点在一定程度上具有经典现代化理论的乐观精神，相信现代化变革的不可逆转性。约翰·福纽斯试图用教育过程和记忆被纳入社会实践来解释现代化变化的不可逆性，记忆中积累了人类在人造物、语言以及其他符号形式中的经验。①

现代性观念发展的下一步是区分出不同的维度，旨在保证不同的现代性理论之间最富有成效的互动。约翰·福纽斯指出，现代性至少可区分出三个维度。第一个维度，即“水平的”尺度，允许揭示现代性的历时性或时间阶段（如早期、高峰期、晚期）。另外两个维度是“同时的”尺度。概念性的“横向的”（“平行的”）维度区分了现代性的不同样态（如现代化、现代性、现代主义）。“纵向的”维度使我们能够区分现代性的层次或方面（如社会、文化、心理）。正如约翰·福纽斯认为的，这些维度的分离为综合来自不同话语、学科和方向的思想，形成更加连贯的、多维度的现代性理论创造了先决条件。

约翰·福纽斯所使用的“水平的”维度承载了重负。它的使用使我们能够解决许多问题，特别是确定现代性的时间顺序框架和内部边界。这个维度的使用使我们相信，现代性不是与前现代性明显分离的单一同质体。相反，现代性有其漫长的历史和前历史，包含各种阶段和时代。

约翰·福纽斯准确地指出，既不可能也没有必要确定现代性时代诞生的确切日期，同时承认这种不确定性常常会造成某些困难。

---

① Fornas, J. *Cultural Theory and Late Modernity*. pp. 22-27.

事实上，当讨论现代性的某些特征时，并不总是清楚我们是在讨论哪个时期，是讨论整个资本主义和工业化时期，还是只讨论其后期阶段，如从20世纪60年代开始的阶段。

值得同意的是研究者对前现代性时代的性质的看法，不应该把它看作静止的或不开化的。确实，一方面，现代化不是人类历史上第一个或唯一的发展过程。另一方面，所有的传统本质上都是历史的、社会的建构。现代性时代只是变化明显加快的一个时代。

约翰·福纽斯认为，现代化的每个阶段都被简化为对现代性以前的古老形式的攻击并同时用新的形式取代它们——这种假设是有问题的，根据这种假设，现代化变成了一个简单的累积过程，在这个过程中，旧事物连续地转化为新事物。在这里，约翰·福纽斯实际上是认同反思性现代性的观念，这种观念在社会学领域（尤其是以乌尔里希·贝克为代表①）正在不断发展，这种观念强调现代性本身也是反思性的（也就是说，昨天还很新鲜的东西今天就变成了过时的东西，明天就可能被更新的现代力量所摧毁）。正如约翰·福纽斯所认为的那样，在现代性的后期阶段，不仅存在前现代性生活形式的瓦解，而且由于新旧趋势之间的妥协，在早期阶段出现的现代性的形式也发生了瓦解。

反思性对现代化进程的形成有重要影响，导致“创造了一个复杂的模式，其具有令人惊讶的分支，以及由并行的、有区别的但却相关的进程叠加而产生的对比鲜明的中间阶段，并共同确保现代化。例如，不断推进世俗化、技术进步、商业化的运动，其形式明显不同，这取决于哪些宗教、技术或商品在某个阶段占据

① Бек У. Общество риска. На пути к другому модерну. М. , 2000.

主导地位”①。

至于阶段和时代，约翰·福纽斯认为，它们并不以某种明显的形式“存在”，而是将历史记忆整理为重要文本的方式。这种整理不仅由学者负责完成，也是一个在所有社会中各个地方发生的集体的、主体间的过程的结果。约翰·福纽斯并不认为这个过程完全是偶然的，“因为有一些能够用个人经验感受到的真实的变化，它们累积起来，形成了过渡时期中的独特里程碑”。

约翰·福纽斯强调了发展过程的复杂性：“在不同时间点、不同地点和不同层次发生的偶然事件、周期性波动与进步转变，共同将渐进式变化转化为根本性变革。这种变革在不同的地方、社会群体和文化中的分布是不均匀的。社会、文化和心理状态，在自然—文化—社会—个人整体的不同层面，往往会转化为某些阶段性的排列组合，导致‘不同步’现象。现代化进程在与年龄、性别、阶级和种族相关的不同空间和社会领域具有不同的形式，以不同的速度进行。诸如民族多元化、世俗化或大众传媒扩散等特殊过程，可能（尽管不一定）与现代化相关联。与现代化的相互关系问题，只能通过分析各种进程之间的背景关系来解决。

有时，一系列特定的转变最终在重要的社会和地理区域的历史中形成根本性的转变，转化为一系列的时代和阶段。新阶段每一个单独的重要元素可能都有其漫长的前历史，但在整体上和在某个组合中，它们具有新颖性。

这些转变和阶段中的哪些应该被视为更重要和更有意义的问题，是由人类主体在特定的背景下根据其特定的利益来决定的。以

---

① Fornas, J. *Cultural Theory and Late Modernity*. p. 33.

时代和阶段的线性图景所表现的历史意义，首先不是完全主观的，而是主体间建构的；其次，不是完全偶然的，而是实际历史事件与积极的历史解释者之间某种相互作用的结果。"①

约翰·福纽斯将现代性分为三个阶段或时期，即早期、高级（成熟）时期和晚期。尽管正如他所指出的，现代化的痕迹可以在历史深处找到（例如，在古希腊和古罗马时代，在早期基督教时期，或在意大利和弗拉芒的文艺复兴时期，货币经济、商品交易、社会领域的分化不断发展，个人主义不断扩大，出现抽象思维），但约翰·福纽斯认为，宗教改革是现代性特征在欧洲开始密集增加的阶段，他把现代性趋势在社会和文化中大规模的最终突破与资本主义社会的建立联系起来，在他看来，这表现在启蒙运动、资产阶级革命、帝国主义和工业化的世界秩序中。

约翰·福纽斯指出，现代化特点的空间传播——"市场、城市、国家权力、技术和通信的增长，促进了社会和文化制度、社会化模式、身份认同与日常生活模式从欧洲中心向世界各个角落的传播，从而使它们朝着在前者那里发展起来的形式变化"。

根据他的说法，根据国家和方向的不同，从前现代性到现代性的转变可以定位在1500~1800年的时间段内。约翰·福纽斯将从新兴现代性到早期现代性，再到工业化、启蒙运动和18世纪下半叶法国大革命所代表的重大飞跃的转变定位在这个时间跨度内。②

现代性的第二阶段——高级或成熟的现代性，根据约翰·福纽斯的说法，是在19世纪与20世纪之交的西欧确立的，"当时明确

---

① Fornas, J. *Cultural Theory and Late Modernity*. p. 33.

② Fornas, J. *Cultural Theory and Late Modernity*. p. 34.

的政治、经济、社会、文化和心理形式稳定下来，形成成熟的资产阶级工业社会，其特点是：资本主义生产和分配形式；工业部门结构和雇佣劳动；议会民主；分化的社会生活领域（包括各种形式的政治和文化活动）；独特的美学规则和流派；特殊的基于性别、年龄和阶级的生活形式；社会化制度和个人身份认同的普遍规范模式”。

正如约翰·福纽斯所强调的那样，那时哲学家、社会学家、历史学家、艺术家和作家已经找到了表述现代生活典型特征和问题的方法。在这里，约翰·福纽斯提到了马歇尔·伯曼①，后者认为卢梭、康德、黑格尔和歌德的作品是这方面的起点；与此同时，认为只有包括马克思和夏尔·波德莱尔在内的 19 世纪 40 年代的一代人，才设法编纂了一本足以描述现代性经验的词典，随后由社会学的创始人来完善，如埃米尔·涂尔干、马克斯·韦伯、格奥尔格·齐美尔、乔治·赫伯特·米德。

考虑到发展的不平衡性，约翰·福纽斯认为，对于世界其他地区，可以提出现代性的其他阶段和分期。尽管如此，他注意到，在全世界范围内现代性转变为一个明显的事实，这最终是由帝国主义贸易和军事冲突的空间效应、市场经济、运输和通信技术的发展所促成的。资本主义现代化创造了一个高效的世界体系，马克思、伊曼纽尔·沃勒斯坦等对此进行了分析，约翰·福纽斯对此也表示赞同。

---

① Berman，M. *All That is Solid Melts into Air*：*The Experience of Modernity*. New York，1982.

最后，根据约翰·福纽斯的说法，第三阶段，即晚期现代性①，发生在第二次世界大战之后。约翰·福纽斯大致将表明开始向第三阶段过渡的第一批信号归于20世纪20年代，但认为它的推进被法西斯主义发动的世界大战所推迟。

约翰·福纽斯将这一阶段的转变定位在1960年前后。20世纪60年代，许多以前作为现代结晶的社会和文化形式受到了正在进行的现代化进程本身的严厉批评和直接侵蚀。那是一个科学、哲学和美学方面的许多旧“真理”受到攻击的时代。结构-功能分化、不可逆性和普遍性作为现代性内在性质的论点受到怀疑。这些特性被批评者批判为已经过时，并患有西方式的民族中心主义；“后现代性”的概念被提出，以取代现代性的概念，来表示一个仿佛是新的时代，在这个时代中，分化消失，现代化经历崩溃，变得可逆。

同时，约翰·福纽斯认为，从现代时期（现代性）转变到新

---

① 约翰·福纽斯在他的书中复述了对“晚期现代性”概念的“引言式”见解：“我在1987年发表的一篇文章中首次使用了‘晚期现代性’的术语，此后它被广泛使用。此外，还可以举出许多先驱者和类似的例子。弗雷德里克·杰姆逊（1991）称后现代主义是‘晚期资本主义的文化决定因素’［该术语借用了西奥多·阿多诺和马克斯·霍克海默（1944）以及埃内斯特·曼德尔（1972～1975）的说法］，表示二战后资本主义的社会经济形式。1981年，建筑师查尔斯·詹克斯（1986～1989）提出了美学现代主义的分期，将其划分为早期、发达和晚期阶段，从而引入晚期现代主义的观念。卢瑟森（1986）和其他人以类似的方式讨论了文学现代主义。但在这些文本中尚未提出论据，证明‘晚期现代性’是一个普遍的具有划时代意义的观念。乌尔里希·贝克（1986～1992）提出了‘反思性现代性’的术语，表示现代性的新阶段，其特征是不仅对前现代残余，而且对现代过程本身提出更多问题并进行批判性分析。这条通往‘第二种’现代性的道路开启了对工业技术风险的自我批判分析，意味着早期的半现代性规划的完成，而不是它的崩溃。”参见 Fornas，J. *Cultural Theory and Late Modernity*. p. 37。

时代（后现代性）的支持者低估了高级现代性（现代性的第二个阶段）和当前发展阶段，即现在（约翰·福纽斯认为是现代性的第三个阶段）之间的连续性。约翰·福纽斯赞同安东尼·吉登斯的观点，即在当前现代化是在不断激进化与强化，而并非分解。约翰·福纽斯表示，在全球范围内，现代化正在加速并加深。诸如宗教激进主义或美学后现代主义这样的反对它的力量，都依赖并进一步强化现代化，而不是消除现代化。约翰·福纽斯强调说，现代性已经在全球范围内传播并渗透到社会生活的方方面面，同时它已经开始反思自身，消除自己的陈旧形式，并创造新的危机和新的可能性。

约翰·福纽斯认为，在现代性进一步扩展而并非逆转的影响下，全球流动性增加、电子媒体广泛使用改变了社会关系和身份认同机制的性质，并加强了对现代性的批判。

约翰·福纽斯认为，这一新的发展阶段是典型的现代性阶段。至于“后现代性”的概念，依作者之见，可以将它用于艺术中那些反对早期先锋主义运动的流派。但有时被打上“后现代性”标签的过去数十年，约翰·福纽斯建议应该将其视为现代性强化的、加速的、反思性的、极端的、超级的或晚期的阶段。①

约翰·福纽斯在继续对后现代性概念进行批判的基础上，注意到其存在的问题。尽管这个概念包含了时间性的前缀，但很难在时间轴上将其定位，而且在内容上也非常模糊。正如 B. Л. 伊诺泽姆采夫所指出的：“‘后现代性’的术语只能有效地适用于那些以克服先前建立的社会模式为特征的历史时期，因为它除了反映这种克

① Fornas, J. *Cultural Theory and Late Modernity*. pp. 34-35.

服的事实之外，并没有任何其他内容。一旦新的社会体系具备了稳定的社会状态特征，这个概念就失去了确定意义。"① 人们也可以引用乌尔里希·贝克对前缀"后"的反思，在他看来，这象征着以前认知方法的混乱性、犹豫性和无助性："'后'只是一个表达对潮流不知所措而混乱的暗语。它指向它无法命名的不熟悉的事物，并存在于它命名和否认的内容中，仍然被熟悉的现象所俘获。过去加上'后'——这就是我们在废话连篇、百思不得其解的情况下，对抗我们眼前正在瓦解的现实的基本做法。"②（许多后现代主义者以世界末日的方式谈论历史的终结和现代性的消亡；有时，他们完全回避分期，将其作为需要克服的总体性元叙事逻辑的属性。）约翰·福纽斯同意在讨论时间序列时需要谨慎，但他认为，在现代性之后是某种完全不同的事物的假设远没有那么有成效。事实上，正如约翰·福纽斯所表示的，对于后现代主义者所强调的大多数所谓的"后现代性"特征，人们可以在经典现代性时代内甚至之前找到相似之处。作为例子，约翰·福纽斯批评伊哈布·哈桑（1985）提出的二分法模式，该模式将现代性的目标、体系、距离、语义、隐喻、概念（所指）③ 和形而上学与后现代的游戏、无政府状态、参与、修辞、转喻、术语（能指）和悖论进行对比。约翰·福纽斯认为这个模式只是把现代性本身的平行方面对立起来。

① Иноземцев В. Л. Современное постиндустриальное общество. С. 26.

② Бек У. Общество риска. На пути к другому модерну. С. 9.

③ 弗迪南·德·索绪尔提出了在语言符号方面术语（其声音或书面形式）(signifier) 和概念（思想）(signified) 之间的区别，他强调了它们之间关系的任意性。

事实上，现代性时代从一开始就充满了矛盾性和双重性①，发展出的趋势和现象有时是两极的——线性目的论和多维碎片化，启蒙思想的理性主义和浪漫主义的反理性主义，等等。约翰·福纽斯进一步推论说，如果“后现代性”不是在现代性之后，而是在现代性之前或之间，那么使用前缀“后”是有争议的。

“但是，如果这更可能指当代文化中的并行流，其中没有一个在时间上跟随另一个，为什么还要保留‘后’这个前缀？其次，在需要区分现代性新的和强化的阶段（这个阶段内并没有取消现代性，而是对它的加强和重组）时怎么办？对当前发展过程的更合适的定义是激烈的、强化的、超级的、反思性的或晚期的现代性。这个观念可以避免对整个现代时期的无差别看法所固有的历史不确定性（对我们来说它掩盖了 18 世纪末和 20 世纪末之间的差异），以及后现代性概念的内部矛盾性（毕竟它既不是现代性的对立，也不是现代性的后续）。晚期现代性破坏了前现代性传统的一些普遍残余，但它也在反思性的辩证过程中取代了一些早期现代性的生活形式。一些被描述为‘后现代主义’的特征确实属于现代性的这一晚期阶段，并且可以被解释为并非与现代性趋势的完全决裂，而是其激进化。其他‘后现代性’特征属于总是双重性的现代性的自我批判的一面，属于‘亚现代’传统，这种传统可以追溯到启蒙思想和

① 现代性的矛盾性、双重性问题基本上是由格奥尔格·威廉·弗里德里希·黑格尔提出的。尤尔根·哈贝马斯就此指出：“黑格尔所揭示的新时代原则中的第一个就是主观性。从这一原则出发，他既解释了现代世界的优越性，也解释了它的危机状态：这个世界既体验到自己是一个进步的世界，同时也是一个被异化的精神的世界。因此，提出现代性概念的首次尝试与对现代性的批判有着共同的起源。”（Хабермас Ю. Философский дискурс о модерне. М.，2003. С. 17.）

浪漫主义之间的早期辩证，其中双方都无疑属于现代性。约翰·福纽斯总结了他对这个问题的看法①，现代性内部本质上划分为两种辩证联系的话语：现代性的“主要话语”即解放的自主性 VS 现代性的“逆话语”即限制的纪律性②。

约翰·福纽斯提出的“晚期现代性”的观念也有其不足之处，尤其是，它使得我们很难给现代时期的更晚阶段贴上标签。所有基于出生、成长、成熟和衰亡的有机隐喻的时代性的观念，都面临着同样的问题。但是，如超级或强化现代性这样的替代观念并不能解决这个问题。

“晚期现代性也是一种超级现代性，在这一阶段现代化的进程被强烈地加速和深化，并影响着人们与历史的关系。同时，在许多研究领域，现代化和历史化已经成为核心的和交叉的主题，推动了跨学科合作。”“现代化进程的加快……要求新的、不刻板的和不寻常的理解形式，与新出现的社会、文化和心理形式相适应。”③

约翰·福纽斯成功地将经典现代化理论与现代新进化论和新功能主义相结合，提出了改进的现代性版本。他的立场看起来非常合理且令人信服。对现代性概念进行视角划分是有成效的。对现代性的反思性和矛盾性的关注，使他能够从本质上更新现代性观念本

---

① Fornas, J. *Cultural Theory and Late Modernity*. pp. 36–37.

② 权力的纪律性手段和战略性权力关系对各种独立领域的渗透，被概括为“纪律性社会”的形成、疏离的增加、个人能力的限制，现代性与这种渗透的关系在米歇尔·福柯的原创作品中得到了论证：Фуко М. Надзирать и наказывать. Рождение тюрьмы. М., 1999; Он же. Воля к истине: по ту сторону знания, власти и сексуальности. Работы разных лет. М., 1996; также см.: Коэн Дж. Л., Арато Э. Гражданское общество и политическая теория. М., 2003. С. 366–379。

③ Fornas, J. *Cultural Theory and Late Modernity*. pp. 2–3.

身。约翰·福纽斯巧妙地描述了现代化的机制，充分考虑了对经典版本的批评和社会学理论的最新发展，并没有忘记在自己的模式中加入线性矢量发展与结构组态、周期性波动以及偶然变化。有关高级现代性和晚期现代性阶段之间的连续性的论点得到了令人信服的论证。

因此，约翰·福纽斯认为，现代性时期还没有完成，当今只是与前一阶段密不可分的现代性的晚期阶段。现代性的特点是有高度的动态性、永久的变化性、变革性和过渡性。时代的变化性使得不断重复的、似乎超越其范围的现象变得司空见惯。从本质上讲，要成为现代性的，就必须要成为后现代性的。时代的这种特点成为将现在定性为超越了现代性范围的后现代性的原因之一，尽管一些敏锐的后现代主义者（如让-弗朗索瓦·利奥塔）注意到了现代性的这一特点，并试图将其与他们的观念相协调。更深层次的观点似乎是，当今是现代性趋势的延续，但形式却发生了改变——以一种激进的和强化的形式。约翰·福纽斯也持有同样的观点，他设法令人信服地表明，现代性趋势，即不可逆转的动态性、双重的理性、差异化和普遍化，也贯穿着当今时代。

第三章
现代化的空间

第一节　宏观历史分析中的空间坐标

历史系统不是以现成的形式出现的。它逐渐形成，随着时间的推移而变化，有时缓慢，有时快速，有时逐步演化，有时突然爆发。这也适用于其在空间上的发展。历史系统起源于一个特定的地方，在历史空间中不断增长或缩小，并与其他客体（系统）相互作用，建立相互联系；这些相互联系在某些方向上扩展得更快，在其他方向上则较为缓慢。① 因此，时间和空间成为历史进程的相互关联的维度。时间指标能够记录历史变迁，空间参数用于衡量历史进程的地域性变化。原则上，这两个维度都可以反映出历史的可变性(时间和空间)。也许，时间和空间都应该被认为是历史中最重要的维度，共同构成了在历史进程中展开的坐标系统。

---

① Харвей Д. Модели развития пространственных систем в географии человека // Модели в географии. М. , 1971. С. 237.

然而，研究过去的现代科学对这些基本维度表现出不同的态度。普遍的看法是，最重要的是历史的时间维度。这一观点的支持者关注的是时间中的历史变化，即历史的时间区分。这种视角成为许多基于过去的原则性统一思想的理论形成的基础。这一科学思想方向中的历史区分通常体现出渐进式进步的形式，即从原始的社会存在形式向更复杂、更完善的社会存在形式转变。其支持者认为，历史进程受制于统一的、普遍的规律，并遵循所有地域共同的类似机制。

这种视角是在进步范式中发展起来的。这种范式的基础是：认为社会变迁是可预测的、累积的、矢量的进程，是从一个阶段到另一个通常更完善的、复杂的、扩展人的能力的阶段。其支持者通常侧重于内部的、内生的发展机制。这一范式的支持者认为，各个社会的不同之处在于，它们在所有社会共同的发展（进步）路线上取得了多大的进展。有些社会变成了更发达、更先进的社会，其他社会则不那么发达。同时，其支持者的逻辑是，后发社会在发展过程中会经历与先发社会相同的阶段，随着时间的推移，它们之间存在的差异会逐渐消失。① 根据这一范式，人们对保障从一个时间段过

① Савельева И. М., Полетаев А. В. История и время. В поисках утраченного. М., 1997. С. 433 - 457; Штомпка П. Социология социальных изменений. М.: Аспект-Пресс, 1996. С. 135-185, 202-228; Классен Х. Дж. М. Проблемы, парадоксы и перспективы эволюционизма // Альтернативные пути к цивилизации. М., 2000. С. 6-23; Уайт Л. А. Концепция эволюции в культурной антропологии // Антология исследований культуры. СПб., 1997. Т. 1: Интерпретации культуры. С. 536-558; Он же. История, эволюци онизм и функционализм как три типа интерпретации культуры // Там же. С. 559 - 590; Vago, S. *Social Change*. Englewood Cliffs, New Jersey: Prentice Hall, 1989. pp. 29-36.

渡到另一个时间段的机制提出了各种解释。如果说社会形态理论的支持者认为革命、冲突转变的过程是这种机制，那么经典现代化理论的代表人物则坚持历史变迁的进化性质。

但这些看法都是将空间作为一种次要指标。时间维度被解释为决定性的、结构性的，最重要的是确定历史对象的分期。所有社会都被确定为一个普遍进程的阶段性环节。社会运作的规律在很大程度上取决于其阶段，即时间坐标。另一方面，空间起到了论证社会完善过程的全面性的作用。

不能说这种方法的支持者完全忽略了历史的空间维度。空间经常对进步范式的支持者造成某些困难，包括理论困难。有些问题很容易解决，例如，用社会形态理论的支持者提出的可能跳过某些发展阶段的观点来解决（如绕过资本主义阶段从封建主义过渡到社会主义）。有一些问题则并没有协商一致的、被普遍接受的解决方案，如大多数东方国家的特殊历史动态问题，它们并不适合于标准的社会形态发展模式。

空间上的差异往往被简单归结为是由对进化的标准阶段性结果的不同组合方式造成的。例如，在现代化分析的框架内，丹克沃特·罗斯托注意到，在民主-极权连续统之中，存在现代化社会将变革制度化的不同路线的可能性。丹克沃特·罗斯托试图确定现代化社会所面临的问题类型，并阐释这些社会解决这些问题的顺序，比较它们的发展道路。丹克沃特·罗斯托认为，政治现代化有三个关键条件："认同感是民族的根本，权力是国家的根本，平等是现代性的根本；这三者共同构成了现代民族国家的政治基础。"① 根

① Rustow, D. A. *A World of Nations*. Washington, 1967. p. 36.

据丹克沃特·罗斯托的观点，社会之间的差异取决于解决这些问题的顺序：同时或依次（一个社会面对相关问题的顺序也很重要）。在比较研究的基础上，丹克沃特·罗斯托得出结论，以下解决问题的顺序是现代化过程中的最佳方式：认同感—权力—平等。然而，他也认识到可能存在着现代化的次优方式。

拓宽进化论（进步论）认知视野的尝试，推动了多线性（包括双线性方法，如承认西方和东方的特殊发展路线）理论的出现。后者的支持者也主要关注发展的内部因素，但同时指出了发展的模式、阶段和机制的可变性。关于多线发展的可能性的讨论在很大程度上归结为对“主要”和“次要”进化轨迹的划分。总的来说，进步论的方法将文化、历史世界的多样性简化为统一的人类体，从而使历史发展的画面变得贫乏。

上述理论方法与强调历史的空间维度的理论方法相对立。后一种理论方法从多样性、多元性、空间多样性无法归并成某种历史主流方向的立场来解释历史。这种视角在文明范式中得到了体现，其主要关注某些文明或文化的发展形式。

这种范式是基于历史多元化的理念，即文明发展类型的独特性，它们在很大程度上相互隔离，并按照内在的节奏发展，无法归并为全球标准的规律和机制。其支持者坚持认为，大型时间-空间历史体的结构和实质具有独特性，其内部经验具有不可复制性。经典文明范式的支持者所建立的实质上是周期性历史循环理论，根据这些理论，社会及其子系统在一个封闭的循环中运动，定期回到它们的初始状态（Н. Я. 丹尼列夫斯基、奥斯瓦尔德·斯宾格勒、阿诺德·汤因比的理论）。①

因此，经典文明理论的代表人物承认空间维度是占主导的、决定性的维度。正是空间指标使他们能够揭示差异化的基本特征，识别研究的对象——文明。文明研究中的历史进程本身在很大程度上具有了空间形态，即文明在某地的形成、其地域的扩展、对邻近文明的吸收、最终的衰落和瓦解、文明空间向地理空间的转化，等等。从某种意义上说，文明已被视为生存战略，是人类时空的自我组织。文明理论的支持者大多相信，最初的空间和生态条件对文明的形态和发展存在影响。

在现代文明研究中得到发展的边界文明概念，也有地理上的渊源。边界文明被解释为空间过程的互动、不同文明基础的扩散和融合、“文化混杂”的结果。②

相反，在文明研究中，时间指标起到了辅助作用，作为文明的骨架、核心的基本结构和价值观显示了令人羡慕的、“永恒的”稳定性。

然而，必须承认，现代版本的文明理论已经迈出了走向历史化的步伐，摒弃了经典版本的宿命论，认识到文明的复杂动态，不可将其简化为一个基本的周期，确定文明在时间方面具有极大的稳定

① Ерасов Б. С. Цивилизации: Универсалии и самобытность. М., 2002; Сравнительное изучение цивилизаций. Хрестоматия. М., 2001; Штомпка П. Социология социальных изменений. С. 186–201; Время мира. Альманах. Вып. 2: Структуры истории. Новосибирск, 2001. С. 306–368, 397–423; Рашковский Е. Б., Хорос В. Г. Мировые цивили зации и современность（к методологии анализа）// Восток-Запад-Россия. Сб. ст. М., 2002. С. 36–66.

② Шемякин Я. Г. Европа и Латинская Америка: Взаимодействие цивилизаций в контексте всемирной истории. М., 2001.

性，能够反复加强、削弱，有时会停滞，在其成分中生存和复兴。①

日本学者伊东俊太郎提出的文明发展模式，试图将时间和空间维度平等地纳入宏观历史分析，以克服进步理论（空间简化论）和文明理论（低估了历史的接力、连续性及其连贯性）的不足。② 他既反对进步理论的僵化线性，也反对文明模式的孤立主义。伊东俊太郎认为，文明的孤立发展观点是无稽之谈。相反，他坚持认为，许多文明在发展中相互影响。同时，文明发展的内部节奏也因其他文明的影响而改变。

伊东俊太郎认为，有必要区分各个文明发展的特征。但同时他也坚持认为，需要揭示人类的普遍经验。在他看来，可以划分出对全人类和所有文明都产生影响的“世界转型的五个阶段”。它们分别是“人类革命”、“农业革命”、“城市革命”、“轴心革命”和“科学革命”，这些革命在它们的时代标志着现代类型的人的形成过程，从采集经济向生产经济的转变，城市原始文明的诞生，哲学和世界宗教的形成，以及现代科学的创造。伊东俊太郎认为，这些革命早晚会在所有文化区域发生，要么是先发的（独立发展），要么是后发的（外部冲击的结果），但它们不是在全球同时发生。先驱地区发生的革命促进了全球其他地区的文明转型，但同时，伊东俊太郎指出，主要文明保留了其固有的特性，即使受到其他文明的影响也是如此。

因此，按照伊东俊太郎的说法，可以讨论适用人类历史的普遍

① Сравнительное изучение цивилизаций. С. 229.

② Ито Ш. Схема для сравнительного исследования цивилизаций // Время мира. С. 345–354.

机制和规律性（时间维度）问题。但是，与此同时，伊东俊太郎坚持认为，存在着保证维护文明认同的机制（空间维度）。因此，根据伊东俊太郎的模式，时间维度是人类历史统一性的保证。

下一类要探讨的理论也整合了时间和空间维度，通过将发展过程解释为历史空间之间的互动来保证历史的统一性和多样性。因此，在这些模式中，历史的统一性是通过空间维度来保证的。在这些模式中，空间被视为相互作用，创造了历史的完整性。相互作用的空间会相互转化。同时，具有更大潜力的地域的影响更为显著。在这类理论中，历史的统一是特殊的，因为在相互作用的地域上运作的是不同路线的发展机制。通常，这种理论的支持者注意到相互作用的空间的发展动态之间的反比关系。一些区域发展的上升趋势导致了其他地区发展的下降趋势。因此，这类理论有时被称为矩阵论。

这种视角反映在依附理论和世界体系理论中。① 依附理论的支持者强调第三世界国家的发展特点，其发展因受到工业发达国家的影响而呈扭曲状态。

在世界体系理论中，相互影响的地区被置于16世纪前后开始形成的世界资本主义体系的背景下。伊曼纽尔·沃勒斯坦将他对世

① Баран П. К экономической теории общественного развития. М., 1960; Кардозо Ф. Э., Фалетто Э. Зависимость и развитие Латинской Америки. Опыт социологической интерпретации. М., 2002; Пребиш Р. Периферийный капитализм: есть ли ему альтернатива? М., 1992; Валлерстайн И. Анализ мировых систем и ситуация в современном мире. СПб., 2001; Завалыео Г. А. Возникновение, развитие и состояние миросистемного подхода // Общественные науки и совре менность. 1998. №2. С. 140-151.

界资本主义体系的描述系统化，将其归纳为以下几点：资本的持续积累是世界经济的驱动力；劳动呈轴向分工，核心与外围的关系是基于具有空间特征的非等价交换形式；存在半外围区域；非雇佣劳动与雇佣劳动并存的重要性依然存在；资本主义世界经济的边界与由主权国家组成的国家间体系的边界相吻合；霸权国家在世界体系中存在，并随着时间的推移相互更替；世界体系的历史动态体现为周期性节律和长期性趋势。这种理论的要点是，不可能脱离世界其他地区来分析一个国家的生活，因为任何社会的“内部”经济进程在很大程度上是由其在世界体系中的地位决定的。

上述理论的支持者与进化论的代表人物不同，强调变化的外部（外生）因素而不是内部因素，优先考虑现代资本主义经济组织的超国家和全球特点，而不是其国家特点。在他们看来，国家体系发展的特点，在很大程度上是由有关国家的外部环境及其在世界等级组织空间中的定位决定的。依附理论和世界体系理论的代表人物发现了世界“外围”（或“半外围”）国家“平行”（非常特殊，不符合现代化类型的线性阶段性进步的框架）发展或“不发达”的可能性。可以说，中东欧的农奴制和美洲的种植园奴隶制的出现是体系依附的一个典型例子，它们是由同一时期资本主义在世界体系的核心——西欧的发展引发的。

证明依附理论和世界体系理论的材料主要来自现代社会，尽管在更早时期由于历史空间互动产生的体系依附的例子也很明显（如古希腊、古罗马世界和野蛮人社会，游牧民族和定居的农业者，等等）。根据珍妮特·阿布-卢格霍德的说法，在 16 世纪的“欧洲霸权之前”，在 13 世纪和 14 世纪，一种分散的世界体系（国际贸易和与之相关的扩大的国内生产体系）就已经形成，其核心是中东、中亚大草原、印度和马六甲海峡，随着时间的推移，还包括发展中的西欧城市。M. A. 切什科夫提出了地方-区域性的全球性阶段，主要通过文明间的联系（历史上表现为扩张、早期帝国、长途贸易等形式）来实现。①

世界体系理论和依附理论的代表人物对空间相互作用的关注，在某种意义上使其分析手段更接近理论地理学的空间关系研究方法。后者区分了空间过程（与移动有关的过程，如循环、扩散、互动、路径、流动等）和结构（用于表示地球表面要素分布的相当宽泛的概念，包括构型、形态、距离、分布、坡度、微观起伏、形状、方位等）。空间过程和结构共同构成了空间关系——理论地理学的研究主题。空间过程、关系、结构等概念的应用在地理科学中是富有成效的。正是空间过程构成了 B. П. 柯本理想大陆的空间结构；约翰·海因里希·冯·杜能的“孤立国”的农业产品向中心的最佳流动形成了环形农业区；陆地上的水流向大海以及它们输送的各种物质推动成熟河谷的发展（威廉·莫里斯·戴维斯）；在瑞典推广新农业技术的过程中，先进和落后的农业地区被区分开来（图尔斯坦·哈格斯特朗）。②

---

① Поршнев Б. Ф. Феодализм и народные массы. М. , 1964; Крадин Н. Кочевничество в современных теориях исторического процесса // Время мира. С. 369–396; Дж. Абу-Луход. Переструктурируя миросистему, предшествующую Новому времени // Там же. С. 449 – 461; Чешков М. Глобализация «без берегов» и самоопределение глобалистики // Безопасность Евразии. М. , 2002. № 1 (7). С. 378–383.

② Бунге В. Теоретическая география. М. , 1967. С. 10–11, 214–221; Хеншолл Д. Модели сельскохозяйственного производства // Модели в географии. С. 164 – 166, 168 – 169; Тюнен И. – Г. Изолированное госуд арство. М. , 1926.

总的来说，对历史进程坐标系统的论证、历史时间和空间维度的平衡，都需要进一步的理论发展。这不仅要在理论上寻求历史进程中内部和外部因素的最佳关系，对上述因素之间的互动机制也需要进行研究。

扩散理论在这里似乎提供了很大的帮助，它解释了社会变革的重要机制，这种机制采取的是创新扩散的形式，包括创新从外部输入到某个社会。① 社会借用技术、实践、制度和文化模式的能力，是在适应新现实的过程中加速自身进步和增加适应性资源的先决条件。由于推动社会间接触和互动的交通与通信手段得到了改善，扩散过程获得了额外的推动力。贸易、移民、战争、旅行、大众传媒的发展等都有助于创新的传播。

扩散在历史上的作用怎么估计都不为过。在“新石器时代革命”中，生产技术正是以扩散的形式从最初的几个先驱地区传播到世界各地；文字、字母、世界宗教的传播伴随着文明的形成和发展。技术、组织模式、文化、意识形态和价值观的传播，大大加速了16~20世纪世界各地的现代化进程。在今天的“信息”社会中，用马歇尔·麦克卢汉的话说，扩散水平的明显提高正在促使全球转变为“地球村”。

然而，在分析作为创新“链”形成的引发动力的外部“挑战”时，仅使用扩散理论是不够的，应该用罗兰·罗伯森的“选择性接受”、“选择性并入”（确定社会维持内部和外部文化模式之间平衡的方式）和“比较动态”（现实的或潜在的精英们得以系统地参与

① Vago, S. *Social Change*. pp. 12-13, 80-82, 117-121; Rogers, E. M. *Diffusion of Innovations*. New York, 1962.

到将自己社会的现实与其他社会的现实进行比较的过程），以及埃莉诺·魏思特尼的“社会间模仿”（民族国家之间由竞争引发的模仿）等观点加以补充。① 这些观点能够形成对跨国竞争比较和创新借鉴动态的解释模式。

第二节　政治现代化研究中的类型模式

历史系统逐渐地形成，随着时间的推移而变化，有时缓慢，有时快速，有时逐步演化，有时突然爆发。这也适用于其在空间上的发展。历史系统起源于一个特定的地方，不断增长或压缩，并在历史空间中与其他对象（系统）相互作用，建立关联，况且这些关联之发展趋势的强度可能有实质性的变异。② 因此，时间和空间成为历史进程的相互联系的维度。时间指标记录了历史变迁，空间参数成为历史进程的地域分化的判断标准。原则上，这两个维度都反映了历史动态的（时间和空间的）可变性。总的来说，时间和空间构成了历史进程展开的坐标系。

研究过去的现代科学提出了不同的理论，显示了对这些基本维度的不同态度。历史的时间特征是最重要的看法已经变得普遍。这

---

① Westney, D. E. *Imitation and Innovation: The Transfer of Western Organizational Patterns to Meiji Japan*. Cambridge, M. A.: Harvard University Press, 1987; Robertson, R. "Theory, Specificity, Change: Emulation, Selective Incorporation and Modernization," *Social Change and Modernization: Lessons from Eastern Europe*. B. Grancelli (ed.). Berlin, New York: De Gruyter, 1995. pp. 216-218, 226-231; Idem. *Globalization: Social Theory and Global Culture*. London: Sage Publications, 1992.

② Харвей Д. Модели развития пространственных систем в географии человека // Модели в географии. М., 1971. С. 237.

种观点的支持者关注的是时间上的历史变化，即历史的时间区分。这种视角已成为许多基于过去的原则性统一思想的理论形成的基础。这一科学思想方向中的历史区分通常表现为进步的模式，即从原始的社会存在形式到更复杂、更完善的社会存在形式。在这一视角下，历史对象的异质性主要是由于它们归属于历史时间流的不同时段。这一理论的支持者认为，历史进程受制于统一的、普遍的规律，并按照类似的机制进行。

正是这一方法奠定了经典现代化理论的基础①，其支持者专注于内部的、内生的发展机制。在他们看来，各个社会的区别在于它们在共同的发展（进步）道路上走得多远。有些社会更发达、更先进，有些则欠发达。其支持者的逻辑是，后发社会在发展过程中会经历与先发社会相同的阶段；随着时间的推移，它们之间存在的差异会逐渐消失。

人类现代化经验多样性的问题反映在专家提出的类型模式中。比较历史对象以确定共同和特殊特征作为类型学方法的基础，采用各种方式进行。最常见的是：第一，确定现代化的共同阶段或周期；第二，确定具体社会发展中可能采取的路线；第三，通过“纵向”和“横向”的分类组合，确定现代化国家的阶段性空间群体（类型）。

我们接下来依据西里尔·布莱克在 1966 年首次出版的《现代

---

① Levy, M. J. *Modernization and the Structure of Societies*. Princeton, 1966; Rostow, W. W. *The Stages of Economic Growth. A Non-Communist Manifesto*. Cambridge, 1960; Apter, D. *The Politics of Modernization*. Chicago, London, 1965; Lemer, D. *The Passing of Traditional Society: Modernizing the Middle East*. New York, London, 1965; Rustow, D. A. *A World of Nations*. Washington, 1967. p. 36; Black, C. E. *The Dynamics of Modernization: A Study in Comparative History*. New York: Harper Colophon Books, 1975.

化的动力》中采用的第三种方式来研究政治现代化类型学的经典做法。

西里尔·布莱克承认把现代化看作一个普遍的进程是很有成效的，但他指出，由于具体社会在解决现代化问题时表现出巨大的差异，这种方法在很大程度上失去了价值。作为对所有社会进行总体分析的概括性理论和对每个社会的现代化进程进行研究的具体理论两者之间的折中，布莱克建议研究现代化变迁的主要类型。

西里尔·布莱克强调说："没有两个社会以同样的方式实现现代化，没有两个社会拥有类似的资源基础、经验和相同的传统制度遗产，不可能找到两个处于同一发展阶段、具有相同的领导模式或现代化政策的社会。然而，在不忽视每个社会特性的情况下，仍有可能确定一些社会类型，这些社会以类似的方式解决问题，并采取类似的现代化政策。"①

现代化进程的时间维度反映在西里尔·布莱克提出的所有现代化社会都会面临的"关键问题"中：第一，现代性的挑战——传统社会与现代思想和制度的最初冲突，现代性的支持者出现；第二，现代化精英的稳固——在往往持续几代人的激烈革命斗争中，权力从传统领袖向现代领袖转移；第三，经济和社会转型——经济增长和社会变革，有助于社会从以农业经济为主的农业社会向城市和工业社会转变；第四，社会整合——在经济和社会变革的影响下，社会结构彻底重组。② 实质上，西里尔·布莱克讨论这些问题时，考虑的是时间上的里程碑——现代化的各个阶段。

---

① Black, C. E. *The Dynamics of Modernization*. p. 95.

② Black, C. E. *The Dynamics of Modernization*. pp. 67–89.

下一步是确定相关标准，以定义具体社会正在经历的阶段。这实际上是一个类型学标准本身的问题。对此，西里尔·布莱克建议使用以下参数：第一，相对于其他社会而言，政治权力从传统领袖转入现代领袖手中的时间（更早或更晚）；第二，现代性给传统领袖所带来的直接政治挑战的内生性或外生性；第三，在现代性时代是否拥有领土和人口的历史连续性，或是经历了人口和土地的根本重组；第四，社会在历史中一直独立自主或是经受了长期的殖民统治；第五，在社会进入现代之时是存在着可以在很大程度上适应现代性功能的发达制度，还是基本没有类似的制度而需要从更发达的现代社会引入这些制度。①

因此，以西里尔·布莱克提出的标准为基础的类型学，其目标是根据现代领袖在积累权力和实施自己的规划过程中所面临的典型政治问题来对社会进行比较，并根据各国处理这些问题的相似程度将其分为不同的类型。

西里尔·布莱克认为，他所提出的标准与历史发展、国家建设和国际关系等方面有关。同时，在他看来，采用这些标准进行的分类在很大程度上考虑了历史的文化、经济和社会层面，因为按年代顺序的排列以及对现代化影响的来源和性质的强调趋向于把具有相似特征的国家归集在一起。因此，西里尔·布莱克指出，与后发现代化国家相比，先发现代化的西欧国家及其支系通常具有较高的人均国民生产总值、城市化和教育水平，有较高比例的人口从事非农业经济，以及有较高的社会动员程度。总的来说，西里尔·布莱克认为，进入现代的时间（早或晚）通常反映在相应国家的经济和社

① Black, C. E. *The Dynamics of Modernization*. p. 96.

会发展水平上。①

基于两个分类尺度（解决基本问题的阶段和比较标准），西里尔·布莱克确定了他所在时代社会中的“七种政治现代化类型”。

在第一种类型中，西里尔·布莱克将英国和法国列为最早的现代化国家，它们在很大程度上为所有其他社会创造了从传统到现代转变的典范。② 西里尔·布莱克提请我们注意，这两个国家在将政治权力从传统领袖转移到现代领袖的理论和实践方面开一代新风，而且这两个国家经历了17~18世纪的革命，具有毋庸置疑的现代化潜力。

西里尔·布莱克注意到，法国大革命对世界上许多国家的意识形态和体制产生了广泛影响，在这方面远远超过了英国革命带来的影响。正如他所表明的那样，法国的思想和制度被引入拿破仑征服的北欧、中欧和南欧国家，法国的共和制模式被伊斯兰国家和拉丁美洲的现代领袖借鉴，东南亚和非洲的法国前殖民地社会也主要以法国的政治组织模式为导向，荷兰和比利时也在自己亚洲和非洲的殖民地间接传播了法国的影响。西里尔·布莱克认为，雅各宾主义是20世纪除马克思列宁主义以外另一可供选择的学说，影响了中东的穆斯塔法·凯末尔·阿塔图尔克、纳赛尔、本·贝拉，亚洲的孙中山、尼赫鲁和苏加诺，拉丁美洲的卡德纳斯和早期的卡斯特罗等领袖。

西里尔·布莱克指出，第一类国家区别于其他社会的特征还有，现代性的挑战明显表现出内部性质，在现代化时代领土和人口

① Black, C. E. *The Dynamics of Modernization*. p. 104.

② Black, C. E. *The Dynamics of Modernization*. pp. 106-110.

组成具有高度继承性，以及传统制度对现代功能具有最佳适应性。

据布莱克所说，先发现代化国家命运的共同性引发了一些结果。正如西里尔·布莱克所指出的，与后发现代化国家相比，英国和法国的特点是传统制度适应现代社会功能的速度较慢，尽管这两个国家都经历了革命动荡和复辟时期，其中法国更加具有戏剧性。西里尔·布莱克认为，现代化转型的缓慢步伐，加上其主要的内生制约性和很少从外部借用，使得传统制度以相对有序与和平的方式适应现代功能。

英国和法国的相似之处还体现在现代政治领导的形成机制上，根据历史学家的说法，这些机制的特点在于其相对进化的性质，以及由几代训练有素的文官实行渐进而稳定的变革。

西里尔·布莱克认为，政治现代化的第二种类型是英法在新世界的“支系”。① 西里尔·布莱克使用“支系”一词来指代旧世界居民定居的国家，这些人在新社会中占据政治和文化领域的支配地位。这些“分支”通常作为依赖宗主国的殖民地出现，但与其他殖民地不同的是，它们的主要人口在人种构成上与宗主国相似。西里尔·布莱克认为，第二种类型包括美国、加拿大、澳大利亚和新西兰等国家。

由于这些国家的主要人口是由17世纪前来自宗主国的移民构成的，因此布莱克认为，对这些国家来说，与第一类国家一样，现代性的直接政治挑战也是内部问题。此外，第二种类型的社会在进入现代性时代时，拥有能够适应现代性功能的发达制度。

但是根据一系列参数，西里尔·布莱克将第二种类型社会与第

① Black, C. E. *The Dynamics of Modernization*. pp. 110-114.

一种类型区分开来。事实上，政治权力从传统领袖向现代领袖转移在第二类国家发生得较晚，而且发生在不同的条件下，它们经受了领土和人口的根本重组，并经历了长期的殖民统治。

西里尔·布莱克指出，在这些社会中，政治权力向现代领袖的转移与实现政治独立联系在一起。第二类国家获得政治独立的决定因素是，它们的利益与宗主国的利益不同、远离宗主国、领土面积大、人口密度高。

传统和现代领袖之间的斗争在美国更具有戏剧性的形式，通常认为其从 1776 年持续到 1865 年，包含独立战争和南北战争，其中出现大规模暴力和重大伤亡。布莱克认为，加拿大、澳大利亚和新西兰的现代化进程表现出更多的演化性和更少的暴力性。他还指出，这些社会的人口更加同源，与宗主国的经济联系更加紧密。西里尔·布莱克认为，其后果是实现独立的时间更长（当人口增长和经济经营多样化使这些社会开始形成独立的政治路线）。就加拿大而言，这个过程是从 1791 年到 1867 年，澳大利亚是从 1809 年到 1901 年，新西兰是从 1826 年到 1907 年（以上事例的截止日期都标志取得自治领的地位）。

西里尔·布莱克认为，这种政治现代化模式的本质特征是，这些社会“脱离了母国的传统社会结构”。① 西里尔·布莱克指出，第二类国家经济和社会转型过程的展开，并非以长期以来形成的，由农民、手工业者和地主这些相对封闭的阶层组成的社会结构为基础，而是以对变化准备得更充分的流动型社会结构为基础。这种社会流动性因广阔而未开发的边疆地区的存在而大大加强，那里有大

---

① Black, C. E. *The Dynamics of Modernization*. p. 112.

量的土地和其他资源，而国家权力却很弱。

西里尔·布莱克强调了可用的边疆地区对第二类国家发展的重要性，它们不仅是财富的来源，也是化解人口更密集地区的社会问题的安全阀。正如西里尔·布莱克所指出的那样，那些感觉受到了不应有的委屈、未能为自己争取到满意的生活条件或梦想实现新思想的个人和团体，有可能迁往边疆地区，而不是试图在他们以前的居住地寻找妥协或坐以待毙。

西里尔·布莱克还指出了扩疆带来的一些问题。他认为最重要的一条是，如果没有额外的劳动力，就无法开发剩余的资源。移民的大量涌入反过来又造成了同化问题，这个问题在美国最为尖锐，而在其他三个国家，由于当时的情况，移民较为缓慢且具有同质性。

在总结第二类国家的特点时，布莱克指出："到 20 世纪 30 年代，当第二类社会面临社会融合的政治问题时，它们的发展水平已经超过了欧洲，被认为是世界上最富有和最有影响力的社会。它们不仅受益于新世界的丰富资源，受益于相对的地理隔离，能够将精力投注于国内事务，而且还受益于从旧世界继承下来的发达的自由主义制度，受益于技能熟练和精力充沛的人口，它们千百万计地移入这些地区，来寻求一种令人满意的生活方式。"①

西里尔·布莱克认为，政治现代化的第三种类型包括现代领袖的权力稳固发生在法国大革命之后、受到法国大革命的直接或间接影响而产生的那些欧洲社会。② 这些社会调整其政治制度以适应现

① Black, C. E. *The Dynamics of Modernization*. p. 114.

② Black, C. E. *The Dynamics of Modernization*. pp. 114-116.

代性功能稍晚于英国和法国。在它们的历史中，曾有过长期的领土和人口组成被迫重组的情况。这些社会在现代主要是独立的，尽管东欧的一些民族，以及爱尔兰和冰岛，最初是在类似于殖民的外国统治下。与前两种类型的社会一样，这些国家也在传统时代就创建了能够适应现代性功能的制度。

重要的是，许多欧洲社会几个世纪以来一直参与现代思想和制度的发展，与英国、法国或新世界国家竞争，甚至在某些方面有可能超过它们。西里尔·布莱克写道："西班牙和葡萄牙航海家的航海知识，荷兰、威尼斯和达尔马提亚商人的商业技能，波兰、捷克、匈牙利和德意志地区科学家的成就，这些不同社会的科学家、艺术家、机械师，以及其他许多人，对塑造现代生活方式做出了根本性的贡献。"①

西里尔·布莱克强调了法国模式对第三类社会的政治现代化的决定性影响。旧政权的崩溃在比利时、卢森堡和荷兰不早于 1795 年，在瑞士是 1798 年，而在德意志、意大利、丹麦、挪威和瑞典则是在 19 世纪的第一个十年。

在这些国家中，根据西里尔·布莱克的看法，可以说，现代政治领导地位得到稳固发生在 1839 年（荷兰）和 1871 年（德国与意大利）之间。在东欧，政治现代化开始得更晚，直到第一次世界大战期间各帝国解体才完成。布莱克认为，第三类国家现代主义政治领导地位的稳固受到通常是武力强加的外国模式的决定性影响，而且还有漫长而艰难的国家建设过程。

正如研究者所指出的，只有少数传统主义国家在没有解体的情

---

① Black, C. E. *The Dynamics of Modernization*. p. 115.

况下走完这个过程。最复杂的领土和政治重组发生在神圣罗马帝国，其领地被反复组合，直到 1871 年才实现相对稳定。奥斯曼帝国和哈布斯堡帝国的崩溃是充满暴力的，由于战争、革命和外交，这些国家的人民逐渐获得了独立。

第三类社会在传统制度遗产、政治领导的历史特征方面存在许多根本差异，但它们有一个共同的特点，即把精力大量集中在国家建设的进程中。与英法及其在新世界的“支系”相比，第三类国家的政治领袖的精力与人民的资源，在更大程度上被用于保卫新获得的边界，并准备解放仍处在外国统治下的邻近或相关领土。中欧到 1871 年已经实现了相对的稳定，而在东部地区，当时民族主义的火焰继续燃烧，直到 1914 ~ 1918 年和 1939 ~ 1945 年大火猛烈爆发。虽然民族主义只是实现自决的手段，旨在使社会不受外族的歧视性统治而建设现代化，但对许多代人来说，民族主义本身就成了一个目标。

第三类社会经济转型最为迅速的阶段，发生在 19 世纪末至 20 世纪上半叶。瑞士和德国在 20 世纪 30 年代就面临着社会融合的问题，而其他同类国家在二战后才达到这个阶段。

西里尔·布莱克认为，政治现代化的第四种类型，由第三种类型的欧洲社会在新世界的“支系”组成。① 这些社会与同样主要由来自旧世界的移民创建的第二类社会不同。除了资源基础和技能的差异外，第四类社会的特点是向现代化转变较晚，对外来社会（特别是那些往往不太重视现代化的第三类社会）影响的依赖程度要更深。

拉丁美洲国家独立的实现通常不是通过现代领导人掌权，而是

---

① Black, C. E. *The Dynamics of Modernization*. pp. 117-119.

通过建立新殖民主义政府的形式，趋向于使传统主义生活模式永恒化。即使是在主要由欧洲移民构成的国家（如阿根廷、哥斯达黎加、乌拉圭)，现代领导人的地位在其解放后的近一个世纪中也没有得到稳固。布莱克一方面将之归因于这些国家的农业专业化，这阻碍了城市化进程；另一方面则将之归因于政治活跃人口的主导价值观。它们昭示的民族目标宣言和所建立的政府形式是以欧洲自由主义模式为基础的，其用词在很大程度上模仿了法国大革命的词汇。然而，是在很长一段时间后，这些政治制度才开始在实质上转向现代主义。

大多数拉丁美洲国家的政治现代化受到严重阻碍，因为欧洲裔在那里是少数，他们不愿意与混血种人和印第安人，以及一些情况下构成人口大多数的非洲裔分享政治权力。西里尔·布莱克指出，第四类社会在这方面与美国差别很大，例如，美国的印第安人数量很少，非洲裔约占人口的10%。

相比之下，在大多数拉丁美洲社会中，非欧洲裔人口在数量上的优势阻碍了有效公民权的扩展，并导致少数富有的欧洲裔居民与大量相对贫穷的混血种人或非欧洲裔人口之间的分歧越来越大。这种分裂的社会影响，被占主导地位的少数人在国外而不是国内投资的做法所放大。

根据布莱克的分类，政治现代化的第五种类型由那些未直接受到外部干涉，但受到率先现代化的社会的间接影响而进行现代化的社会组成。① 布莱克认为其包括俄罗斯、日本、中国、伊朗、土耳其、阿富汗、埃塞俄比亚和泰国。

---

① Black, C. E. *The Dynamics of Modernization*. pp. 119-123.

所有这些国家的共同点在于这一事实：它们的传统政府有充分的效能，因为它们都有中央集权化官僚治理模式的长期经验，这使得它们能够长期抵御直接的、广泛的外来统治。

与其他大多数社会不同，第五类社会本质上是自主地实现现代化，领土和人口的构成基本没有变化。西里尔·布莱克将这些社会保持独立的能力归结为多种因素。例如，在他看来，对中国、伊朗和土耳其来说，力量平衡（或者说，较现代的竞争者之间的矛盾）是主要因素。在阿富汗、埃塞俄比亚和泰国的历史上，交通不便和闭关自守在保持独立方面发挥了重要作用。布莱克认为，俄罗斯和日本主要通过自己的军事力量来捍卫独立。

第五类社会最稳定的特征之一是，它们早在面临现代化挑战之前就确立了国家的领土和人口基础。这些社会并没有面临与外国直接统治、殖民主义做斗争的问题。在现代性时代，所有这些国家都在某种程度上经历了外国干涉——外国占领这些国家部分领土的时期，以某种形式给予外国人有利待遇（不平等条约为外国人提供特权待遇），广泛依赖外国贷款和顾问。然而，西里尔·布莱克倾向于将这些形式的外国干涉，有时是依赖，与征服和殖民主义形式的长期、直接的外国控制区别开来。

在第五类社会中，传统政府自身（沙皇统治下的俄国、德川幕府时期的日本、清朝、奥斯曼土耳其帝国、恺加王朝统治下的波斯、特沃德罗斯二世和孟尼利克二世统治下的埃塞俄比亚、却克里王朝统治下的暹罗）在面对现代性挑战时采取了主动。同时重要的是，许多人认识到，这些国家在从旧制度向新制度转型的连续性和渐进性方面，与英国和法国有许多相似之处。

传统精英们通常会发起有限的或保护性的现代化计划，力图维护传统社会，使其免受因外国或国内现代化者的成功而可能引起的更激烈、激进的变革。西里尔·布莱克列举了俄国的彼得一世和尼古拉一世的改革、德川幕府后期的改革、奥斯曼的马哈茂德二世和阿卜杜勒-迈吉德一世的改革、晚清时期的政治家主持的改革、暹罗的蒙库特和朱拉隆功的改革、波斯的纳赛尔丁·沙的改革、埃塞俄比亚的孟尼利克皇帝的改革。据西里尔·布莱克称，这些改革的目的是为官僚机构和军队提供现代培训和装备体系，改善交通和通信，并建立高等教育机构。外国专家被邀请来授课，本国代表也被派到国外去学习现代知识。

然而，这些改革的根本特点是，它们不是为了改造传统制度，而是为了加强它。农业经济和占总人口 4/5 以上的农民的生活方式基本上没有受到有限现代化的影响，而精英们则保留了他们的传统特权。这些措施至少能够暂时应对来自更加现代的社会的挑战，而向能够支持高效的现代化规划的政治领导层的转变则被推迟了数代人。

西里尔·布莱克强调，在第五类国家中，与过去的根本决裂不是通过革命、外国占领或反对外国统治的民族起义实现的，而是通过传统领导本身来实现的。1861 年俄国农奴制废除、1868 年日本幕府政权被推翻、1905 年中国现代官僚培养模式取代了古典制度，以及 1906 年在波斯、1908 年在奥斯曼帝国、1923 年在阿富汗、1924 年在埃塞俄比亚和 1932 年在暹罗建立了宪政形式，决定性的变化随之而来。

然而，西里尔·布莱克指出，统治精英和官僚机构不可能无休止地支持现代化举措。只有在日本，现代领导层的政治权力在 1945 年之前得到了稳固，而没有爆发革命推翻王朝。在其他国家，现代领导层的稳固涉及更加激进的革命（如 1917 年俄国的二月革命和十月革命，以及 1923 年土耳其的穆斯塔法 · 凯末尔推翻奥斯曼王朝和 1925 年波斯的礼萨 · 汗推翻恺加王朝的革命）。

西里尔 · 布莱克归纳的第六种和第七种类型，包括亚洲、非洲、美洲和大洋洲数百个经历过殖民统治时期的独立和依附社会。① 第六种类型是由传统文化高度发达的社会组成的，它们能够在适应现代性功能的过程中与更现代的"监护"社会成功互动。第六种类型包括伊斯兰教、印度教和佛教社会。

第七种类型的社会（撒哈拉以南非洲和大洋洲的部分地区）在面临现代性的挑战时还没有形成自身足够发达的宗教、文字系统和政治制度。由于缺乏能够适应现代性功能的制度和文化，它们不得不直接从更现代的社会中借用现代思想和制度。

作为最后两种类型社会的共同特征，西里尔 · 布莱克指出，殖民主义在一定程度上刺激了现代化的初始阶段以及在传统社会中带来现代性的挑战，同时阻碍了下一阶段，特别是现代化领导人稳固政治权力的阶段。

在布莱克看来，第六种和第七种类型的社会在实现政治统一的进程中，远比第二种和第四类型社会更依赖保护力量。只有在特殊情况下，它们才有独立建国的历史依据；它们作为殖民地以及后来作为独立国家的政治结构，在很大程度上归功于保护力量的政治权威，而不是它们自身的主动性。

西里尔 · 布莱克的类型学分析模式是经过深思熟虑的、富有成效的。它有助于在现代化研究的框架内发展比较历史和分类方

---

① Black, C. E. *The Dynamics of Modernization*. pp. 123–128.

法，并深入研究现代化的阶段和“横向”变体。这一模式的影响至今体现在关于现代化的作品中，这证实了其尚未被开发的认知潜力。据此，俄罗斯哲学家 В. Г. 费多托娃制定的发展标准体系［第一，发展的来源（内部和外部）；第二，发展的本性（分为主要的和次要的本性，主要的本性受自身需要的影响，次要的本性与外部“挑战”有关，是对它们的回应）；第三，发展机制（创新、力量动员）；第四，发展的特点（独立的、追赶西方的、仅追赶其技术和经济水平的、追赶不上的）；第五，发展的速度（非常快、快、慢、非常慢）；第六，存在精神、心理和文化方面的先决条件；第七，发展所指向的未来形象］，可以被看作西里尔·布莱克标准体系的发展，而她对相同类型发展领域的有趣和实质性的分类［西方文明，包括两个亚类型，即美洲和西欧、“次要”美洲（墨西哥、巴西、智利等）和“其余欧洲”；东南亚和南亚新兴工业化国家；第三世界的前工业文明；不发达社会］，显示了与布莱克的政治现代化类型学的一些相似之处。①

承认现代化不同轨迹的可能性，有助于提出各种历史类型或发展模式。例如，现代视角不再将民主视为现代化所固有的现象，而是将其视为从传统向现代转型的可选择结果之一，政治现代化的进程本身也以不同的历史身份出现。

塞缪尔·亨廷顿在他的一部作品中，试图在西欧和美国的材料

---

① Федотова В. Г. Модернизация «другой» Европы. М., 1997. С. 240 - 251; Она же. Типология модернизаций и способов их изучения // Вопросы философии. 2000. № 4. С. 3 - 27; Она же. Неклассические модернизации и альтернативы модернизационной теории // Вопросы философии. 2002. № 12. С. 3-21.

基础上对政治现代化（民主化）的过程进行类型划分。① 亨廷顿提出了三种类型的民主化。第一种类型的民主化是所谓的线性的，这是从英国和瑞典的历史经验中得出的。在英国，正如塞缪尔·亨廷顿所指出的，民主化逐渐从公民权利发展到政治权利，再到议会和内阁政府逐步确立统治地位，最后到一个世纪以来选举权的不断扩大。他指出，瑞典的民主化是采用以下路线：第一，民族统一；第二，一场漫长的、未完成的、没取得最终结果的政治斗争；第三，有意识地决定采用民主制度；第四，最终习惯民主制度。

第二种类型的民主化是周期性的，即独裁和民主不断交替。正如亨廷顿所言，这种类型在许多拉丁美洲国家都很常见。在这种类型的民主化中，主要精英通常承认民主政府形式的合法性，不时地举行选举。但亨廷顿认为，对于这些国家来说，在长期内通过选举过程上台的政府更替是异常罕见的。政府是选举的结果，也往往是军事政变的产物。正如亨廷顿所指出的，在这种“禁卫军”情形下，无论是独裁还是民主机构都无法有效地制度化。一旦一个国家走上这种军事独裁和公民民主交替的周期性道路，它就会发现要打破这种循环是非常困难的。

第三种类型的民主化是辩证性的。在这种类型下，城市中产阶级日益发展，扩大了政治参与和竞争，导致独裁政权受到的压力越来越大。到了一定程度，现有的独裁政权就会被民主政权所取代。然而，新的资产阶级政权并不具备有效治理国家的能力。结果是，民主政权经常被推翻并回到独裁制度。但反过来，独裁政权也会崩溃，并向稳定的

---

① Huntington, S. “Will More Countries Become Democratic?” *Political Science Quarterly*. 1984. № 99. pp. 193-218.

（长期的）民主制度转变。亨廷顿认为，德国、意大利、希腊和西班牙的经验体现了这种（辩证性的）模式。

塞缪尔·亨廷顿的政治现代化类型学说明了西方社会科学中发生的一个重要转变，即认识到一个事实，历史进程不具有给定性，不是宿命论的。

然而，上述观点的共同之处是将空间作为一种次要指标，时间维度被看作决定性的、结构性的。政治现代化的类型模式的核心是定义历史对象的阶段性性质。社会被定位为一定程度上的普遍进程中的阶段性环节。社会运作的规律在很大程度上取决于其阶段性的，即时间方面的特征。空间方面依然是起到了论证社会完善过程的全面性的作用。总的来说，对历史进程坐标系统的论证、历史时间和空间维度的平衡，仍具有迫切性，需要进一步的理论发展。不仅要在理论上寻求历史进程中内部和外部因素的最佳关系，对这些因素之间的互动机制也需要进行研究。

第三节　历史趋势宏观理论背景下的俄罗斯

过去的研究者，尽管有不同的学科归属，但都以一些共同的理论和方法论为指导，它们影响着研究对象的选择，对历史趋势的动力、机制和方向的解释，以及对不同历史时期之间关系性质的界定。本节的目的是对研究俄罗斯历史问题所采用的三种理论与方法论的认知可能性进行简要的比较评述。

现代化理论

创建现代化理论所使用的理论来源之一是进化论，它在本质上强调历史进程的时间维度。进化论者关注的是随着时间的推移而发生的社会变迁。经典进化论提出了逐步进化形式的人类历史发展模式，即从原始社会发展到更复杂、更完美的社会存在形式。这种理论的支持者认为，进化遵循统一的、普遍的规则，并通过主要是内源性的、所有地域共有的类似机制实现。① 这种视角成为许多进化（进步）理论形成的基础，而这些理论都基于社会存在的原则性统一思想。这些理论的共同点是将空间作为一种次要指标，时间维度被解释为决定性的、结构性的。进化（进步）理论的核心是确定社会对象的阶段性性质，所有社会都被定位为一个普遍进程中的阶段性环节。社会运作的机制主要受其阶段属性，即时间属性的影响。人类历史是一个进化过程的观点在很大程度上在 20 世纪中叶出现的新进化论中保留下来。然而，新进化论通过承认特殊发展路线的可能性（多路线进化；“主要”和“次要”的发展轨迹），拓宽了认知视野。新进化论者也主要关注发展的内部因素，但同时指出了发展的模式、阶段和机制的变异性。

与进化论（和新进化论）一脉相承的现代化理论的早期版本（1950~1960 年），即所谓的经典范式，赞同进化论的许多理论与方

---

① Савельева И. М., Полетаев А. В. История и время. В поисках утраченного. М., 1997. С. 433 - 457; Штомпка П. Социология социальных изменений. М.: Аспект-Пресс, 1996. С. 135 - 185, 202 - 228; Классен Х. Дж. М. Проблемы, парадоксы и перспективы эволюционизма // Альтернативные пути к цивилизации. М., 2000. С. 6 - 23; Уайт Л. А. Концепция эволюции в культурной антропологии // Антология исследований культуры. СПб., 1997. Т. 1: Интерпретации культуры. С. 536 - 558; Коротаев А. В. Социальная эволюция: факторы, закономер ности, тенденции. М., 2003; Vago, S. *Social Change*. Englewood Cliffs, New Jersey: Prentice Hall, 1989. pp. 29-36.

法论，这反映在它把现代化模拟为一个革命的过程，与从传统向现代转变过程中人类生存和活动形式的“革命性的”、激进的和全面的转变有关。线性模式的支持者认识到，现代化几乎在人类思想和行为的所有领域都引起了变化，产生了结构-功能分化、工业化、城市化、商业化、社会动员、世俗化、民族认同、媒体传播、“扫盲”和教育、现代政治制度形成和政治参与增加等过程。在线性模式中，现代化被视为将现代化的因素和属性整合为一个连贯的、整体的系统性内在过程。线性模式的支持者将现代化过程视为变迁向社会体系的内在嵌入。线性模式认为现代化是全球进程，它是由现代西方思想、制度和技术在世界范围内的传播促成的，但同时更多的是由内生因素驱动的。这一模式的支持者认为，所有社会都可以沿着从传统性到现代性的轴线分布。就实施“革命性”变迁的速度而言，现代化被认为是一个进化的、漫长的过程。进化发生在现代化的某些阶段，所有社会都必须经过这些阶段。在线性模式中，现代化过程被描绘成社会逐渐融合的、统一的过程。现代化被看作不可逆转的进步过程。①

---

① Rostow, W. W. *The Stages of Economic Growth. A Non-Communist Manifesto.* Cambridge, 1960; Idem. *Politics and the Stages of Growth.* Cambridge, 1971; Lemer, D. *The Passing of Traditional Society: Modernizing the Middle East.* New York, London, 1965; Levy, M. J. *Modernization and the Structure of Societies.* Princeton, 1966; Black, C. E. *The Dynamics of Modernization: A Study in Comparative History.* New York: Harper Colophon Books, 1975; Eisenstadt, S. N. *Modernization: Protest and Change.* Englewood Cliffs: Prentice Hall, 1966。在描述现代化的线性模式时，我们借鉴了塞缪尔·亨廷顿的研究，他用九个特征来描述该模式的特点［参见 Huntington, S. P. “The Change to Change: Modernization, Development, and Politics,” *Comparative Modernization: A Reader.* C. E. Black (ed.). New York, London, 1976. pp. 30-31］。

线性模式激发了对现代化标准问题的讨论，这些标准通常是通过比较传统性和现代性理想的典型形象而制定的，它们实际上代表了设想中的社会转型的复杂过程所处的两极。线性模式的支持者认为，这些标准对于所有走上现代化道路的社会都是必需的。

线性模式旨在研究宏观社会现象（通常是在国家范围内），并以结构主义理论为基础，对“情境的内部逻辑”的研究并不包括在其计划中。这种模式要求将现代化视为社会沿着相同的各阶段标准台阶从欠发达（传统性）到现代性与发达的统一的普遍上升进程。这个模式是在西方“大西洋”文明的经验基础上构建的，几乎没有考虑到西欧和北美以外文明经验的多样性。

现代化进程中的空间差异，往往被归结为只是对进化的标准阶段性结果的不同组合方式。例如，经典现代化理论的代表人物丹克沃特·罗斯托注意到，在民主-极权连续统之中，存在现代化社会将变革制度化的不同路线的可能性。丹克沃特·罗斯托试图确定现代化社会所面临的问题类型，并阐释这些社会解决这些问题的顺序，比较它们的发展道路。丹克沃特·罗斯托认为，政治现代化有三个关键条件：“认同感是民族的根本，权力是国家的根本，平等是现代性的根本；这三者共同构成了现代民族国家的政治基础。”① 根据丹克沃特·罗斯托的观点，社会之间的差异取决于解决这些问题的顺序：同时或依次（一个社会面对相关问题的顺序也很重要）。在比较研究的基础上，丹克沃特·罗斯托得出结论，以下解决问题的顺序是现代化过程中的最佳方式：认同感—权力—平等。然而，他也认识到可能存在着现代化的次优方式。

① Rustow, D. A. A *World of Nations*. Washington, 1967. p. 36.

必须承认，在过去数十年里，现代化理论并非一成不变。相反，它经历了一个长期的完善过程，在与实际发展进程的不断互动中不断发展、不断调整。①

在这方面，20 世纪 80~90 年代特别重要，其特点是重新思考了源于进化论和功能主义的现代化方法的理论基础。在这一时期，人们放弃了把现代化视为向西方制度和价值观转变的运动的片面线性解释（这种方法现在被解释为种族中心主义），人们认识到了自身原创性发展道路的可能性（国家现代化模式，当然也是具有地方社会文化色彩的现代化模式）。

进化论的目的主义已经被纠正。“新”现代化分析的代表人物强调的不是不得而知的进化法则，而是社会行动者（集体和个人）的作用，他们总是能够通过有力的干预来保证情况的发展或转变。现代化进程被视为反思性的（乌尔里希·贝克），伴随着对以前阶段所取得的成果的不断重新评估和部分废除。重新承认历史的偶然性，这保证了理论方法的历史化；认识到需要在具体的历史关系中研究转型过程。②

---

① Опыт российских модернизаций XVIII－XX века. М.： Наука， 2000. С. 10－49； Алексеев В. В.， Побережников И. В. Школа модернизации： эволюция теоретических основ // Уральский исторический вестник. Екатеринбург， 2000. № 5－6： Модернизация： факторы， модели развития， последствия изменений. С. 8—49； Они же. Модернизация и традиция // Модерни зация в социокультурном контексте： традиции и трансформации. Сб. научн. статей. Екатеринбург， 1998. С. 8 － 32； Проскурякова Н. А. Конц епции цивилизации и модернизации в отечественной историографии // Вопросы истории. 2005. № 7. С. 159－164.

② Grancelli， B. （ed.）. *Social Change and Modernization*： *Lessons from Eastern Europe*. Berlin， New York： De Gruyter， 1995； также см.： Цапф В. Теория модернизации и различие путей общественного развития // СОЦИС. 1998. № 8. （转下页注）

多线模式是在经典模式的基础上作为一种理论综合而创建的，考虑到了来自与之竞争的结构主义世界体系视角的批评以及活动视角的要素，扩大了现代化分析的认知可能性。多线模式仍然主要侧重于分析宏观社会现象，更具“历史性”，其特点是对于所研究的现实具有更大的适应性。

现代化理论被应用于俄罗斯历史研究，主要是为了确定其在全球现代化进程中的类型，并构建从传统社会向现代社会转变的国家模式。分析主要是在国家层面进行。

现代化视角为比较从传统性向现代性转变的不同变体（包括俄罗斯的变体），以及确定这些过程中的共性和特性创造了前提条件。

从“自由主义”的角度解释现代性的学者认为，在现代化的过程中必须有资本主义市场经济和自由民主的形成，他们常常把俄罗斯（苏联）在 20 世纪从传统社会向现代社会转变的经验评价为逆现代化（法国社会学家阿兰·图海纳引入学界的概念，旨在描绘非西方发展模式的替代道路——“近似现代化”；他将公开反对现代化定义为“反现代化”）。这也是 B. A. 克拉西尔希科夫在其名著《现代化：外国经验与俄罗斯》中采用的方法。①

（接上页注②）С. 16－17；Штомпка П. Социология социальных измен ений；Бек У. Общество риска. На пути к другому модерну. М.：Прогресс-Традиция，2000；Турен А. Возвращение человека действ ующего. Очерк социологии. М.：Научный мир，1998；Инглегарт Р. Модернизация и постмодернизация // Новая постиндустриальная волна на Западе. Антология / Под редакцией В. Л. Иноземцева. М.：Academia，1999. С. 267－268.

① Красильщиков В. А.，Гутник В. П.，Кузнецов В. И.，Белоусов А. Р. и др. Модернизация：Зарубежный опыт и Россия. М.，1994；Красиль щиков В. А. Модернизация и Россия на пороге XXI века // Вопросы философии. 1993. № 7. С. 40－56.

研究者称，（苏联）逆现代化取代了陷入僵局的帝国现代化模式，帝国模式显露出政治体制和社会制度的无效性，导致社会文化分裂，并使相当一部分人口边缘化。发展模式的变化具有革命性，并伴随着对几乎所有让人想起旧政权的东西——人民陌生的文化、市场关系、私有财产和个人主动性——的“洗刷”。

至于逆现代化，B. A. 克拉西尔希科夫也认为它是发展的死胡同，并将其定义为伪现代化①。他认为，苏联采取的加速国家工业化的方针是错误的。B. A. 克拉西尔希科夫认为，这种视角决定了俄罗斯的发展将落后于西方，因为后者当时已经在建立一种新的社会制度模式（“福特制”“福利国家”）。根据 B. A. 克拉西尔希科夫的说法，苏联通过复制 20 世纪初资本主义的技术、经济基础，重建了一个工业类型的社会，而当时这种类型的社会已经走到了死胡同。

B. A. 克拉西尔希科夫认为，苏联实施了工业化并使饱受战争摧残的经济恢复之后，仍然无法克服在技术、经济上落后于西方的问题，也无法对“大西洋文明”国家正在兴起的趋势做出卓有成效的回应。实际上，B. A. 克拉西尔希科夫赞同在苏联体系中不具备自我发展和转变的内在动机的观点。他强调斯大林体系固有的自我再生产属性。B. A. 克拉西尔希科夫认为，苏联在 20 世纪 50~60 年代进行的改革尝试是表面上的、无效的，更像是对变革活动的模仿。此外，B. A. 克拉西尔希科夫认为，其中一些改革对苏联社会的破坏性大于建设性，加速了苏联工业体系危机的爆发。

---

① Модернизация：Зарубежный опыт и Россия. С. 70-74.

芬兰学者蒂莫·皮莱宁对苏联的现代化经验也做出了类似解释。他认为，俄罗斯历史悲剧性的辩证性根源在于俄罗斯文明的中间性质，它结合了东方和西方、欧洲和亚洲的特征。他认为，在俄罗斯，实现现代化的动机不可能“从下层”出现，因为社会上没有独立的经济和社会行为主体。因此，现代化意向的唯一载体只能是精英，他们试图赶上欧洲其他国家。根据蒂莫·皮莱宁的说法，俄罗斯现代化的动机主要是出于与西方进行军事竞争的考虑。①

蒂莫·皮莱宁将这种现代化定性为伪现代化。“由于输入的‘现代’社会和经济形式是用蛮力强加给一个基本上对官方现代化的这种猛烈压力毫无准备的社会，其结果通常是造成时代错乱现象，即现代和过时的社会形式和制度共存，现代形式只是在表面上发挥作用，而社会实践本质上仍然是传统的。”②

正如蒂莫·皮莱宁所说，伪现代化产生了相反的效果。社会在为进行现代化实践而建立的强大官僚机构的重压下停滞不前。在努力实施宏大方案的同时，大多数人的生活水平和购买力下降，这反过来又阻碍了现代类型社会实践的稳固和发展。根据蒂莫·皮莱宁的说法，“自上而下”的现代化有助于加强而不是削弱俄罗斯社会的非现代性特征。③

因此，在这种我们称为“逆现代化”的模式下，俄罗斯在 20

① Piirainen, T. *Towards a New Social Order in Russia*: *Transforming Structures in Everyday Life*. University of Helsinki, 1997. pp. 12-13.

② Piirainen, T. *Towards a New Social Order in Russia*: *Transforming Structures in Everyday Life*. University of Helsinki, 1997. p. 14.

③ Piirainen, T. *Towards a New Social Order in Russia*: *Transforming Structures in Everyday Life*. University of Helsinki, 1997. p. 15.

世纪向工业社会转型的经验更多的是对发展的模仿。精英们使整个国家现代化的意向没有得到社会底层的支持。现代化具有了一种畸形的、不可持续的形式。冲动地试图使社会“现代化”的做法，实际上将其推入了历史死胡同。

下一个模式可以被定义为“工业社会主义”，强调增长的技术参数。这一观点的支持者认为，向现代社会的转变可以采用不同的路线。同时，西方模式并不被认为是唯一的选择。他们实质上将各个国家的现代化类型解释为建立工业文明的方式。①

这种视角为比较从传统到现代的各种变体（包括俄罗斯的）创造了先决条件，确定这些过程中的共性和特殊性。例如，彼得·伯格的《资本主义革命》一书对资本主义和社会主义（工业社会主义）现代化方式进行了比较。②

彼得·伯格相信，尽管资本主义和社会主义国家使用的通常是不同的发展机制，但可以在两者共同的现代化进程中研究它们。彼得·伯格认为，科技进步是趋同的决定性因素。将先进的资本主义国家与苏联进行比较，对于理解现代资本主义的内部机制、建立现代化条件下经济文化的共同理论是富有成效的，同时也使我们能够区分苏联本身的发展结果：一方面，确定它对现代化本身的责任；另一方面，确定它对社会主义的责任。

彼得·伯格认为，以下转变是苏联现代化的表现：第一，苏联成为工业大国，国家经济持续增长；第二，国民的物质生活得到缓

---

① Рязанов В. Т. Экономическое развитие России. Реформы и российское хозяйство в XIX–XX вв. СПб. , 1998.

② Бергер П. Капиталистическая революция (50 тезисов о процветании, равенстве и свободе). М. , 1994.

慢但稳定的改善；第三，比较经济发展的几个阶段，西方和苏联的收入分配动态相似（根据西蒙·库兹涅茨的论点）；第四，西方和东方社会的流动性相似。

总之，现代化范式的应用有助于扩大俄罗斯历史研究的对象领域，并为从比较的角度研究俄罗斯的历史经验提供可能性。诚然，专注于现代化方案的实施会在一定程度上导致简化主义，削弱对文明与国家发展恒量的敏感性。还应该指出，并非所有在现代化视角框架内开发的理论与方法论模型①都已在现代俄罗斯研究中得到运用。例如，部分的（局部的）现代化模型就几乎没有被运用，其支持者关注从传统性向现代性转变的时长，关注传统和现代元素的共生，关注一些社会“卡”在“部分”现代化阶段的可能性。② 但是，也许正是这种模型最适用于研究俄罗斯历史。

---

① Например，см.：Побережников И. В. Модернизация：теоретикометодоло гические подходы // Экономическая история. Обозрение. Вып. 8. М.，2002. С. 146–168.

② Волков Л. Б. Теория модернизации-пересмотр либеральных взглядов на общественно-политическое развитие（Обзор англо-американской литера туры）// Критический анализ буржуазных теорий модернизации. Сборник обзоров. М.，1985. С. 72–74。部分现代化模型在当代俄罗斯研究中继续得到发展。因此，在发展这种方法时，А. Д. 博加图罗夫（А. Д. Богатуров）和 А. В. 维诺格拉多夫（А. В. Виноградов）提出了“飞地-联合体型发展”的概念。作者认为，联合体社会的特点是异质模型形成要素的层级和基于这些层级的关系可以长期共存和可持续再生产；这些层级在社会中形成飞地，其组织效率使飞地能够在联合体社会中生存下来（Богатуров А. Д.，Виноградов А. В. Модель равноположенного развития：варианты «сберегающего» обновления // ПОЛИС. 1999. № 4. С. 60 – 69；Они же. Анклавно-конгломе ратный тип развития. Опыт транссистемной теории // Восток-Запад-Россия. Сб. ст. М.，2002. С. 109–128）。

文明理论

俄罗斯社会科学家经常转向文明理论，其特点是鲜明的理论异质性。在一种情况下，文明被看成公元前 4000 年至公元前 3000 年创造了城市生活方式、国家、书写等成就的“城市革命”之后的人类发展阶段。这种理论在很大程度上是作为对社会经济形态理论的一种平衡而出现的，侧重于社会的“上层结构”而不是“基本”特征。在另一种情况下，文明被理解为在宗教、伦理、制度和其他领域具有鲜明特征的大型文化-历史群体。由于第一种观点基本上是阶段（进化）性的，我们将只关注第二种观点，其支持者强调历史的空间维度。

这种观点在解释发展时所持的立场是多样性、多元性，认为空间多样性不可能被归纳为某种历史主流。这种观点在地区文明理论中得到体现，其主要关注一些文明或文化的动态形式。① 这种范式的基础是社会多元化的理念、文明发展变体的独特性，它们在很大程度上相互隔离，并按照其内在的节奏发展，不可归纳为全球标准的规律和机制。

这种理论的支持者坚持认为，大型空间-时间历史体的结构和实质具有独特性，坚持其内部经验具有不可复制性。经典文明范式的支持者所建立的实质上是周期性历史循环理论，根据这些理论，

① Ерасов Б. С. Цивилизации: Универсалии и самобытность. М., 2002; Сравнительное изучение цивилизаций. Хрестоматия. М., 2001; Штомпка П. Социология социальных изменений. С. 186 – 201; Время мира. Альманах. Вып. 2: Структуры истории. Новосибирск, 2001. С. 306 – 368, 397 – 423; Рашковский Е. Б., Хорос В. Г. Мировые цивилизации и современность (к методологии анализа) // Восток-Запад-Россия. С. 36–66.

社会及其子系统在一个封闭的循环中运动，定期回到它们的初始状态。①

因此，经典文明理论的支持者承认空间维度是主导的、决定性的。正是空间指标使他们能够揭示差异化的基本特征，识别研究的对象——文明。文明研究中的社会趋势本身在很大程度上具有了空间形态，即文明在某地的形成、其地域的扩展、对邻近文明的吸收、最终的衰落和瓦解、文明空间向地理空间的转化，等等。从某种意义上说，文明已被视为生存战略，是人类时空的自我组织。文明理论的支持者大多相信，最初的空间和生态条件影响着文明的形态和动态。相反，在文明研究中，时间指标起到了辅助性的作用，作为文明的骨架、核心的基本结构和价值观显示了令人羡慕的、“永恒的”稳定性。

正如 В. Ф. 沙波瓦洛夫所正确指出的：“文明理论的主要意义在于能够发现并阐释发挥长期影响的稳定结构。地区文明的概念本身就以这种结构的存在为前提。”② В. Ф. 沙波瓦洛夫接着列举了那些“现代俄罗斯文明的深厚基础”，这些基础并没有“因 1917 年的革命、1985 年的改革和改革后的事件”而发生什么变化，这些基础是：大众意识的深层心理定式，人民的性格；人民与当局之间关系的主要特点；俄罗斯在西方和整个国际社会眼中的形象；劳动和

① 然而，必须承认，现代版本的文明范式已经迈出了历史化的步伐，摒弃了经典版本的宿命论，认识到文明的复杂动态，其不可简化为一个基本的周期，确定文明随着时间的推移具有极大的稳定性，能够反复加强、削弱，有时会停滞，在其组成部分中生存和复兴。

② Шаповалов В. Ф. Россия как цивилизация // История России: Теоретические проблемы. Вып. 1: Российская цивилизация: Опыт исторического и междисциплинарного изучения. М., 2002. С. 135.

经济活动的方式；大众意识对生与死、对爱、对人类使命的观念；自然和气候条件。①

俄罗斯是一个特殊的国家。因此，关于历史命运及其文明特性的争论不会平息。对文明特性问题的回答可以归纳为以下几点：第一，俄罗斯是西方文明的一部分（一个分支）；第二，俄罗斯是东方文明；第三，俄罗斯不是一个独立的文明，而是各种文明和种族文化飞地的特殊组合体，是一个异质的、分割的社会（低程度文明）；第四，俄罗斯是一类桥梁，是西方和东方之间的“过滤器”，是东方和西方文明的综合体；第五，俄罗斯是独特的亚欧文明，不同于欧洲和亚洲、西方和东方。②

在不深入这一讨论细节的情况下，我们应该注意到，一些事实（存在一定的完整性，在“动荡”和分裂之后有强大的再生能力，有文明扩张的趋势）仍然有助于证明俄罗斯的文明独立和社会文化的完整性（同时具有“文明不确定性”，用 E. B. 拉什科夫斯基的话来说③）。在我们看来，对于俄罗斯的特点，可以借助 Я. Г. 谢米亚金根据拉丁美洲文明经验提出的“边界”文明的观念（认为这

① Там же. С. 136.

② Семенникова Л. И. Концепт цивилизации в современной истори ографической ситуации в России // История России: Теоретические проблемы. Вып. 1. С. 28 – 45; Ионов И. Н. Российская цивилизация и ее парадоксы // Там же. С. 139 – 150; Он же. Парадоксы российской цивилизации (По следам одной научной дискуссии) // Общественные науки и современность. 1999. № 5. С. 115 – 116; Стрелецкий В. Н. Этнок ультурные предпосылки регионализации России // Географические проц ессы и проблемы. М., 2001. С. 10–11.

③ Рашковский Е. Целостность и многоединство российской цивилиз ации // Общественные науки и современность. 1995. № 5. С. 64, 67.

种文明相对年轻，具有社会文化异质性、共生性，存在两个或多个文化价值“核心”，或许还有二律背反性和社会文化趋异性）来充分描述。①

至于这种理论的缺点，在于其对动态成分、对历史的传承缺乏敏感性。以研究过去大规模但孤立的片段为导向的文明理论，当需要解释贯穿各文明地区的普遍进程时，就被迫要进行额外的理论构建。

世界体系理论

这种理论将发展过程解释为社会空间的相互作用，从而实现了发展的统一性和多样性。因此，在这类模式中，发展的统一性是通过空间维度来保证的。在这类模式中，各地域被视为处于互动状态，创造了历史的完整性。相互作用的空间会相互转化。同时，具有更大潜力的地域的影响更为显著。在这种理论中，发展的统一是特殊的，因为在相互作用的地域上运作的是不同路线的发展机制。

① Шемякин Я. Г. Типы межцивилизационного взаимодействия в «погра ничных» цивилизациях: Россия и Ибероамерика в сравнительно-исторической перспективе // История России: Теоретические проблемы. Вып. 1. С. 191 – 221; Он же. Отличительные особенности «пограничных» цивилизаций (Латинская Америка и Россия в сравнительно-историческом освещении) // Общественные науки и современность. 2000. № 3. С. 96–114; Он же. Европа и Латинская Америка: Взаимодействие цивилизаций в контексте всемирной истории. М., 2001. С. 192 – 344; Шемякин Я. Г., Шемякина О. Д. Специфика формообразования в российско-евразийской цивилизации // Цивилизации. М., 1992. Вып. 6: Россия в цивилизацио нной структуре Евразийского континента. С. 32–64; Земсков В. Б. Латинская Америка и Россия (Проблема культурного синтеза в пограничных цивилизациях) // Там же. 2000. № 5. С. 96–103.

通常，这种理论的支持者注意相互作用的空间的发展动态之间的反比关系。一些区域发展的上升趋势导致了其他地区发展的下降趋势。这个视角反映在依附理论和世界体系理论中（在 M.A. 切什科夫的作品中世界体系或者世界学被作为独创的理论与方法论视角得到了论证）。①

依附理论对英国著名社会学家和历史学家提奥多·沙宁具有特殊的影响。提奥多·沙宁的立场是反对 19 世纪学术史中形成的有关俄罗斯发展道路的两种经典也是彼此对立的看法的——一种是“西方式的”“进步的”道路，此观点认为俄罗斯处于正在追赶欧洲先进国家的落后梯队；另一种是“斯拉夫式”道路，此观点认为俄罗斯是一个独特的、完全与众不同的国家。根据提奥多·沙宁的说法，俄罗斯全新图景的内幕是它的一个特点，也是一个最重要的现象，其仅在 20 世纪 50~60 年代才被明确定义并被命名为“第三世界”（或更温和的称呼“发展中国家”）。提奥多·沙宁反对夸大俄罗斯发展的特殊性。在他看来，这些特征看起来如此突出，只是因为俄罗斯执着于和西欧与美国并列。提

① Баран П. К экономической теории общественного развития. М., 1960; Кардозо Ф. Э., Фалетто Э. Зависимость и развитие Латинской Америки. Опыт социологической интерпретации. М., 2002; Пребиш Р. Периферийный капитализм: есть ли ему альтернатива? М., 1992; Валлерстайн И. Анализ мировых систем и ситуация в современном мире. СПб., 2001; Он же. Конец знакомого мира: Социология XXI века. М., 2003; Завалько Г. А. Возникновение, развитие и состояние миросистемного подхода // Общественные науки и современность. 1998. № 2. С. 140 – 151; Чешков М. А. Развивающийся мир и посттоталитарная Россия: Новые конфигурации мирового пространства (В поисках глобального и теоретического синтеза). М., 1994.

奥多·沙宁认为，尽管取得了一些成功，但俄罗斯现在仍然是一个“第三世界”国家。①

提奥多·沙宁认为，作为一个“第三世界”国家，20世纪俄罗斯历史的基本贯穿性特征包括以下几点。第一，技术滞后，其中的成功只是阶段性的。第二，社会系统的不同组成部分之间和每个组成部分内部之间的元素存在长期的、尖锐的不协调。第三，社会阶层在动员效率、自我组织和政治表达方面薄弱。第四，精英阶层与广大民众日益脱离。第五，在同一个国家内实际上有两个社会世界——结果是新闻审查、镇压和政治监督制度的不断加强，以及干部阶层的腐败。第六，国家资本主义是社会经济生活中的决定性环节，国家权力、经济和财产、司法权、警察监督机关等领域没有明确的划分。第七，“国家经济”繁荣所呈现的内部动态特征如下：①“突击性工作”、“烂尾”和“马虎行事”等；②经济跃进式发展，伴随的是人力和技术资源的极低效使用以及衰退趋势（解决经济问题的跳动性）；③非法的经济互动体系泛滥，其中系统化贿赂、非正规经济（如发达的影子经济、国家机

① Отношение к прошлому-ключ к будущему（Теодор Шанин. История России XX в. с позиций сквозной «третьемирности»）// Отечественная история. 1999. № 6. С. 86–88；Шанин Т. Революция как момент истины：1905–1907→1917 – 1922. М.，1997；Он же. Умом Россию понимать надо. Тезис о трехъединстве России // Куда идет Россия? ..Кризис институц иональных систем：век，десятилетие，год. М.，1999；Shanin，T. *Russia as a "Developing Society"*. New Haven，1985。将俄罗斯与第三世界国家进行比较的做法最近在俄罗斯学界中非常流行。同时，将俄罗斯归类为“第三世界”往往被认为是其在过去十年中衰退的结果，即人们认为俄罗斯的“第三世界”性不是遗传的，而是在20世纪90年代的失败改革中产生的。参见 Барсукова С. Ю. Принадлежит ли Россия к третьему миру? // ПОЛИС. 2000. № 4. С. 60–71。

构腐败等）交错不清。第八，依赖于经济上更强大的系统，同时在意识形态上限制这种依赖（苏联时期的旗帜是争取经济独立和世界霸权，但提奥多·沙宁认为，这实际上导致了苏联对原材料出口的深度依赖。提奥多·沙宁认为，这显示了“第三世界”国家“依附”发展的经典模式，尽管苏联有卫星、火箭和世界上最好的芭蕾舞）。第九，家庭经济的规模性与家庭间市场外交易网络在居民生存战略中具有重要性。

Б.Ю.卡加里茨基是世界体系理论的拥护者，其代表作为《外围帝国·俄罗斯与世界体系》。① 他论证了俄罗斯历来就参与欧洲世界。在世界体系分析框架内，俄罗斯的历史特征可以通过全球经济形势的影响与对西方的文化借用来解释。

这种观点存在的问题包括：降低了对各种秩序和规模发展的内部因素的敏感性，夸大了国家对外部环境的依赖（特别是在某些时期），忽略了成就的重要性，特别是在军事技术、重工业、科学、教育领域；低估了与许多发展中国家相比在发展中的重大差异（在将俄罗斯定位为“第三世界”国家的情况下）。

于是，我们仅阐释了三种已经影响并正在影响着对俄罗斯历史道路解释的理论与方法论视角。当然，我们无法分析所有的理论和方法论学派，特别是协同理论以及现代科学中流行的历史人类学流派不在我们的研究范围之内。我们的注意力首先指向所谓的“大理论”，在我们看来，它们在未来很长一段时间内都会保持着作为框架性的理论背景的重要性。② 在我们看来，对俄罗斯历史的研究视

① Кагарлицкий Б. Периферийная империя. Россия и миросистема. М., 2003.

② Побережников И.В. Социальное изменение в теоретических проекциях // Уральский исторический вестник. Екатеринбург, 2001. № 7; （转下页注）

角、观念和评价的多样性，不仅反映了理论流派本身的动态，也反映了历史现实本身的复杂性和矛盾性。对证明不同观点的论据进行系统化，使我们有理由尊重其支持者。只有从不同的理论立场、不同的角度来看待历史材料，我们才能扩大和加深对研究对象的认识。有关过去的科学知识的深化和扩展将不可避免地涉及对各种理论与方法论的完善。不能否认理论综合的重要性，也不能否认相互竞争的理论范式通过借用和发展共生的理论框架来相互丰富的重要性［在这方面，综合进化（进步）视角和文明视角的尝试无疑是有意义的①］。同时，对社会发展坐标系统的论证以及时间和空间维度的平衡需要进一步的理论发展，不仅要在理论上寻求内部和外部因素的最佳关系，还需要从理论上论证保证这些因素之间互动的机制。

第四节　现代化的区域视角：理论与方法论问题

发展进程不仅有时间维度，也有空间维度；它们因时间和地点的条件（地区的地缘政治地位、历史遗产，开始加速增长时的社会经济、政治和文化发展水平，民族精神的特性等）而具有惊人的特殊性。

现代化理论的代表人物主要通过采用历史比较视角来探索空间

（接上页注②）Историческая наука на рубеже тысячелетий: итоги и перспективы. С. 57－92；Он же. Социальное изменение в теоретических проекциях // Информационный бюллетень Ассоциации «История и компьютер». № 30. Материалы VIII конференции АИК. Июнь 2002 г. М.，2002. С. 10–11.

① Федотова В. Г. Модернизация «другой» Европы. М.，1997；Сахаров А. Н. История России-органическая часть истории человечества // История человечества. М.，2003. Т. 8：Россия. С. 1–5.

方面的问题。采用这种视角的研究者通常在比较的层面分析两个或多个社会（通常是国家）的演变，突出现代化的共同和特殊特征。现代化学派的代表人物西里尔·布莱克、什穆埃尔·艾森斯塔特、丹克沃特·罗斯托、西摩·马丁·李普塞特、巴林顿·摩尔、莱因哈特·本迪克斯、戈兰·瑟伯恩等的作品中都采用了历史比较的视角。研究者的注意力集中在制度、文化和领导权这些在社会进程视角下难以研究的变量上。比较法旨在确定：第一，所有社会将会经历的共同阶段；第二，社会发展可能采取的特殊路线；第三，相似的“纵向”和“横向”分类组合。

20 世纪 90 年代的研究文献广泛讨论了发展道路的差异问题。例如，瑞典学者戈兰·瑟伯恩写道，有四类“门”或“通往/通过现代化的途径”：第一，西欧的内生性现代化道路；第二，美洲和澳大利亚通过洲际移民形成新社会的道路；第三，通过欧洲人对传统社会的殖民所强加的开放的道路；第四，在西方文明的影响下从外部强加的现代化。① 在对战后时期的转型社会进行分类时，沃尔夫冈·查普夫提出了以下几类转型：第一，1945 年后，在战胜国的监督和物质支持下，联邦德国、日本和意大利向民主体制和市场经济的转变；第二，1974 年后，西班牙、葡萄牙和希腊从独裁到民主的“契约性转变”；第三，在某种程度上拉丁美洲国家也存在“契约性转变”；第四，在世界资本主义体系内独立发展；第五，以民主德国为例的社会主义制度转化为有效的民主体制和市场经济（20 世纪 90 年代）；第六，20 世纪 90 年

① Therbom, G. *European Modernity and Beyond: The Trajectory of European Societies, 1945-2000*. London, New Delhi: Sage Publications, 1995. pp. 5-7.

代东欧国家的转型；第七，中国的社会主义市场经济；第八，伊斯兰宗教激进主义国家。①

对两个国家进行比较研究是有意义的（例如，在西里尔·布莱克领导下的研究中比较俄罗斯和日本，在西摩·马丁·李普塞特的研究中比较美国和日本，在彼得·伯格的研究中比较美国和苏联）。基于这种视角，可以揭示在特定地区（通常是国家）的历史中现代化的共同和特殊特征。②

与现代化的空间视角相关的下一个研究方向——所谓的案例研究（以特定地区，通常是一个国家为研究对象），最近被广泛使用。③ 与采用这种视角相关的是拒绝经典现代化理论典型的研究方法，即历史空间现实主要被用来描述现代化进程的展开（同时验证

---

① Цапф В. Теория модернизации и различие путей общественного развития // СОЦИС. 1998. № 8. С. 16–17.

② *The Modernization of Japan and Russia: A Comparative Study*. New York, London., 1975; Lipset, S. M. "Binary Comparisons. American Exceptionalism-Japanese Uniqueness," *Comparing Nations: Concepts, Strategies, Substance*. M. Dogan and A. Kazancigil (eds.). Oxford, Cambridge, 1994. pp. 153–212; Бергер П. Капиталистическая революция. 50 тезисов о процветании, равенстве и свободе. М., 1994.

③ Например, см.: Kazancigil, A. "The Deviant Case in Comparative Analysis. High Stateness in a Muslim Society: The Case of Turkey," *Comparing Nations: Concepts, Strategies, and Substance*. pp. 213–238; Цапф В., Хабих Р., Бульман Т., Делей Я. Германия: трансформация через объединение // СОЦИС. 2002. № 5. С. 19–37; Шпедер Ж., Элекеш Ж., Гарча И., Роберт П. Очерк трансформации в Венгрии // Там же. С. 37–59; Wong Siu-Lun. "The Applicability of the Asian Family Values to Other Sociocultural Settings," *In Search of an East Asian Development Model*. P. L. Berger and Hsiao Hsin-Huang M. (eds.). New Brunswick, New Jersey: Transaction, 1988. pp. 134–154; также см.: So, A. Y. *Social Change and Development: Modernization, Dependency, and World-System Theories*. Newbury Park, 1990. pp. 63–65.

现代化理论)。案例研究的倡导者使用现代化理论来解释发展的独有的具体(区域)方面。

总的来说,我们可以指出,空间方面已经在某种程度上被纳入现代化理论的关注范围。研究发展路径分化和区别问题是有前景的。在确定现代化进程的空间特征方面已经取得了进展,但研究结果主要涉及对各国现代化方案的探讨(或者说与具体国家有关的现代化的个别方面的特征),次国家层面的空间动态研究很少被关注。

依附理论(安德烈·冈德·弗兰克、多斯·桑托斯、费尔南多·恩里克·卡多佐、恩佐·法莱托、劳尔·普雷维什、萨米尔·阿明等)以及世界体系理论(伊曼纽尔·沃勒斯坦)对发展问题的研究做出了重大的原创性贡献。与现代化理论的代表人物不同,这些理论的支持者关注变迁的外部(外在)因素而不是内部因素,优先考虑现代资本主义经济组织的全球性而非国家性特征。在他们看来,国家体系发展的特点,在很大程度上是由有关国家的外部环境及其在世界等级组织空间中的地位决定的。依附理论和世界体系理论的代表人物发现了世界"外围"或"半外围"国家"平行"(非常特殊,不符合现代化类型的线性阶段性进步的框架)发展或"不发达"的可能性。与现代化理论相比,在这些理论视角中空间方面占据了更大的地位——但是在资本主义世界体系的范围内,而不是个别国家的发展模式的范围内。然而,依附理论和世界体系理论的支持者对国际区域劳动分工以及对核心工业发达国家与领土被分割的外围发展中国家之间互动的观察,无疑对我们具有方法论上的意义。①

各个理论流派都对发展问题做出了重大贡献。理论投射（现代化理论、依附理论、世界体系理论）强调了社会动态的不同方面。对现代化理论的代表人物来说，内部变量似乎更重要，而对依附理论和世界体系理论的支持者来说，重要的是外部的、外生的参数，特别是世界秩序和外部统治。总的来说，从不同的理论角度进行的观察似乎是相互补充的。理论视角本身在演变过程中经过了某些调整，包括借鉴其他理论——尽管所分析的理论视角设法保留了自己的“面貌”，但有理由将这一过程评估为趋同。在研究历史进程时使用不同的理论视角，在我们看来，这表明了单一视角的不完整性，以及在历史研究过程中转变分析视角的有益性。虽然现代化理论的应用证实了工业化内部驱动力的重要性，但其他理论（依附理论和世界体系理论）使我们相信也需要考虑外生因素，否则研究者所创造的图景看起来不会令人信服或显得充分。与此同时，学界在

① Кардозо Ф. Э. , Фалетто Э. Зависимость и развитие Латинской Америки. Опыт социологической интерпретации. М. , 2002; Santos, D. “The Crisis of Development Theory and the Problem of Dependence in Latin America,” *Siglo*. 1969. Vol. 21; Пребиш Р. Периферийный капитализм: есть ли ему альтернатива? М. , 1992; Lira, M. “Prebisch's Long March towards the Criticism of ‘Peripheral Capitalism’ and its Transformation. A Comment,” *Regional Dynamics of Socioeconomic Change*. Warszawa, 1988. pp. 21 – 42; Wallerstein, I. “World-System Analysis,” *Social Theory Today*. A. Giddens and J. H. Turner (eds.). Stanford: Stanford University Press, 1987. pp. 322 – 323; Idem. “Underdevelopment Phase-B: Effect of the Seventeenth-Century Stagnation on Core and Periphery of the European World-Economy,” *The World-System of Capitalism: Past and Present*. W. L. Goldfrank (ed.). Beverly Hills, C. A. : Sage, 1979. pp. 73–84; Валлерстайн И. Анализ мировых систем и ситуация в современном мире. СПб. , 2001.

确定发展进程的空间特征方面取得了一些进展，但主要是在世界体系和国家模型的框架内。

从区域分析角度进行的研究对我们的研究具有重要的理论与方法论上的意义。约翰·海因里希·冯·杜能在地理学理论中引入了关于经济空间及其属性和布局因素的概念，提出了由农产品销售市场（城市）距离决定的农业经济专业化和经营的空间分布模型。阿尔弗雷德·韦伯、瓦尔特·克里斯塔勒、奥古斯特·勒施和沃尔特·艾萨德在研究中，对活动布局中的集中和分散过程进行了深入的理论探讨。特别值得关注的是创新的空间扩散理论（图尔斯坦·哈格斯特朗），将创新中心、信息场、邻里效应和障碍效应的概念纳入科学语言。值得注意的是领先部门（企业、特定地区）作为创新和发展的源泉的观点（增长极理论——弗郎索瓦·佩鲁、雅克·拉乌尔·布代维尔、乔治·弗里德曼、皮埃尔·鲍狄埃）。对“中心”和“外围”之间关系的研究有了很大进展（О. В. 格利塞、Г. В. 约菲、А. И. 特拉维什）。在工业布局的变化（特别是核心和外围地区在区域中的迁移）与经济运作的周期性之间建立依赖关系的尝试很有意义（例如，С. С. 阿尔托博列夫斯基、Г. В. 约菲、А. И. 特拉维什这些学者以 Н. Д. 康德拉季耶夫的“长波”理论作为基础开展研究）。①

---

① Кузнецова О. Теоретические основы государственного регулирования экономического развития регионов // Вопросы экономики. 2002. № 4; Гранберг А. Г. Основы региональной экономики. М., 2001; Грицай О. В., Иоффе Г. В., Трейвиш А. И. Центр и периферия в региональном развитии. М., 1991; Хаггет П. Пространственный анализ в экономической географии. М., 1968; Он же. География: синтез современных знаний. М., 1979; Джеймс П., Мартин Дж. Все возможные миры. М., 1988; Тюнен И. -Г. Из-（转下页注）

区域结构的动态变化导致区域角色在地缘政治、政治经济、社会文化和其他领域的分配（和再分配），А. И. 特拉维什提出了将总体和区域发展趋势相结合的矩阵，用来解决区域结构动态变化的问题①，其形式如下：

		整体(国家、全球)的动态	
		进步(发展、增加、提高)	退化(萧条、衰退、恶化)
区域(地方)差异的动态	趋同(接近、对齐)	进步式趋同(增长差别缩小,向高处对齐)	退化式趋同(萧条差别缩小,向低处对齐)
	趋异(分化、分层)	进步式趋异(增长不均,分化为强者和弱者)	退化式趋异(衰退不均,分化为衰退与衰弱)

使用这个矩阵来捕捉（国家）发展（现代化）的总体趋势和区域结构的动态之间的关系似乎是有前景的，因为这种视角不把现代化研究限于指定的进步增长（相反，它预先注意到周期性的动态），还预先注意到在现代化背景下区域单位的“行为”的变体。最后一个积极的方面是，在这种方法的基础上，很有可能在现代化的共同（社会）动态与空间发展的动态之间建立联系。

区域范式和观念的发展对于我们的研究也具有重要的方法论意

（接上页注①）олированное государство. М.，1926；Вебер А. Теория размещения промышленности. М.；Л，1926；Леш А. Географическое разме щение хозяйства. М.，1959；Изард У. Методы регионального анализа；введение в науку о регионах. М.，1966；Модели в географии. М.，1971；*Production，Work，Territory. The Geographical Anatomy of Industrial Capitalism*. A. J. Scott and M. Storper（eds.）. Boston，1988；*Regional Dynamics of Socio-economic Change*. Warszawa，1988；и др.

① Трейвиш А. И. Региональное развитие и регионализация России：специфика，дилеммы и циклы // Регионализация в развитии России：географические процессы и проблемы М.，2001. С. 55.

义。在欧洲学界的分析中，区域通常被解释为“从地理角度看具有共同性的地域，或这种具有继承性的地域共同性，其人口拥有某些共同的价值观，并寻求保护和发展其独特性，以促进文化、经济和社会进步”①。这个定义既包含了自然历史（由于“地域”“地理”的存在），也包含了设计的成分，它具有通过“精神过滤器”过滤并通过人们的活动及其行为来实现的主观性。在我们看来，将主观成分整合进“区域”概念是具有重要意义的，在方法论上也是正确的。在更普遍的方法论背景下，这是由历史过程的双重性决定的，在历史进程中先前结构和个人意志（活动）的不断相互作用导致社会关系在空间和时间上的结构化。结构影响着人类活动和个人意志，而个人意志有能力通过现有结构的不一致性和矛盾性改变结构本身。从过去继承下来的结构是活动的框架条件，同时也是其结果。П.Г. 谢德罗维茨基在定义“区域”的概念时，强调了活动部分。② 在他看来，“区域”是发展过程和再生产过程的共同组织和相互联系的单位，在这里，活动的历史发展过程应该“局限”在人类生活、文化形式、自然和劳动力资源、生活和生产材料等的稳定再生产结构中；在发展条件下形成完整机制和再生产结构，会产生不同复杂程度的“区域”，这些“区域”可以局限在地域的某些部分，固定在这里并“寄生”在某些自然环境和地域上。

研究不同理论方法可以指出它们的优点和不足，并确定有可能共同使用它们进行研究的对象领域。在我们看来，发展进程的空间维度尤其可归于这样的领域。对发展理论的比较研究使我们

---

① Цит. по：Аванесова Г А. Региональное развитие в условиях модернизации (на материалах стран Запада и Востока) // Восток. 1999. № 2. С. 42.

② Щедровицкий П. Дневник консультанта // Кентавр. 1997. № 17. С. 30.

可以进行理论“加强”工作，同时考虑到通过竞争性理论而发现的弱点。

在深入研究从传统性向现代性转变问题，以及总结现代学者对这些问题的研究经验的基础上，我们可以提出一个现代化分析模型，它可以被定义为空间导向模型。简而言之，这一模型的实质可归结为以下几点。

第一，承认传统与现代化之间相互作用的可变性、多义性（传统是现代化进程的积极促进因素，也是现代化道路上的障碍；传统在现代化进程中的影响会减弱或加强）。承认社会文化传统在向现代化转型中可能发挥的建设性、积极的作用，赋予其可能的补充性发展因素的地位。传统是导致不同社会体系独特性的因素，在走向现代性的过程中它仍然保持着这种重要性。承认传统具有巨大的适应潜力，无论是在大传统（核心）层面还是在小传统（外围）层面，其能够随着不断变化的条件而转变。承认结合了传统和现代性元素的所谓过渡性系统的生命力（有自己的内部逻辑、重组和延续能力）。需要对有能力对现代性挑战做出不同反应的传统体系采取不同的视角。

第二，承认扩散（创新的扩散，包括从外部输入某个社会）是现代化的重要因素，是加速社会进步的先决条件；扩散过程具有复杂性，涉及对新条件的适应，输入的技术、制度、价值观等与它们需要扎根的环境之间存在复杂互动（包含相互影响）；同一要素或同组要素在不同地域的扩散结果具有差异性。

第三，注重社会行动者（集体和个人）的作用，他们总是能够通过有力的干预来保证情况的发展或转变。个人和集体应被视为社会变迁的最终驱动力；变迁的方向、目标和速度是不同行动者之间竞争的结果，是冲突和对抗的领域。在这些结构的背景下发生的变迁，反过来又改变了这些结构，据此，结构既是条件又是结果；活动和结构之间的互动是对行动者创造力和结构决定阶段的更替。

第四，综合性作为现代化进程的维度被限制在历史性的特定框架内；承认现代化进程可能长期性地在社会和空间层面非综合性地展开。

第五，承认自然地理条件（国家规模、自然资源、地理空间的同质化程度、地缘政治和地缘经济状况、核心和外围之间制度化互动的性质、创新扩散的空间条件）作为现代化因素的重要性。现代化进程在一定的空间条件下展开，这决定了它的可能性和局限性，强加给其一定的空间形式（组织）。国家从传统性向现代性转变的模式，以及创造这种模式的地方限制性活动，不仅带有现代化进程的普遍逻辑（结构分化、合理化、动员化等）的印记，而且还带有发源地的印记。如果不研究与空间组织和地理决定因素有关的一系列问题，就不可能充分和全面地解释现代化进程并确定其固有的共同和特殊特征。

第六，承认地域单位（区域和次区域）在现代化进程中可能出现变异（趋同和趋异；上升和下降）行为；建立（国家）发展（现代化）整体动态与区域结构动态之间的联系。

第七，承认区域化（在某些类型的社会活动中区域在空间方面的专业化）是现代化的一个重要方面。使用结构-功能分化概念来研究这一现象。区域导向视角（中观范围）可以超越宏观分析问题的框架，后者的特点是：一方面，希望用广泛的结构主义逻辑来解释具体的社会结果；另一方面，又希望通过简单地聚合微观局部事件来解释大规模的社会进程。

这种模型与以前现代化研究框架下的方法不同，对于研究的现实，其时间与空间维度具有更大的灵活性和弹性；在研究次国家（区域、次区域）的现代化动态时更有成效，因为它不需要把社会看作同质的统一整体，在其空间和时间范围的任何一点上都按照同样的机制运作。相反，它允许我们将社会视为一个现实的、鲜活的、异质的社会，能够灵活（包括在空间层面）应对现代化的挑战。

结　论

对进步和支配不同社会发展的普遍规律的信念促成了 20 世纪中叶现代化理论的形成，这为研究发展问题做出了重大贡献。现代化学派的研究重点正是发展问题，即从传统性向现代性的转变问题，主要在国家层面对这一类问题进行分析，并运用文化价值和社会制度等变量，以及将传统和现代性作为关键概念。

“经典时期”（20 世纪 50～60 年代）现代化理论的形成主要是受进化论和功能主义的影响，经典现代化理论赋予了现代化进程一些被大多数支持者所认可的特征：就变迁规模而言，这是革命性的过程，具有综合性和系统性；这是一个全球性的、长期的、持续的、分阶段的、不可逆转的和进步的过程。

随后，现代化理论得到了很大的修正和完善。现代化理论是在与实际发展进程不断互动中发展的理论。这一学术流派的研究方法论和理论基础都被重新思考。现代化学派演变的一些最重要的特点包括：第一，重新思考现代化中传统社会文化和制度背景的作用和地位，相较于早期观念模式赋予其更重要的意义；第二，更加关注现代化进程中的冲突以及外部因素（与被研究国家相关）对这一进程的影响；第三，将历史随机性因素纳入理论模型；第四，承认现代化进程的周期性；第五，强调现代化变革中艰难、痛苦且病态的特征；第六，承认发展和现代化道路的多线性、多样性；第七，拒绝将现代化解释为持续和无止境的过程，承认“外部”和“内部”限制对现代化的制约（正如斯亚玛·查兰·杜比所写的，“人类的观念可以改变而且确实改变了现代化和发展的结果及进程”）。①

现代化理论仍在继续发展，同时扩展到对其而言新的理论领域并吸收（和适应）新的理论与方法论。现代化理论的经典版本和现代版本有很大的不同。现代化理论基础的修正，有助于将最初相当片面和抽象的、在事实研究中没有发挥重要作用的理论模型转变为对经验现实具有多维性和弹性的模型。在某种程度上，现代化理论得以生存下来，主要是通过牺牲其基本前提——主要是构成其理论核心的进化论和功能主义——实现的。现代化理论最初主要侧重于宏观社会结构的分析，随着时间的推移，它已被应用于微观社会进程和活动实践的研究。现代化理论在开发活动视角方面取得了一定成就，这一发展方向依旧被认为是最有前景的。微观和中观层面至今只被略微纳入理论建构；正是在这里，我们看到了现代化理论发展的最大机遇。

---

① So，A. Y. *Social Change and Development*：*Modernization*，*Dependency*，*and World-System Theories*. Newbury Park，1990；B. Grancelli（ed.）. *Social Change and Modernization*：*Lessons from Eastern Europe*. Berlin，New York：De Gruyter，1995；Dube，S. C. *Modernization and Development*：*The Search for Alternative Paradigms*. Tokyo，London，1988. p. 5.

图书在版编目（CIP）数据

传统社会向工业社会的转变：现代化的理论与方法论问题/（俄罗斯）伊戈尔·瓦西里耶维奇·波别列日尼科夫著；许金秋，朱旭译．--北京：社会科学文献出版社，2023.7

（俄国史译丛）

ISBN 978-7-5228-1929-7

Ⅰ．①传…　Ⅱ．①伊…②许…③朱…　Ⅲ．①工业社会学　Ⅳ．①F40

中国国家版本馆 CIP 数据核字（2023）第 102423 号

俄国史译丛

传统社会向工业社会的转变

——现代化的理论与方法论问题

著　　者／［俄］伊戈尔·瓦西里耶维奇·波别列日尼科夫
（Игорь Васильевич Побережников）

译　　者／许金秋　朱　旭

出 版 人／王利民

组稿编辑／恽　薇

责任编辑／颜林柯

责任印制／王京美

出　　版／社会科学文献出版社·经济与管理分社（010）59367226
地址：北京市北三环中路甲 29 号院华龙大厦　邮编：100029
网址：www.ssap.com.cn

发　　行／社会科学文献出版社（010）59367028

印　　装／三河市东方印刷有限公司

规　　格／开　本：787mm×1092mm　1/16
印　张：16.5　字　数：194 千字

版　　次／2023 年 7 月第 1 版　2023 年 7 月第 1 次印刷

书　　号／ISBN 978-7-5228-1929-7

著作权合同登记号／图字 01-2023-3431 号

定　　价／128.00 元

读者服务电话：4008918866